POR AMOR E POR FORÇA
ROTINAS NA EDUCAÇÃO INFANTIL

B238p Barbosa, Maria Carmen Silveira
        Por amor e por força: rotinas na educação infantil / Maria Carmen
     Silveira Barbosa. – Porto Alegre : Artmed, 2006.
        240 p. ; 23 cm.

        ISBN 978-85-363-0715-2

        1. Educação infantil. I. Título.

        CDU 37-053.4

Catalogação na publicação: Júlia Angst Coelho – CRB 10/1712

POR AMOR E POR FORÇA
ROTINAS NA EDUCAÇÃO INFANTIL

Maria Carmen Silveira Barbosa
Doutora em Educação pela UNICAMP.
Professora na Faculdade de Educação da UFRGS

Reimpressão 2012

2006

© Artmed Editora S.A., 2006

Capa
Cena Design

Preparação do original
Maria Lúcia Badejo

Leitura final
Edna Calil

Supervisão editorial
Mônica Ballejo Canto

Projeto gráfico e editoração eletrônica
Armazém Digital Editoração Eletrônica – rcmv

Reservados todos os direitos de publicação, em língua portuguesa, à
ARTMED® EDITORA S.A.
Av. Jerônimo de Ornelas, 670 - Santana
90040-340 Porto Alegre RS
Fone (51) 3027-7000 Fax (51) 3027-7070

É proibida a duplicação ou reprodução deste volume, no todo ou em parte, sob quaisquer formas ou por quaisquer meios (eletrônico, mecânico, gravação, fotocópia, distribuição na Web e outros), sem permissão expressa da Editora.

SÃO PAULO
Av. Embaixador Macedo Soares, 10.735 - Pavilhão 5 - Cond. Espace Center
Vila Anastácio 05095-035 São Paulo SP
Fone (11) 3665-1100 Fax (11) 3667-1333

SAC 0800 703-3444

IMPRESSO NO BRASIL
PRINTED IN BRAZIL

Olhar outra vez para os mecanismos
e para as nossas instituições educacionais,
questionar a verdade de nossos próprios e cultivados discursos,
examinar aquilo que faz com que sejamos o que somos,
tudo isso abre possibilidades de mudança.

Jeniffer M. Gore

Ao meu pai, Gerardo Fernandes Barbosa,
com quem sempre aprendi.

Prefácio

Ana Lúcia Goulart de Faria

É com grande alegria que vejo a publicação do livro da minha colega, amiga e ex-orientanda Maria Carmen. E foi com temor que aceitei o desafio de fazer este prefácio. Ao mesmo tempo que o doutorado de Maria Carmen inaugura as pesquisas sobre o tempo no cotidiano educacional aqui no Brasil, e isto me provoca para escrever o prefácio, devo dizer que, durante o período do doutorado, nós duas polemizamos muito em relação à maneira de enfrentar este pioneirismo, e daí meu temor de não corresponder, neste momento, passados cinco anos, e reconhecer a importância do seu trabalho, mesmo (ou principalmente) com as nossas diferenças. A sua vigorosa crítica em relação aos discursos homogêneos e sua autonomia intelectual trouxe ao nosso grupo de estudos e pesquisas em educação infantil, filiado ao Gepedisc (Grupo de Estudos e Pesquisas em Educação e Diferenciação Sociocultural, da Faculdade de Educação da Unicamp), as teorias ditas pós-modernas para a análise do coletivo infantil em espaços da esfera pública, nas creches e pré-escolas.

Pela primeira vez na nossa área, a pedagogia da infância, vamos encontrar nas palavras-chave de uma tese "administração do tempo". O que vinha sendo chamado de "atividades recorrentes da vida cotidiana", em tempos da nova LDB, que coloca as instituições de educação infantil para as crianças de 0 a 6 anos como a primeira etapa da educação básica, Maria Carmen analisa como rotina, categoria pedagógica central nessas instituições educativas, que deveriam ter o brincar nesta centralidade, como afirmou em sua pesquisa de iniciação científica nossa então companheira do grupo Daniela Finco.

A rotina se trata então, com as palavras de Maria Carmen, de instrumento de controle do tempo, do espaço, das atividades e dos materiais, regulamentando e padronizando os adultos e as crianças. Ocultando a diversidade, massifica e homogeneíza o coletivo infantil, impedindo a construção das diferenças, tornando-o repetitivo, isto é, *rotina rotineira*, disciplinadora, fragmentando o projetar do executar, portanto, educando para a submissão.

É bastante promissor este estudo realizado por Maria Carmen, que combate os binarismos e tem as creches e pré-escolas como instituição educativa de organização complexa, que *por amor e por força* reproduz e transforma. Concordo com Guattari, referência para os estudos com esta abordagem aqui adotada, e com ele finalizo, com o mesmo otimismo que invade o final do livro de Maria Carmen, quando propõe a ressignificação das rotinas:

> Hoje, no seio das creches e pré-escolas, alguns trabalhadores estão em posição de lutar contra os sistemas de integração e de alienação. É nesse sentido que se deveria considerar uma luta micropolítica fundamental (...). A luta pela polivocidade da expressão semiótica da criança nos parece, então ser um objetivo dessa micropolítica ao nível da creche. Recusar fazer "cristalizar" a criança muito cedo em indivíduo tipificado, em modelo personológico estereotipado (...) Não se trata aqui de opor uma formação a outra, uma codificação a outra, mas de criar condições que permitam que indivíduos adquiram meios de expressão relativamente autônomos e, portanto, relativamente não recuperáveis pelas tecnologias das diversas formações de poder (estatais, burocráticas, culturais, sindicais, da comunicação de massa, etc...). Se, ao atingir a idade adulta, num momento ou noutro ele decide assumir as roupas e papéis que o sistema lhe apresenta, convém que ele possa fazê-lo sem que lhe colem à pele a ponto de não mais poder desfazer-se deles e então passar a investir nos próprios valores repressivos de que estas roupas e papéis são portadores. (Guattari, 1987, p. 53-55)

Sumário

Prefácio vii
Apresentação 11

1. **Para começo de conversa** 15
   A educação infantil no Brasil: um novo campo de estudos e pesquisas 15
   Fazendo pedagogia, fazendo ciência 19
   Construindo *pedagogias* para a pequena infância 24
   Questões centrais 25
   Caminhos metodológicos 28

2. **O que são mesmo as rotinas?** 35
   Rotina e/ou cotidiano 36
   Sobre o conceito de rotinas: as rotinas rotineiras 40
   Sintetizando: Por que rotinas? Porque sim! 45

3. **A constituição social das rotinas** 47
   Rezando pelo mesmo catecismo 48
   Os outros: crianças e *selvagens* 51
   Sob as ordens da lei 55
   Escolas e fábricas: na marcha do progresso 63

4. **O processo de institucionalização e
   de rotinização da educação da infância** 71
   Infância, infâncias 72
   Creches, jardins, salas de asilo... 78
   Pontos de alinhavo 84

5. As pedagogias das rotinas 89
6. A rotina como categoria pedagógica 115
7. A organização do ambiente 119
8. Os usos do tempo 137
9. A seleção e a oferta de materiais 153
10. A seleção e a proposta de atividades 167
11. Padronização 177
12. Pedagogias da educação infantil:
    dos binarismos à complexidade 187
    Pedagogias antinômicas 189
    Pedagogias implícitas e pedagogias explícitas 191
13. Conclusões: as certezas da dúvida 201

Referências 207

Anexo – Modelos de concretização das rotinas
na educação infantil 223

Apresentação

Este livro foi escrito a partir da tese de doutorado que apresentei à Unicamp (Universidade Estadual de Campinas) em 2000. Escolhi estudar o nascimento e a consolidação de uma categoria pedagógica: a rotina na educação infantil. Um tema complexo, de difícil abordagem, pois não apresenta uma tradição de estudos e pesquisas no país, nem limites claros e definidos e, além disso, está em interconexão com vários outros temas. Apesar de sua amplitude e, talvez, justamente em função desta, é um tema interessante, porque abrange a teoria e a prática da pedagogia da educação infantil.

A ideia de estudar as rotinas na educação infantil está vinculada, de alguma forma, a uma interrogação central e profundamente autobiográfica, que é a da escolha entre os dois pontos mais distantes das propostas do ato de educar: a repressão e a liberdade. No mestrado já havia me aproximado dessa temática bipolar ao trabalhar com o confronto ou a possível intersecção entre as teorias liberais e escolanovistas de educação e um governo com políticas educacionais profundamente autoritárias. Porém, a reflexão sobre tal questão iniciou muito antes; ela já estava presente desde a minha própria vida escolar.

Nasci e cresci em uma família que tinha na educação dos filhos um valor e, ainda pequena, frequentei o jardim de infância. Tenho lembranças da "escola das irmãs", da irmã Virgínia, minha professora, dos bordados em cartolina, de brincar na caixa de areia e na casa de bonecas, das músicas, dos versinhos e dos momentos de oração. Recordo-me, de um modo especial, de um grande painel que havia sido pintado na parede da parte coberta do pátio e que estimulava a minha imaginação sobre seus personagens e lugares. Nessa escola, havia também um bosque, "o matinho", onde passeávamos por um caminho que tinha casinhas com a *Via Crucis*, um lugar misterioso, que eu adorava e do qual tinha, ao mesmo tempo, muito medo.

Aos 6 anos, fiz a pré-escola em uma escola pública de Porto Alegre. A sala do jardim ficava no porão de uma casa antiga e tinha mesas redondas, brinquedos, amiguinhas e fugas. Esse era o fato mais emocionante do pré. Nós tínhamos um grupo só de meninas que pedia para ir ao banheiro e fugia para a frente da escola. Nós nos colocávamos entre os arbustos e as grades de ferro para observar o movimento da rua. A *tia* Valquíria já sabia onde ir nos buscar quando sumíamos.

Em 1968, comecei minha trajetória de aluna em escolas experimentais. Iniciei minha vida escolar no Instituto Educacional João XXIII, que havia sido fundado por professoras e era gerenciado em conjunto com os pais dos alunos. Somente hoje, quando me lembro das coisas que fazíamos e das experiências educativas que estão registradas na minha memória, é que vejo o quanto essa escola tinha uma proposta avançada para a época. Nunca tive livro didático – fizemos a nossa cartilha na 1ª série –, sempre fiz trabalhos em grupo, tive aulas de teatro, balé, música, laboratório de matemática e de ciências; fazíamos viagens, excursões, visitávamos exposições de arte. Lembro-me com muito prazer desse período.

Na 5ª série, fiz o exame para o Colégio de Aplicação da UFRGS, que frequentei até a 8ª série. O Aplicação marcou-me não pelas estratégias de ensino, afinal muitas delas já me eram familiares, devido à experiência na escola anterior, mas pelas experiências sociais e culturais que me possibilitou. Além disso, em plena adolescência, eu achava que essa história de ir para o colégio e ainda ter de ficar os dois turnos alguns dias da semana era apenas uma grande "chatice".

Duas práticas culturais ficaram gravadas em mim. A primeira foi a da participação política, pois o colégio tinha cerca de 300 alunos e ficava no meio do *campus* da Universidade. Tínhamos uma diretora que era vista como "a ditadora". Nós nos reuníamos todas as segundas na CACA (Comunidade de Alunos do Colégio de Aplicação) para discutir questões políticas e escolares com um grupo de representantes entre 11 e 18 anos, uma saudável integração entre idades. Durante a década de 1970, víamos, das janelas e do pátio da escola, acontecer muitas coisas; podíamos não compreender muito bem o que ocorria, mas essas foram imagens que instituíram alguns sentidos para a nossa vida de estudantes e cidadãos.

A segunda grande aprendizagem foi a descoberta de diversas formas de expressão cultural. Ouvíamos música na hora do recreio: Mutantes, Caetano, Gil, Pink Floyd, Emerson, Lake and Palmer (o que, definitivamente, enlouquecia a direção). Promovíamos, pela CACA, peças de teatro, mostras de cinema, publicávamos um jornal. No meio da 8ª série, decidi encaminhar-me para um curso médio profissionalizante para ter, em pouco tempo, perspectiva de trabalho e independência.

No curso de magistério, voltei a interessar-me pelas aulas, pelas práticas de miniestágio e comecei a fazer trabalho voluntário em teatro para crianças da Febem, a acompanhar turmas de alfabetização de adultos e outras atividades socioeducativas. Em 1978, a educação infantil entrou na minha vida por intermédio de um curso de formação de professores em jardim de infância que realizei no Serviço de Treinamento de Professores do Instituto Educacional João XXIII, voltando, assim, às minhas origens pedagógicas e decidindo que seria *jardineira*.

A leitura do artigo, As pré-escolas "alternativas", de Daniel Revah (1995), foi um reencontro com a minha própria história. Foi muito interessante ver de que forma minha trajetória pessoal, que me parecia tão singular, estava permeada de conteúdos sócio-históricos e era tecida de modo muito semelhante ao de vários educadores da mesma geração; como a escolha de vida *alternativa* e militância política (participei, no final da década de 1970 e no início dos anos de 1980, do movimento estudantil, de grupos feministas, da Agapan – Associação Gaúcha de Proteção ao Ambiente Natural – e da Coolmeia – Cooperativa Ecológica) cruzava-se com as escolhas e as decisões nas atividades profissionais.

Esta constituição *contracultural*, presente no modo de ser, de vestir e de escolher produtos culturais, acabou influenciando as minhas leituras pedagógicas. Meus autores preferidos eram Paulo Freire, Makarenko, Neill, Freud, Freinet, Piaget e outros considerados marginais, na época, aos cursos de formação de professores. Essa história social e pessoal acabou por refletir-se permanentemente em minhas escolhas teóricas e em minha prática pedagógica. Segui o caminho de educadora: fui professora de escola pública e privada (de jardim e séries iniciais) e, atualmente, trabalho como professora universitária e pesquisadora.

No estudo apresentado neste livro, senti-me sempre dividida entre o papel de pesquisadora e o de professora, já que o papel de pesquisadora é o de suscitar as ideias e promovê-las, e a tarefa da professora é tomar decisões, reflexão a que cheguei inspirada pelo livro de memórias de Norberto Bobbio. Creio que tal ambivalência de papéis influenciou profundamente o modo como me aproximei do objeto de pesquisa, como o construí e escolhi as formas para pesquisá-lo.

Como já disse, a polarização das ideias e das práticas pedagógicas entre as repressoras e as libertadoras permeou a minha formação e o meu fazer pedagógico. Elas apareceram e permanecem desdobradas em múltiplas questões, como: Que tipo de currículo organizar para a educação infantil – um currículo que privilegie a escolarização ou a livre expressão? Como deve atuar o educador de crianças pequenas, deixando-as livres ou realizando intervenções? É possível educar sem uma rotina? É necessária uma rotina para organizar a vida dos espaços educacionais? Seriam as novas propostas de rotina mais progressistas ou apenas um reformismo pragmático e com intenções de adaptação aos novos tempos? Pode-se discutir um projeto educativo com categorias universalizantes, mas não homogeneizadoras, que tenha objetivos comuns, como o de tornar os diferentes capazes de entender-se e fazer as crianças entrarem no mundo existente sem deixar de ter o poder e o desejo de mudar esse mesmo mundo? As pedagogias normatizam, regulam, institucionalizam e violam as singularidades, mas como seria possível (con)viver sem estar regulado socialmente? Como se constitui esta subjetividade, esta singularidade?

Freud dizia que três atividades humanas são impossíveis de realizar: governar, educar e psicanalisar. Penso que educar é, de fato, impossível, pois a educação das crianças pequenas tem de, ao mesmo tempo, constituir-se de dois movimentos: por um lado, socializar os novos sujeitos, engendrando eticamente virtudes como aquelas defendidas pela *res publica*: a justiça, a liberdade, a solidariedade, a tolerância, a igualdade, a coragem, a prudência, sem cair em uma educação moral conservadora; e, por outro, possibilitar a *sociabilidade* dos sujeitos, abrindo espaço para a constituição de subjetividades livres, rebeldes, inconformadas.

Em minha pesquisa, procurei verificar como as rotinas chegam ao campo educacional e tornam-se uma categoria pedagógica central na educação infantil. A rotina foi analisada como instrumento de controle do tempo, do espaço, das atividades e dos materiais, com a função de padronizar e regulamentar a vida dos adultos e das crianças em creches e pré-escolas. Os argumentos foram construídos a partir de distintas pesquisas: de bibliografia, de materiais empíricos variados e de pesquisa de campo, em escolas para crianças pequenas (0 a 6 anos) no Brasil e no exterior.

Como você verá, constatei que as rotinas realizadas nas escolas de educação infantil estão em profunda relação com a construção da modernidade, e que somente a partir de uma reflexão contextualizada é que se poderá ressignificar a sua importância em um projeto político-pedagógico.

1

Para começo de conversa

A EDUCAÇÃO INFANTIL NO BRASIL:
UM NOVO CAMPO DE ESTUDOS E PESQUISAS

No Brasil, a partir da década de 1970, a educação de crianças de 0 a 6 anos adquiriu um novo estatuto no campo das políticas e das teorias educacionais. Finalmente, a histórica luta por creches e pré-escolas, engendrada por diferentes movimentos sociais, tomou grandes proporções, e os governos – principalmente aqueles que se instalaram pós-abertura política – realizaram investimentos para a ampliação do direito à educação das crianças dessa faixa etária.

Vários projetos para educação das crianças pequenas foram desenvolvidos, principalmente por meio de ações envolvendo diversos ministérios e a Legião Brasileira de Assistência (LBA). Vale lembrar que o Estatuto da Criança e do Adolescente (Lei 8.069/90) considera como criança a pessoa até os 12 anos. A expressão *crianças pequenas* é utilizada neste texto para falar de crianças de 0 a 6 anos, em contraposição a *crianças maiores,* entre 7 e 12 anos. Crianças pequenas, pequena infância, pequenininhas são expressões oriundas da literatura italiana e adaptadas para o português (ver Prado, 1998, p. 10). A pequena infância abrange dois subgrupos: as crianças bem pequenas ou pequenininhas, de 0 a 3 anos, que frequentam turmas de berçário e maternal, e as crianças maiores, de 4 a 6 anos, que frequentam o jardim de infância e o pré.

A diversidade de instituições que atende às crianças de 0 a 6 anos, no Brasil, faz com que se torne difícil encontrar uma regularidade entre o nome da instituição, a faixa etária atendida, a proposta de trabalho desenvolvida e a modalidade de funcionamento. Alguns autores procuraram explicitar tais diferenças e encontrar categorias estáveis, mas não obtiveram sucesso. Neste trabalho, será utilizado o padrão da Lei de Diretrizes e Bases (Lei 9.394/1996), que define o nome da instituição de acordo com a faixa etária das crianças. Dessa forma, creche é a instituição que atende às crianças de 0 a 3 anos e pré-escola é aquela que atende às crianças de 4 a 6 anos. Na lei não está claro, mas creio que essa divisão advém da psicologia do desenvolvimento, que diferencia a primeira infância da segunda. Expressões como *centro de educação infantil* ou *escola infantil*, que não enfatizam a subdivisão desse período da educação das crianças pequenas e mantêm uma unidade que é a presente na realidade brasileira, ficaram excluídas da lei. Pessoalmente, creio que estas são melhores, pois não apontam para uma nova forma de desarticulação entre os pequenininhos e os pequenos.

A Constituição Federal de 1988 representou um avanço no que se refere aos direitos da infância. Ela considera as crianças e os jovens como sujeitos de direitos e proclama a necessidade da oferta de atendimento em educação infantil. Em seu artigo 7º, inciso XXV, do capítulo sobre os direitos e garantias individuais e coletivas, ela assegura o direito ao atendimento gratuito aos meninos e às meninas, desde o nascimento até os 6 anos, em creches e pré-escolas. Também a inclusão da educação infantil na LDB, como seção autônoma, foi uma importante resposta para as novas demandas e dinâmicas da cultura e da sociedade e um passo importante para a valorização da educação desse nível de ensino. É importante lembrar que, na nova LDB, a educação infantil está presente no capítulo da educação básica, isto é, juntamente com os ensinos fundamental e o médio, o que aponta para a necessidade de articulação, e não de subordinação entre eles. Um importante marco foi a diferenciação entre eles ocorrer pelo uso da palavra educação, e não ensino, demonstrando uma visão mais ampla dos processos pedagógicos necessários nessa faixa etária.

Nos últimos anos, o mesmo governo que apoiou a aprovação da lei e a divulga vem, contraditoriamente, criando políticas de financiamento da educação que não favorecem a ampliação e a qualificação da educação infantil, sendo esta secundarizada nos investimentos das verbas públicas. Poderia citar, como exemplo, a ausência da educação infantil nas verbas do Fundo Nacional de Desenvolvimento da Educação (FNDE) e também as políticas de formação docente que, apesar de afirmarem visar ao educador infantil, enfatizam a formação do educador do ensino fundamental.

Além das conquistas legais, a passagem – em algumas cidades e estados brasileiros – da responsabilidade pelo atendimento da população de 0 a 6 anos das áreas da saúde e da assistência social para a educacional demonstrou uma nova concepção das necessidades e dos direitos das crianças.

Acompanhando toda essa mudança legal e organizacional na educação infantil, e contribuindo com ela, corresponderam também investimentos em termos de pesquisas e publicações no campo acadêmico. Ao fazer um levantamento do acervo bibliográfico da biblioteca da Faculdade de Educação da UFRGS, constatei que, nas décadas de 1960 e 1970, grande parte dos livros correspondia a manuais gerais de pré-escola, com predomínio de autores estrangeiros e enfocava atividades e formas de organizar a educação das crianças em turmas de jardim de infância e pré-escola.

O referencial teórico dessas abordagens metodológicas eram os autores clássicos da educação infantil, como Froebel, Montessori, Decroly e outros. Também constatei a presença de um acervo considerável de publicações dirigidas às áreas específicas do conhecimento e suas relações ou com a educação pré-escolar ou com a das crianças pequenas, como psicomotricidade, música, psicologia do pré-escolar, etc.

Já na década de 1980, surgiu um maior número de autores nacionais e de livros com ênfase nas questões políticas da educação infantil, que denunciavam a ausência quantitativa de creches e pré-escolas e apontavam formas alternativas de atendimento, indicando a necessidade da criação de políticas públicas para crianças pequenas. Muitos desses estudos foram produzidos na intersecção entre a academia e os movimentos sociais de lutas pela creche como direito da mulher. A ampliação do número de programas de mestrado e doutorado no Brasil aponta o surgimento de várias teses e relatórios de pesquisas acadêmicas que tratam do tema. O Núcleo de Estudos em Educação de 0 a 6 anos da UFSC tem realizado trabalhos de investigação sobre as teses publicadas na área e vem fazendo análises das pesquisas recentes em educação infantil (Rocha, 1999a).

Na década de 1990, a perspectiva modificou-se, ampliaram-se os estudos sobre a pré-escola e tiveram início as pesquisas sobre a creche. Foram publicados livros que tratam da história das crianças no Brasil, apresentadas teses sobre as instituições de atendimento às crianças pequenas e respectivas propostas educacionais e também outras publicações sob forma de coletânea de artigos. Essas tratavam, em especial, de assuntos relacionados à psicologia do desenvolvimento em uma perspectiva sócio-histórica ou à psicologia genética, incluindo textos sobre a organização curricular e metodologias de ensino que geralmente aprofundam áreas de conhecimento – linguagem, matemática, ciências sociais e naturais, etc. – isto é, temas que já circulavam nos grupos de pesquisas e nas revistas especializadas começaram a chegar aos livros comerciais de ampla divulgação.

Muitas dessas novas publicações constituem-se em programações curriculares elaboradas por órgãos estatais ou por organizações não governamentais. Professores e professoras publicaram relatos de experiências com reflexões advindas de suas ações cotidianas no trabalho com turmas de crianças em creches e pré-escolas e, em alguns casos, também de escolas de arte (Freire, 1983; Haddad,1991; Machado,1991; Wajskop,1995).

Rocha (1999, p. 160), após a análise de um conjunto de trabalhos apresentados no Brasil na década de 1990, em diferentes reuniões científicas, nas áreas das ciências humanas e sociais, demonstra como essas reuniões vêm trazendo contribuições para a construção de uma pedagogia da educação infantil. Para a autora, a produção analisada:

Revelou construções teóricas, permitindo a identificação de um conjunto de regularidades e peculiaridades. As construções identificadas permitem afirmar a possibilidade e o nascimento de uma pedagogia, com corpo, procedimentos e conceituações próprias. Identifica-se, portanto, uma acumulação de conhecimentos sobre a educação infantil que tem origem em diferentes campos científicos, que, além de resultarem em um produto de seu próprio campo, têm resultado em contribuições para a constituição de um campo particular no âmbito da pedagogia.

Discutindo a relação entre a pesquisa na universidade e a educação das crianças pequenas, Ferreira (1988) apresenta como estava sendo produzida a pesquisa no campo da psicologia da educação e do desenvolvimento infantil na década de 1980 e, em sua análise, aponta como problemáticos os seguintes aspectos: a) estudavam-se aspectos isolados do desenvolvimento infantil; b) eram feitas experiências em ambiente artificial (laboratórios) e c) trabalhava-se com uma concepção de criança ideal. A autora descreve nesse artigo o processo de transformação pelo qual passou seu grupo de pesquisa em termos de introdução de novas metodologias de pesquisa e aprofundamento do compromisso social para que tais metodologias pudessem adequar-se à construção de conhecimentos sobre as necessidades educativas das crianças pequenas nas instituições brasileiras de educação infantil. Para conhecer essas mudanças conceituais, veja os vídeos, as teses, os artigos e os livros publicados pelo Cindedi da USP de Ribeirão Preto.

A *Bibliografia anotada* (MEC,1995) apresenta uma síntese dos textos sobre educação infantil publicados entre abril de 1980 e abril de 1995. Por seu intermédio, podemos observar que temas como história da educação e políticas públicas estão presentes desde o início da década de 1980 – mesmo que com uma produção reduzida – e apontam que o final dessa década dá início aos estudos sobre o cotidiano.

Campos e Haddad (1992) confirmam esse percurso por meio de um estudo que mostra a trajetória dos artigos sobre educação infantil publicados na revista Cadernos de Pesquisa, da Fundação Carlos Chagas, entre 1971 e 1991. As autoras observam que:

– na década de 1970, os artigos publicados enfocavam as crianças em idade pré-escolar, e não a creche ou a pré-escola como instituição;
– as publicações começam tratando o tema da pré-escola (principalmente como preparatória para o ensino fundamental) para depois, apenas no final da década de 1980, incluírem as creches;
– os artigos mostram a politização – papel do Estado, da sociedade civil e dos movimentos sociais – dos temas de creche e pré-escola a partir dos anos de 1980;
– houve uma ampliação do número de artigos publicados com essa temática a partir da década de 1970, o que pode ser constatado pelo levantamento quantitativo.

Como afirmam Campos e Haddad (1992, p. 18), ao se refletir sobre a produção científica em educação infantil:

> Constata-se claramente que, na produção analisada, o conhecimento de práticas modernas de cuidado e educação da criança pequena ficou em segundo plano, sendo pouco debatidas e aprofundadas (...) as questões que incidem diretamente sobre a natureza das experiências vividas pelas crianças nas creches e pré-escolas.

As autoras também apontam que a década de 1990 exigia que a educação infantil redimensionasse seu papel e ampliasse seu campo de pesquisa, de forma a responder multidisciplinarmente às questões pedagógicas que a ela vinham sendo colocadas.

FAZENDO PEDAGOGIA, FAZENDO CIÊNCIA

O momento histórico e científico em que vivemos causa muitos embaraços aos professores, intelectuais e pesquisadores que têm na educação não apenas um campo de estudos e investigação, mas também um compromisso com a melhoria da realidade social e educacional. Muitas certezas que tínhamos até poucos anos atrás estão sendo revistas, e ainda estamos procurando, por meio da crítica, da autocrítica e da busca de novos aportes, construir novos sentidos e caminhos para a nossa prática política e profissional e para a construção de novos modos de fazer pesquisa e ciência.

O paradigma dominante de fazer ciência, iniciado com a revolução científica do século XVI e consolidado nos séculos seguintes, tinha como modelo as ciências naturais, mas foi questionado e entrou em crise. Essa crise não é apenas epistemológica, mas também metodológica, envolve o modo como fazemos ciência e política, isto é, como a ciência e a tecnologia são utilizadas.

Como afirma Santos (1996a), estar em crise não significa estar mergulhado em um irracionalismo; ao contrário, pode ser visto como uma nova aventura para apreender o mundo. A aventura da ciência está onde a razão entra em confronto com o imaginário, com o estético, com o não racional, isto é, com tudo aquilo que é (des)conhecido, abrindo, assim, novos sentidos, caminhos e ideias. Prigogine e Stengers (1996, p. 28), ao refletirem sobre a ciência contemporânea, afirmam que ela está em profunda transformação:

> Em vez da eternidade, a história; em vez do determinismo, a imprevisibilidade; em vez do mecanicismo, a interpenetração, a espontaneidade e a auto-organização; em vez da reversibilidade, a irreversibilidade e a evolução; em vez da ordem, a desordem; em vez da necessidade, a criatividade e o acidente.

Na contemporaneidade, verifica-se o engendramento de uma concepção mais flexível de ciência. Santos (1995), concordando com os autores anteriormente citados, afirma que o novo paradigma para fazer ciência demonstra que todo conhecimento científico-natural também é científico-social; que todo conhecimento é local e total; que todo conhecimento é autoconhecimento e, por fim, que todo conhecimento científico visa a constituir-se em senso comum. Isto é, a sua existência pressupõe a sua divulgação, democratização e acessibilidade a todos.

Toda essa nova compreensão da ciência advinda da reflexão sobre sua crise, que tem na dúvida seu traço fundamental, extrapola as fronteiras do pensamento científico e impregna grande parte da razão crítica moderna, penetra "na vida de cada dia e na consciência filosófica e constitui um aspecto existencial do mundo social contemporâneo" (Giddens, 1995, p. 11).

Seguindo as pistas de Mires (1996), vivemos hoje um momento de profunda mudança nos modos de conhecer o mundo, relacionada à transformação igualmente profunda nos modos de viver a vida em sociedade. Esse autor procura compreender como a transição de paradigmas epistemológicos nas ciências corresponde a momentos de transição de paradigmas societais. Tal transição da vida e da reflexão contemporânea vem sendo chamada, de acordo com diferentes autores, de alta modernidade, modernidade avançada, contemporaneidade ou pós-modernidade.

Essa transição que ocorre do/no período denominado moderno está sendo configurada por múltiplas rupturas, as quais acontecem simultaneamente em diferentes campos do fazer e do pensar humanos, modificando a vida de uma maneira que nunca havia sido imaginada (ou sonhada), e as ideias e teorias que tínhamos para entender o mundo não estão mais servindo para explicá-lo. Tais rupturas, nem sempre planejadas, organizam-se como um todo a partir de diferentes eventos, como a revolução sexual, a revolução da microinformática e outras, que, a princípio, poderiam parecer isolados, mas conformam um novo todo (Mires, 1996, p. 151).

Neste estudo, a modernidade é pensada como o resultado de um "processo de racionalização experimentado pela civilização ocidental, desde os fins do século XVIII" (Adorno, Bruni e Cardoso, 1995, p. 7). Em meados do século XX, tal processo começou a ser questionado a partir de uma série de novos fenômenos, processos e acontecimentos que provocaram um profundo questionamento e um repensar desse projeto (não concretizado inteiramente). Esse novo período, que alguns autores denominam pós-modernidade, prefiro, juntamente com Adorno, Bruni e Cardoso (1995), denominar contemporaneidade.

Concordo com Hollanda (1992) quando afirma que o que se vê entre esses dois projetos culturais e políticos denominados modernidade e pós-modernidade é uma constante negociação com os termos das várias modernidades. Para a mesma autora, a pós-modernidade pode ser dividida em pelo menos dois grandes grupos: um pós-modernismo de reação, que seria conservador, e um de resistência, que surge como uma contraprática e preocupa-se com a desconstrução crítica da tradição. Harvey (1992), Santos (1995,1996a,1996b), Jameson (1994), Anderson (1999) e Eagleton (1998) são alguns dos autores que procuram fazer um pós-modernismo de resistência ou de inquietação. É dentro desse campo que procura situar-se este estudo.

A complexidade do ato de produzir cientificamente torna-se muito maior quando o campo no qual pesquisamos, no caso a pedagogia, não é considerado uma ciência. Esse tema – ser a pedagogia ou não uma ciência – gera grandes polêmicas e discussões calorosas, e não pretendo entrar com profundidade nessa discussão; apenas procuro estabelecer o meu ponto de vista. Neste trabalho de pesquisa, a pedagogia é compreendida como um campo de saber, como disciplina que pode ou não ser vista como ciência, dependendo do conceito de ciência que for utilizado. Se, no começo do século XX, o conceito dominante de ciência era estrito e com características positivistas, hoje, com as novas concepções de ciência e com as redefinições de metodologia de pesquisa, os paradigmas de cientificidade ampliaram-se e torna-se muito mais fácil dar condições científicas à produção pedagógica.

Definir a pedagogia é uma tarefa bastante complexa e, como registra Giroux (1996, p. 206), é preciso usar esse termo com "respeitosa prudência". Contudo, penso que se faz necessário explicitar os motivos que levam a classificar este estudo como situado no campo da pedagogia da educação infantil e o que, sinteticamente, será entendido por esse campo de estudos neste livro.

As teorias pedagógicas surgiram, ao longo da história, de diversos modos. Algumas delas foram elaboradas por pensadores ou filósofos na tentativa de propor um modelo educacional a ser seguido, tendo em vista a formação das novas gerações e da sociedade do futuro. Outras surgiram acompanhando discursos políticos e/ou práticas políticas concretas e procurando pôr em ação novas estratégias para a educação e a sociedade e modificando o devir dos seres humanos. Outras, ainda, procuraram responder a questões referentes à compreensão e à análise das experiências práticas de atos pedagógicos, desvendando a construção dos seus projetos, das suas influências, de seus instrumentos didáticos e modelos de gestão.

Massa (apud Rocha,1999a) apresenta a pedagogia como possuidora de um estatuto específico, que tem como objeto os sistemas de ação inerentes às situações educativas – um objeto muito material que permite à pedagogia colocar-se como uma teoria de estrutura implícita à experiência educativa.

Neste texto, entendo que, sempre, onde está presente uma situação de produção de conhecimento, de saber, de aprendizagem, onde há uma prática social e cultural de construção de conhecimentos, há também uma pedagogia. A pedagogia, por ser anterior a qualquer institucionalização ou escolarização, pode referir-se tanto à educação formal e institucional quanto às experiências de educação informal.

A pedagogia difere da teorização pedagógica, pois tanto implica a reflexão acerca do mundo social, cultural e econômico como também estabelece um modo de fazer instrumental, nem sempre estando esse segundo aspecto presente nas teorizações educacionais. As pedagogias articulam os macro e os microdiscursos, estabelecendo uma ligação explícita ou não entre o contexto e os processos internos da produção de saberes. Tal aspecto instrumental é o que neste trabalho é denominado de didática, e uma mesma pedagogia pode manifestar-se por meio de diferentes abordagens didáticas.

Nossa sociedade está permeada de discursos pedagógicos que realizam tarefas de controle ou regulação social, afirmando-se como verdades em uma constante luta pelo poder. Popkewitz (1997, p. 237) chega a afirmar que a pedagogia

> como parte do cenário institucional, é uma prática da regulação social que deve disciplinar, administrar e criar capacidades sociais para o indivíduo, seja essa administração chamada de pedagogia do desenvolvimento da criança, aprendizado, engenharia social ou reconstrução social.

Por meio desses diferentes discursos pedagógicos, grupos disputam permanentemente a prerrogativa de influenciar os modos como os sujeitos são constituídos, de selecionar os conhecimentos que devem ou não ser acessíveis, quais as identidades pessoais e sociais que devem ou não ser formadas, etc. Tais disputas entre os discursos pedagógicos existem necessariamente, e estamos todos, com maior ou menor consciência, tomados por esses textos, pois cada um defende um ponto de vista que entra em choque com outros.

Portanto, mais do que falar em *pedagogia*, no singular, é importante pensar o termo no plural, *pedagogias*, pois elas são diversas e plurais. Geralmente, as pedagogias são acompanhadas de adjetivos que as qualificam como pedagogias tradicionais, críticas, libertadoras, progressistas, libertárias e feministas, entre outras.

O mapeamento dessas diferentes pedagogias faz-se necessário no atual momento histórico, pois as teorizações mais universalizantes acerca da educação têm-se mostrado ineficazes para responder às questões educativas permanentemente propostas pelas sociedades e pelas culturas. Também é importante lembrar que, se as subdivisões das pedagogias podem, por um lado, ser manifestações de fragmentação e de disputas, por outro, quando permanentemente relacionadas e recontextualizadas, auxiliam no aprofundamento das discussões e no avanço dos conhecimentos. Podemos lembrar que a luta das especificidades e das particularidades é uma luta de poder para ocupar um espaço mais valorizado, no sentido da *igualdade na diferença*.

A pedagogia, como disciplina de fronteira, foi, historicamente, marginalizada, tendo o seu espaço de saber por muito tempo subordinado ou reduzido a outros saberes. Segundo Giroux, nos últimos anos, a pedagogia vem realizando um esforço para tentar visibilizar sua complexidade e suas relações com a política, o poder, o conhecimento, a história, a ética e para deixar de ser apenas instrumental, pragmática, empirista e condutista.

> Ao recusar reduzir a pedagogia crítica à pratica da transmissão de conhecimentos e destrezas, o novo trabalho sobre pedagogia foi tratado como uma forma de produção política e cultural profundamente implicada na construção de conhecimentos, de subjetividades e das relações sociais. (Giroux, 1996, 1997, p. 15)

Para Giroux, uma disciplina não é algo previamente determinado, mas é um campo que se vai constituindo pelas práticas, pelas pesquisas, pelos estudos que se realizam sobre ela e pelos aspectos sociais que estão profundamente integrados ao seu acontecer. Rocha (1999a) fala de diferentes graus de acabamento das ciências. Esses estudos devem possuir uma produção rigorosa, tendo em vista a criação teórica. De acordo com Giroux, uma pedagogia só pode ser constituída dentro de uma especificidade histórica e cultural – situada em um lugar e em um contexto –, pois as pedagogias críticas não surgem de universais, mas de práticas guiadas pela história e pela ética, sendo que a ética "se converte em um compromisso continuado, em que as práticas da vida cotidiana são investigadas em relação aos princípios da autonomia individual e à vida democrática" (Giroux, 1997, p. 126).

Segundo Cambi (1995, p. 126), as características da pedagogia, como a não unicidade, o discurso aberto não unívoco, os conflitos, o esfacelamento interno, devem ser vistas como "um caráter de riqueza-singularidade-especificidade, e não de marginalidade ou de inferioridade". E ainda afirma que as pedagogias, quando atentas à história, à sociedade e à política, produzem uma cultura pedagógica – inquieta, incerta, antirreducionista, metodologicamente plural, sendo, dessa forma, capazes de formular uma reflexão sobre as questões educacionais e de indicar perspectivas. As pedagogias, quando críticas, sabem que são incapazes de apreender toda a complexidade e não se iludem em pensar ser uma verdade.

As pedagogias tornam-se mais políticas quando propõem a análise e a crítica dos modos de fazer, das estratégias de trabalho, isto é, quando observam e valorizam como os sujeitos aproximam-se do conhecimento, o desmembram e o utilizam, assinalando que esses processos são tão ou mais importantes do que os conteúdos envolvidos. Também faz parte dessa revisão das pedagogias a discussão sobre as palavras pertencentes ao discurso pedagógico, como planejamento, avaliação, objetivos e outras, as quais racionalizam os conteúdos pedagógicos, exercendo um profundo efeito na dinâmica social, na constituição subjetiva, nos modos de configurar o mundo e nas possibilidades de se pensar a educação.

Hoje, a pedagogia vem enfrentando um sério e decisivo conflito, pois necessita responder às crescentes demandas da sociedade atual, em que as situações que envolvem o ensino e a aprendizagem são fundamentais, já que este período histórico vem sendo denominado por diferentes estudiosos da sociedade da informação e do conhecimento, precisando, para tanto, resolver a sua crise de identidade teórica. É preciso, portanto, um radical repensar, que clareie sua função social, política e cultural, compreenda seu caráter complexo e ambíguo e ofereça possibilidades de criar um *status* disciplinar e, quem sabe, científico.

O presente estudo procura contribuir com uma leitura crítica de um dos principais componentes das pedagogias da educação infantil – a rotina – e, a partir da sua contextualização e análise, desmembrar e dissecar esse dispositivo pedagógico, podendo, assim, ao conhecê-lo, ampliar e produzir novos sentidos para ele.

CONSTRUINDO *PEDAGOGIAS* PARA A PEQUENA INFÂNCIA

O campo da pedagogia da educação infantil, que emergiu, de forma sistemática, nos séculos XVIII e XIX, iniciou sua trajetória vinculado à filosofia e, posteriormente, distanciando-se desta, foi em grande parte absorvido pela psicologia, pela puericultura e pela assistência social. Sua ampliação e seu aprofundamento ocorreram, principalmente, no final do século XIX, uma vez que grande parte das culturas ocidentais tornou a educação das crianças pequenas um tema de responsabilidade social e coletiva, em contraponto à visão de que a educação das crianças pequenas era apenas uma tarefa da esfera privada – a família.

As propostas pedagógicas para a educação infantil surgiram quando se tornou necessário refletir sobre um determinado recorte da pedagogia, abordando as peculiaridades que estão presentes no campo da intervenção educacional para a pequena infância, isto é, da educação institucionalizada de crianças de 0 a 6 anos. Utilizo o termo instituição como referência para espaços públicos e coletivos de educação, e não para a família, apesar de esta também ser uma instituição.

Muitas temáticas fundadoras das pedagogias da educação infantil nem sempre estão presentes em outros campos pedagógicos. Pode-se exemplificar a ênfase que essa pedagogia dá às relações entre o cuidado, a educação, a nutrição, a higiene, o sono, as diferenças sociais, econômicas, culturais das diversas infâncias, a relação com as famílias, as relações entre adultos e crianças que não falam, não andam e necessitam estabelecer outras formas não verbais ou não convencionais de comunicação, as relações entre adultos e crianças pequenas na esfera pública, o brinquedo e o jogo, entre outros, podendo dar conta das especificidades e das diferenciações relativas à educação e ao cuidado de crianças bem pequenas.

Entretanto, além das temáticas citadas, é preciso que as pedagogias da educação infantil mantenham uma constante reflexão acerca do contexto onde são produzidas, isto é, dos temas gerais da cultura contemporânea, como aqueles relacionados a gênero, cidadania, raça, relações educativas com as comunidades, religião, classes sociais, globalização e as que influenciam de modo incisivo as questões ligadas à educação da pequena infância. É também necessário que se estabeleçam relações destas com as outras grandes questões da pedagogia, como a ação educativa e o currículo, verificando-se os efeitos que tais formas de engendrar e ver o mundo causam a um certo grupo de seres humanos que se encontram em uma faixa etária específica, em um determinado tipo de instituição e em um certo contexto.

Portanto, as pedagogias da educação infantil têm como centro de sua teorização a educação das crianças pequenas, situando-a tanto em sua construção como um sujeito de relações, inserido em uma cultura, em uma sociedade, em uma economia e com formas específicas de pensar e de expressar-se, quanto, também, com proposições instrumentais em relação aos aspectos internos ao funcionamento institucional e aos projetos educacionais, isto é, seus aspectos didáticos, como, por exemplo, os programas, as estratégias, os objetivos, a avaliação, a definição dos usos do tempo e do espaço, sua organização, suas práticas, seus discursos, enfim, sua rotina.

As pedagogias da educação infantil, segundo Rocha (1999b), diferem das do ensino fundamental porque estas se baseiam, principalmente, no ensino, e têm como objetivo central a transmissão do conhecimento e como lócus privilegiado a sala de aula, vendo a criança como um aluno. Já a educação infantil é constituída de relações educativas entre crianças-crianças-adultos, pela expressão, o afeto, a sexualidade, os jogos, as brincadeiras, as linguagens, o movimento corporal, a fantasia, a nutrição, os cuidados, os projetos de estudos, em um espaço de convívio onde há respeito pelas relações culturais, sociais e familiares. Penso que a pedagogia não é adequada apenas à ação pedagógica no contexto escolar, pois até mesmo em estruturas não formais de educação estratégias didáticas são utilizadas, podendo os conceitos didáticos mais convencionais serem ressignificados e recontextualizados, e novos conceitos serem criados de acordo com as especificidades do espaço pedagógico.

As pedagogias da educação infantil tratam de um tipo de educação que não é obrigatório em grande parte das sociedades, mas apenas complementar ao das famílias. Esse tipo de tarefa pode ser desenvolvido em organizações institucionais diferenciadas, como creches, jardins de infância, ludotecas, bibliotecas infantis, etc., não tendo como única alternativa a escola infantil, nem como objetivo central os aspectos de transmissão cultural que têm sido o tema prioritário no ensino obrigatório.

QUESTÕES CENTRAIS

> Canta meu grilo, como preferires: mas eu sei que amanhã, no alvorecer, vou embora daqui, porque, se fico aqui, acontecerá a mim aquilo que acontece a todos os meninos, isto é, terei de ir para a escola e, por amor ou por força, terei de estudar; e eu, vou te dizer em confidência, de estudar não tenho nenhuma vontade e me divirto mais perseguindo borboletas e subindo nas árvores para pegar os passarinhos nos ninhos.
>
> (Collodi, C. *As aventuras de Pinóquio*)

Nesse diálogo com o Grilo Falante, pode-se ver o conflito vivido por Pinóquio quanto a tornar-se ou não um ser humano. O fato de se tornar um menino implica ser regulado socialmente, regulação esta que se dará por amor ou por força. Pinóquio consegue, com essa expressão, sintetizar aquilo que as pedagogias e os pedagogos conhecem bem, que é a tensão, o impasse, a ambiguidade existente no ato pedagógico.

De acordo com Philippe Ariès (1978, 1979), a infância e os modos como a educamos têm, ao longo da história, pendulado entre dois extremos que representam dois virtuais pilares sociais: a paparicação e a moralização. Outros autores reafirmam a existência desses extremos por meio de outras denominações: Turner (1989) fala da oscilação entre as restrições e os relaxamentos na conduta moral das crianças; Lerena (1983) fala sobre o grande impasse entre o reprimir e o liberar e Santos (1995, 1996) fala da emancipação e da regulação. As pedagogias da educação infantil, como não poderia deixar de ser, também oscilaram entre tais extremos.

Para esses estudiosos, as práticas discursivas sobre a educação das crianças nas famílias e nas instituições educacionais têm estado divididas entre dois grandes grupos. Por um lado, dando continuidade ao discurso religioso do pecado original e vendo as crianças como seres que devem ser controlados, estão as concepções hegemônicas que defendem uma educação com ênfase na disciplina, na ordem, na contenção dos impulsos infantis como a forma privilegiada de intervenção educacional. Por outro, dando sequência à visão da inocência intrínseca das crianças e sua fragilidade, emergem discursos que criticam as formas rígidas de educação e que propõem uma educação aberta e livre, que não perturbe a natureza das crianças.

Para Santos (1995, 1996b), ambos os paradigmas estão inscritos no projeto da modernidade e, citando Habermas, afirma que, até o presente momento histórico, a modernidade assentou-se na contradição entre a regulação e a emancipação, sendo que o pilar da regulação tem conseguido domar as incessantes energias emancipatórias. Epistemologicamente, o conhecimento como regulação obteve também a mais completa hegemonia sobre o paradigma do conhecimento como emancipação. Exemplificando esses dois pontos extremos, Santos (1996b, p. 24) demonstra que

> o conhecimento como regulação consiste numa trajetória entre um ponto de ignorância designado caos e um ponto de conhecimento designado ordem. O conhecimento como emancipação consiste em uma trajetória entre um ponto de ignorância chamado colonialismo e um ponto de conhecimento chamado solidariedade.

Segundo o mesmo autor (1995, p. 78), para poder alterar esse movimento é preciso reconhecer tal assimetria e procurar compreender seu funcionamento, rompendo-a, reduzindo-a ou suprimindo-a e, dessa forma, mudando o paradigma. E lembra que a grande armadilha reside no "próprio objetivo de vincular o pilar da regulação ao pilar da emancipação e o de os vincular a ambos à concretização de objetivos práticos de racionalização global da vida coletiva e da vida individual".

O objetivo fundamental desta pesquisa é indagar o que são as rotinas na pedagogia da educação infantil e verificar como esta prática vincula-se aos dois polos apresentados – da regulação e emancipação ou da dominação e resistência –, tendo como estratégia a análise do seu papel como instrumento de organização institucional da pedagogia e de regulação das subjetividades.

Esse objetivo pode ser desdobrado em cinco grandes questões:

1. Definir o que são rotinas na pedagogia da educação infantil, procurando suas origens e as relações que guardam com o mundo exterior ao da educação e verificando, ainda, como essa prática discursiva constituiu-se e consolidou-se na pedagogia da educação infantil.
2. Comparar e aprofundar as concepções sobre as diferentes infâncias e a rotinização que está presente nas atuais pedagogias da educação infantil e na própria constituição das instituições de educação e cuidado de crianças pequenas; verificar de que modo a rotina, como prática, apesar de sua pouca visibilidade e teorização, tornou-se um dos eixos centrais das pedagogias da educação infantil.
3. Dissecar as rotinas como categoria pedagógica pela explicitação dos seus elementos constitutivos, de suas configurações internas, dos modos como são vividas e experienciadas nas escolas infantis de hoje, compreendendo, assim, por que ocupam cada vez mais um lugar de destaque nas teorias e nas práticas de intervenção pedagógica, isto é, ver os modos como operam as rotinas como instrumento de constituição e de normatização de subjetividades (adultas e infantis) nas instituições de educação infantil e, também, como encaminham para a autonomia e a independência.
4. Proceder à análise das rotinas, estabelecendo intersecções com diversos campos do conhecimento, com o objetivo de possibilitar uma nova compreensão educacional, política e cultural.
5. Refletir sobre as pedagogias da educação infantil, apontando para as possíveis ressignificações das rotinas como cotidiano das práticas educacionais.

A contribuição que esta pesquisa pretende dar ao campo de estudos e pesquisas da pedagogia da educação infantil é a de refletir e questionar as rotinas, tendo como ponto de referência as políticas de homogeneização que estão sendo implementadas na educação infantil, por meio de diferentes projetos educacionais, pois, ao comparar as rotinas de diferentes instituições, foram encontradas, principalmente, similitudes e homogeneizações, o que demonstra que, na elaboração das rotinas, muitas vezes, não estão sendo levadas em consideração nem a diversidade dos marcos teóricos nem a criança concreta, com suas diferenças sociais, culturais, étnicas, religiosas etárias, e outras.

Ao contrário, a organização da vida diária nas instituições é padronizada, quase uniforme, seguindo normalmente as grandes etapas da psicologia evolutiva, as macropolíticas curriculares e as reformas de ensino, as posições hegemônicas sobre a formação de professores e a elaboração de produtos tecnológicos de comunicação de massas que têm permeado as políticas educacionais atuais.

CAMINHOS METODOLÓGICOS

De Certau (1996, p. 21) acredita que fazer uma pesquisa é como

> abrir um canteiro de obras: definir um método, encontrar modelos para aplicar, descrever, comparar, diferenciar atividades de natureza subterrânea, efêmeras, frágeis e circunstanciais; em suma, procurar, tateando, elaborar *uma ciência prática do singular*.

Para construir as aproximações metodológicas ao campo de pesquisa deste estudo, senti-me como que imergindo em um canteiro de obras, tentando estabelecer os contornos do terreno, escolher os materiais, fazer as fundações que assegurassem a estabilidade, ainda que parcial, do conteúdo, fazendo-o resistente e, de preferência, compreensível, útil e bonito.

A experiência de pesquisar em um universo familiar, na sociedade em que vivo, no meu ambiente de trabalho, tem dificultado o afastamento, ou melhor, o *estranhamento* com o objeto de pesquisa, no sentido de desnaturalizar as práticas observadas. Tentei criar um modo "estrangeiro" de ver as rotinas nas creches e as pré-escolas, mas, muitas vezes, isso não parece ser possível. Tenho, como observadora, uma dificuldade muito grande para não estabelecer julgamentos, não pensar em soluções e não prescrever alternativas. Vício de professora? Pode ser.

Como professora de estágio e prática de ensino, observo turmas de educação infantil há muitos anos, com o objetivo de auxiliar as alunas a refletirem sobre suas práticas. A pedagogia é um campo do conhecimento no qual a intervenção e a prescrição são a tônica, e tal fato torna quase impossível a postura de investigadora, pois me sinto permeada pelos afetos, pelas práticas, pelas tradições e pela constituição profissional.

As poucas referências de estudos anteriores sobre o tema dificultaram sua delimitação e classificação. Não pretendi, em nenhum momento, fazer um estudo usando uma metodologia clássica de pesquisa. Decidi, após a leitura de Morin (1990), partir das questões que me havia proposto estudar e ir, gradativamente, formulando caminhos investigativos – novos, não clássicos, híbridos, diversos. Assim, esta pesquisa, apesar de contar com conteúdos históricos, não é um estudo de história da educação, não é um estudo etnográfico, embora trabalhe com alguns instrumentos da pesquisa antropológica e esteja inspirado nela para o trabalho de campo.

Tentaria descrevê-la como um estudo que tem como subsídio para sua escrita materiais empíricos de variadas origens, isto é, um *bricolage*, um mosaico formado de elementos empíricos, como textos escritos, canções, entrevistas, fotos, relatos de observação, que procurei organizar, tendo em vista responder às questões levantadas. Procurei propor algumas estratégias investigativas que facilitassem a construção do objeto, que pudessem responder às questões levantadas e que, no momento de conclusão, pudessem ser articuladas para a compreensão global do conhecimento constituído.

Acredito que a construção metodológica de uma pesquisa esteja intrinsecamente ligada ao conteúdo abordado e ao percurso de aproximações sucessivas realizadas pela pesquisadora.

> Um quadro teórico *a priori* focaliza prematuramente a visão do pesquisador, levando-o a enfatizar determinados aspectos e a desconsiderar outros, muitas vezes igualmente relevantes no contexto estudado, mas que não se encaixam na teoria adotada. (...) é necessário uma posição antropofágica, que implica um conhecimento profundo do contexto focalizado, para que se possa avaliar se uma dada teoria é ou não adequada – o que não exclui um esforço maior no sentido de procurarmos gerar nossas próprias teorias (Alves-Mazotti, 1992, p. 56).

Howard Becker (1994), em seu importante estudo sobre a pesquisa nas ciências humanas, fala em um "modelo artesanal de ciência, no qual cada trabalhador produz teorias e os métodos necessários para o trabalho que está sendo feito" (p. 12). Para esse autor, o importante é o pesquisador recompor, recriar ou até inventar métodos capazes de resolver os problemas das pesquisas, fazendo a "costura de diversos tipos de pesquisa e materiais disponíveis e públicos" (p. 22).

Apresentarei a seguir algumas estratégias utilizadas para a construção do campo de pesquisa. Iniciei este estudo com a construção de um inventário sobre como as rotinas se manifestam e fiz um levantamento em materiais diversos, como livros, revistas, canções, visitas iniciais ao campo, os quais representam as rotinas, isto é, mostram como as rotinas se tornaram visíveis na educação infantil. Ou seja, construí algumas estratégias de aproximação empírica (ver Anexo).

Na primeira etapa do processo de construção desta pesquisa, procurei localizar historicamente a gênese da noção de rotina nas sociedades ocidentais e no campo da pedagogia da educação infantil, ou seja, quais foram as condições históricas, políticas e culturais para a emergência e o engendramento de tal prática e as suas condições de legitimação. Esta parte do estudo foi feita por duas vias: a primeira, a etimologia da palavra rotina, a construção de um conceito e a procura da história social das rotinas. Vale destacar que construir um conceito é tornar precisa uma certa noção em um determinado paradigma. Um conceito remete a um processo histórico pelo qual, em uma dada sociedade, criou-se um termo para significar o que é, ou não, certa concepção, e pode ser modificado, já que foi construído historicamente.

Para esse empreendimento, foi necessário trabalhar em diferentes dicionários e em textos clássicos da educação infantil. Procurei, então, problematizar e construir conceitualmente a rotina como categoria pedagógica das pedagogias da educação infantil. E, logo após, procurar a história dos processos sociais para tentar entender as questões nas suas continuidades e rupturas, assim como na sua amplitude nos diferentes campos. Foi o exercício de construção de uma breve genealogia, que não é uma procura das causas, mas o encontro com os processos de constituição. Portanto, a genealogia seria, para Foucault (1982, p. 172), "um empreendimento para libertar da sujeição os saberes históricos, isto é, torná-los capazes de oposição e de luta contra a coerção de um discurso teórico, unitário, formal e científico".

De acordo com o mesmo autor, no texto "Genealogia e poder", a genealogia é uma tática que faz com que saberes locais, fragmentários, sejam ativados, tornando-se *saberes libertos* da *sujeição* e *que emergem desta discursividade* (p. 172). É uma análise explicativa que articula poderes e saberes em períodos de tempo amplos. Analisei, prioritariamente, as relações entre as rotinas e a religião, as políticas do corpo, a legislação, o universo do capital e do trabalho e da escola. Essa parte da pesquisa foi feita pela pesquisa bibliográfica na história social.

A partir desse trabalho inicial com fontes históricas secundárias, organizei um capítulo de reflexão sobre como a modernidade constituiu uma rotina para educar as crianças nas famílias e nas instituições para as crianças pequenas, como creches, jardins de infância e pré-escolas.

A segunda parte deste estudo trabalha, principalmente, com a discussão pedagógica das rotinas e tem como fontes a pesquisa sobre o conceito de rotina em textos históricos e contemporâneos da educação infantil e o material levantado pelas observações feitas no cotidiano dos espaços educativos – o *Diário de campo*, escrito nos anos de 1997 e 1998, a partir das observações feitas em instituições brasileiras, e o *Diário de viagem*, escrito em 1998, durante uma viagem de estudos feita a alguns países europeus. Os países visitados foram Espanha (Barcelona, Madri, Mataró, Granada), Itália (Pistóia), Alemanha (Berlim) e Dinamarca (Aarhus). Em cada cidade visitada conheci duas escolas infantis públicas.

A atração por fazer um estudo de campo veio de uma paixão pela antropologia. Para mim, era importante mostrar que alguns atos que parecem sem objetivo, práticas insípidas, inodoras e incolores, têm, sim, cor, cheiro e gosto. O que está ocorrendo é que as mediações feitas pelo lugar de onde observo parecem-me muito mais fortes do que a possibilidade de construir um estranhamento.

Procurei desempenhar o papel de observador-participante que, segundo Becker (1994, p. 120) é aquele que:

> Coleta dados a partir da sua participação na vida cotidiana do grupo ou da organização que estuda. Ele observa as pessoas que está estudando para ver as situações com que elas se deparam normalmente e como se comportam frente a elas.

A partir dessas observações, esse observador (p. 120) procura registrar "material tão completamente quanto possível por meio de relatos detalhados de ações, mapas de localização das pessoas enquanto atuam e, é claro, transcrições literais das conversações".

Juntamente com a pesquisa empírica, foram emergindo novas questões e novos pontos de vista que não eram citados nas reuniões, nos livros, na formação dos professores, isto é, aparecia o quanto as rotinas constroem a subjetividade das crianças e dos adultos das instituições de educação infantil.

Assim que comecei a entrar nas creches e nas pré-escolas, via, basicamente, a opressão (ativa ou passiva), a falta de respeito, a hierarquia e a normatização, tendo muita dificuldade em ver os atos de resistência, em compreender os conflitos e as contradições lá presentes.

A escolha das instituições observadas foi pragmática: entre as escolas públicas, selecionei aquelas que as autoridades locais consideraram representativas do sistema de educação infantil, enquanto a escola privada foi escolhida tendo em vista a sua proposta diferenciada. No caso das instituições estrangeiras, também educadores e pesquisadores abriram caminho para que as visitas se tornassem possíveis. As observações eram feitas acompanhando-se as jornadas das crianças nas escolas. Não computei a incidência de nenhum tipo de comportamento, não sendo feito nenhum questionário ou utilizada estratégia de registro de observação, apenas a escrita realizada durante a própria observação para a realização do *Diário de campo* e do *Diário de viagem*. Também foram feitos registros fotográficos.

Como não se discutiram as observações com os profissionais e muitas delas demonstram situações problemáticas, considerei que, pelo teor e objetivo da pesquisa, a identificação das instituições não seria fundamental. O olhar de fora, passageiro, pode atribuir um tipo de significado a uma ação observada e congelá-la como uma verdade absoluta, e pode ser uma atitude pouco ética com as crianças, a instituição e os profissionais.

Fiz algumas inserções no cotidiano de escolas infantis brasileiras. Primeiro, em duas escolas situadas na cidade gaúcha de Santa Cruz do Sul, uma pública (A) e outra privada (B). Foram realizadas duas observações de turno integral em duas turmas da escola pública e em três turmas da escola privada. Nas escolas públicas estrangeiras, geralmente acompanhei um dia inteiro das atividades em dois grupos de crianças – pequenos e maiores.

O relato das observações estão registrados no *Diário de campo*, dos anos de 1997 e 1998, que ofereceram dados para a discussão de algumas questões da pesquisa. Com o intuito de aprofundar o estudo empírico, escolhi uma escola infantil da rede municipal de educação de Porto Alegre(RS) para a coleta de dados. Nessas instituições, realizei observações de turno integral e observações em períodos parciais, acrescendo a essas entrevistas informais (semi-estruturadas) com os educadores e entrevistas com as crianças, com o objetivo de obter uma maior riqueza de material.

O uso da observação, do registro e de entrevistas informais foi inspirado, principalmente, pelos estudos etnográficos, apesar de a psicologia e a sociologia também utilizarem esses dois instrumentais como técnicas de pesquisa e de coleta de dados. Sei que esse uso instrumental da antropologia tem sido muito criticado, pois os instrumentos são utilizados, muitas vezes, fora de um contexto teórico. No caso desta pesquisa, a intenção não era fazer um estudo de caso, nem trabalhar com o que ocorre além das rotinas, mas observar a existência ou não das rotinas e como se dá sua execução no dia a dia das instituições de educação e cuidados. Creio que a pedagogia pode pedir emprestado esses instrumentais, tendo o cuidado de usá-los com restrições e com clareza acerca dos seus limites.

A ida ao campo e a coleta do material empírico não tiveram o objetivo de realizar um estudo aprofundado das rotinas em uma instituição. As questões que me fazia, como pesquisadora, eram muito precisas, estritamente sobre a rotina, e como as observações de campo poderiam ajudar a respondê-las. As observações e entrevistas livres realizadas em escolas de outros países nos meses de outubro, novembro e dezembro de 1998 foram utilizadas para contrapor, problematizar ou validar aquelas realizadas no Brasil. O registro dessa viagem foi feito por registro fotográfico e pelo *Diário de viagem*.

Como mencionei anteriormente, utilizei, ainda, como material empírico, situações, palavras ou frases de livros e teses que tratam do tema, capturadas para exemplificar alguns significados importantes dos diferentes momentos da rotina na educação infantil.

Além disso, coletei algumas canções que auxiliam na organização das rotinas, isto é, canções que introduzem ou concluem um certo momento da rotina. Elas mostram o caminho adequado para a mudança de atividades, marcam as etapas e as transições entre os momentos de rotina. Tais imagens e canções foram coletadas, ao longo dos anos, em várias creches e pré-escolas públicas e privadas do Rio Grande do Sul e em livros sobre o tema. Coletei também propostas de rotinas encontradas em livros e em documentos oficiais sobre *o modo de construir rotinas adequadas,* como modelos criados por especialistas em diferentes momentos históricos e em diferentes lugares.

As imagens que os educadores criam para poder representar as rotinas e que têm como objetivo a compreensão das mesmas pelas crianças podem variar de uma simples folha de papel mimeografado, colada atrás da porta com a sequência dos horários e das atividades, até um complexo jogo de montar para as crianças organizarem, junto com a professora, as atividades que serão desenvolvidas ao longo do dia (ver Anexo).

Para Becker (1994, p. 104-5), a imagem mais adequada do *empreendimento científico* é o de um mosaico, no qual

> cada peça acrescentada em um mosaico contribui um pouco para nossa compreensão do quadro como um todo. Quando muitas peças já foram colocadas, podemos ver, mais ou menos claramente, os objetos e as pessoas que estão no quadro, e sua relação uns com os outros. Diferentes fragmentos contribuem diferentemente para a nossa compreensão: alguns são úteis por sua cor, outros porque realçam contornos de um objeto. Nenhuma das peças tem uma função maior a

cumprir; se não tivermos sua contribuição, há ainda outras maneiras para chegarmos à compreensão do todo.

A construção do objeto de estudo realizou um percurso próprio, procurando responder às questões, e não foi feita empregando-se uma metodologia previamente definida. Algumas vezes, isto me pareceu um pouco problemático, mas o uso de técnicas diversas, a partir de pressupostos teóricos definidos, tem sido uma forma interessante para descortinar as questões da rotina e para fazer a educação e a ciência de um modo mais elástico.

Seria mais fácil optar por escrever este trabalho a partir do olhar de uma pesquisadora com muitas certezas, uma pesquisadora que tivesse um referencial teórico único e organizado como referência e que procurasse, considerando tal referência, fazer uma leitura de um aspecto da prática. Poderia pegar o caminho da defesa da rotina – da qual a psicologia genética daria perfeitamente conta – ou o da crítica à mesma, mostrando seus aspectos de dominação e subjetivação, o que poderia ser feito tanto pelas teorias críticas da sociologia da educação como pelo uso da obra de Foucault. No entanto, não quis seguir esse caminho, ele não me satisfaz. O papel da pesquisa não é o de simplificar, posicionando-se a favor ou contra, mas o de olhar a complexidade da realidade e procurar explicá-la a partir de uma perspectiva.

Para empreender esta aventura teórico-prática, muitas foram as leituras e releituras feitas e para situar o objeto de pesquisa, procurei ter como interlocutores os dicionaristas, que são generalistas e, assim, nos abrem muitas portas, muitos sentidos. Os dicionários da área das ciências humanas contribuíram com o maior número de interlocutores.

Na área da história, autores consagrados, como Ariès (1978,1986) e Norbert Elias (1980), foram fundamentais. Além deles, os espanhóis Bajo e Betrán (1998) e Delgado (1998), e, principalmente, os italianos, juntamente com franceses Becchi (1994) e Becchi e Julia (1996a,1996b), além de Catarsi (1983, 1994), foram fontes privilegiadas para compreender a formação do conceito de infância, a história da educação infantil e das instituições para a educação das crianças pequenas.

A história e a sociologia do cotidiano foram trabalhadas a partir de Anthony Giddens (1995), Agnes Heller (s.d), Henri Lefebvre (1984), Michel De Certau e sua equipe de pesquisadores (1994, 1996).

A discussão entre modernidade(s) e pós-modernidade(s) que permeou o trabalho foi construída, prioritariamente, a partir de Santos (1996), Giddens (1991,1995), Adorno (1995), Harvey (1992), Jameson (1994), Hollanda (1992) e Lyon (1998), entre outros.

Na pedagogia, procurei primeiro revisitar os clássicos, entre eles Rousseau (1992,1994), Montessori (1937,1970,1994), Froebel (1989), Pestallozzi (1967,1988), Dewey (1959) e Freinet (1974). Procurei fazer, sempre que possível, a leitura dos textos originais desses autores. Em certos momentos, utilizei também textos escritos por estudiosos e intérpretes de suas obras. As pedagogias críticas tiveram como interlocutores privilegiados Giroux (1995,1996), Cambi (1995), Frago (1998), Rocha (1999a1999b) e Gore (1996).

As questões da pedagogia da educação infantil foram discutidas a partir de autores brasileiros antigos e contemporâneos. Escolhi também como interlocutores alguns autores italianos e espanhóis como Mantovanni e Bondioli (1998), Tonucci (1988), Bartolomeis (s.d.), Becchi (1995), Bertolini (1996), Cambi (1995), Catarsi (1994), Bassedas (1999), Jimenéz e Molina (1989) e outros.

Na psicologia, apoiei-me na análise sócio-histórica e na psicanálise, procurando fazer uma releitura crítica de psicologia evolutiva, por intermédio de Burmann (1998) e Figueiredo (1994).

O diálogo com campos e posições teóricas diversas foi complexo, exigindo a articulação entre os autores e a questão de pesquisa trabalhada. Além do diálogo com teóricos e suas teorias, também o diálogo com as pessoas que estavam presentes no campo de pesquisa – educadores, crianças, administradores e aquelas que acompanharam o desenrolar deste estudo – colaboraram para fazer-me compreender como operam os discursos e as práticas sociais de educação nas instituições de educação infantil.

Como já destaquei na apresentação dos caminhos metodológicos, este livro está organizado em três partes. A primeira procura fazer uma análise sobre o que são rotinas (Capítulo 2), a emergência no campo social das rotinas pedagógicas (Capítulo 3) e o processo de rotinização da infância (Capítulo 4). A segunda parte, com um objetivo mais pedagógico, procura esmiuçar a compreensão da rotina como uma categoria pedagógica central nas pedagogias da educação infantil (Capítulo 5), sua estrutura e modos de funcionamento (Capítulo 6). A terceira parte procura relacionar as rotinas, as pedagogias e a discussão da modernidade (Capítulos 7 a 11) e sugerir modos de (re)pensar a questão das rotinas pedagógicas (Capítulo 12).

Conforme a epígrafe deste estudo, meu desejo de construir novos modos de olhar a educação e poder auxiliar na produção de novos significados sobre alguns atos que estão, de certo modo, *naturalizados* nas instituições educacionais e, concordando com Foucault (1996, p. 143), afirmo:

> Meu papel – e esta é uma palavra demasiado enfática – consiste em ensinar às pessoas que são muito mais livres do que se sentem, que as pessoas aceitam como verdade, como evidência, alguns temas que foram construídos durante certo momento da história, e que essa pretendida evidência pode ser criticada e destruída. Mudar algo no espírito das pessoas, é esse o papel do intelectual.

2
O que são mesmo as rotinas?

Rotina é uma categoria pedagógica que os responsáveis pela educação infantil estruturam para, a partir dela, desenvolver o trabalho cotidiano nas instituições de educação infantil. As denominações dadas à rotina são diversas: horário, emprego do tempo, sequência de ações, trabalho dos adultos e das crianças, plano diário, rotina diária, jornada, etc.

A importância das rotinas na educação infantil provém da possibilidade de constituir uma visão própria como concretização paradigmática de uma concepção de educação e de cuidado. É possível afirmar que elas sintetizam o projeto pedagógico das instituições e apresentam a proposta de ação educativa dos profissionais. A rotina é usada, muitas vezes, como o cartão de visitas da instituição, quando da apresentação desta aos pais ou à comunidade, ou como um dos pontos centrais de avaliação da programação educacional.

Na prática educativa de creches e pré-escolas, está sempre presente uma rotina de trabalho, que pode ter autorias diversas: em alguns casos, são normas ditadas pelo próprio sistema de ensino; outras vezes, pelos técnicos ou burocratas dessas repartições; outras ainda, pelos diretores, supervisores ou professores e demais profissionais da instituição e, em certas escolas, também as próprias crianças são convidadas a participar da elaboração das normas. São fatores condicionantes da maneira de organizar a rotina, o modo de funcionamento da instituição, o horário de entrada e saída das crianças, o horário de alimentação e o turno dos funcionários. Condicionantes, neste caso, referem-se ao quanto as questões legais e administrativas são básicas para a construção das convenções e das regras de funcionamento institucionais, mas sem considerar que, por isso, sejam determinantes.

Nos livros sobre creches e/ou pré-escolas pesquisados, encontrei a presença das rotinas. Elas aparecem como modelos ou sugestões para a organização do trabalho pedagógico do educador, mas, em geral, não são teorizadas.

Raramente uma sugestão de rotina é acompanhada de uma possível explicação sobre a seleção ou a escolha de atividades ou materiais, ou mesmo de justificativas que indiquem os motivos pelos quais a manhã se inicia com um determinado tipo de atividade e é finalizada com outro. A rotina torna-se apenas um esquema que prescreve o que se deve fazer e em que momento esse fazer é adequado (ver Anexo).

O tema das rotinas vem sendo tratado, indiretamente, desde os textos fundadores da educação infantil, como os de Rousseau, Pestalozzi, Froebel e Maria Montessori, e aparecem, de modo mais visível, nas propostas contemporâneas de educação infantil. Esses autores não usam o termo rotina, mas ideias como as de moralização, hábitos, atividades da vida diária e socialização que formam as bases dos conceitos utilizados, ainda hoje, para a construção e a justificativa das rotinas.

Pode-se até mesmo afirmar que as rotinas encontram, atualmente, um maior destaque, a ponto de consistir em capítulos de livros, fascículos de publicações independentes, tema na formação de professores, etc. A presença significativa das rotinas nas práticas da educação infantil acabou por constituí-la como categoria pedagógica central, mas muito pouco estudada e explicitada. Como todas as noções, a palavra rotina surgiu no momento em que parecia ter-se tornado útil para nomear práticas que já estavam constituídas socialmente. Explicitar a existência de uma categoria pedagógica e seu modo de operar é uma atitude importante, pois, tendo certa visibilidade, ela se torna mais consistente e passível de análise, crítica e transformação.

Poucas foram as referências a pesquisas que conceituam e problematizam as rotinas. Recentemente, foram defendidas duas dissertações de mestrado sobre o tema. A dissertação de Ramos (1998), que procura verificar a interferência da rotina da escola infantil no processo de construção da noção operatória de tempo subjetivo pela criança, e a de Batista (1998), que procura estudar a ação das rotinas institucionais da educação infantil e o movimento de resistência das crianças à padronização dos tempos e do espaço.

Também foram utilizados alguns estudos que registram as rotinas ao fazerem descrições do cotidiano das instituições, tendo, na verdade, outros objetivos e utilizando essa descrição como instrumento de coleta de dados. A decisão de fazer um estudo sobre as rotinas nas pedagogias da educação infantil surgiu a partir da constatação da ausência de estudos pedagógicos sobre esse tema, tanto no que se refere à pré-escola quanto à creche.

ROTINA E/OU COTIDIANO?

Ao longo deste estudo, foi sendo construído um olhar sobre os conceitos de cotidiano e rotina. Inicialmente, os termos foram usados como sinônimos, mas após algumas leituras e reflexões procurei estabelecer uma certa diferenciação entre eles. Apesar de partilharem pontos de intersecção e convergência, cada um desses conceitos possui especificidades.

A reflexão sobre o cotidiano começou a ser produzida no século XVIII, quando a literatura contava, em romances, a história da vida das pessoas comuns e a pintura descobria o encanto de retratar homens, mulheres e crianças em suas atividades diárias, contribuindo para demonstrar a riqueza da vida cotidiana e dos eventos que acontecem todos os dias.

A partir dessa abertura promovida pela arte, houve a descoberta, pelos cientistas sociais, da importância, da riqueza e da originalidade do cotidiano e de uma mudança na postura na qual apenas tinham valor para a reflexão e para o registro os macroacontecimentos, isto é, os fatos de ampla abrangência. Iniciou-se a valorização dos microacontecimentos como o lugar onde podem ser vistos pequenos retratos do mundo.

O estudo do cotidiano foi-se constituindo como um campo de estudos nas áreas da sociologia, da antropologia e da história, nas quais o cotidiano é visto tanto como objeto de estudos como estratégia metodológica de pesquisa. A história – até então escrita a partir dos grandes feitos, dos grandes nomes – procurou incluir o dia a dia na análise de suas questões e a antropologia (com os estudos etnográficos) contribuiu para reivindicar a importância do cotidiano na construção teórica das ciências sociais.

As rotinas podem ser vistas como produtos culturais criados, produzidos e reproduzidos no dia a dia, tendo como objetivo a organização da cotidianeidade. São rotineiras atividades como cozinhar, dormir, estudar, trabalhar e cuidar da casa, reguladas por costumes e desenvolvidas em um espaço-tempo social definido e próximo, como a casa, a comunidade ou o local de trabalho. É preciso aprender certas ações que, com o decorrer do tempo, tornam-se automatizadas, pois é necessário ter modos de organizar a vida. Do contrário, seria muito difícil viver, se todos os dias fosse necessário refletir sobre todos os aspectos dos atos cotidianos.

Em contraposição à rotina, o cotidiano é muito mais abrangente e refere-se a um espaço-tempo fundamental para a vida humana, pois tanto é nele que acontecem as atividades repetitivas, rotineiras, triviais, como também ele é o lócus onde há a possibilidade de encontrar o inesperado, onde há margem para a inovação, onde se pode alcançar *o extraordinário do ordinário* (Lefebvre,1984, p. 51). José Machado Pais (1986, p. 10) afirma que não se pode reduzir o cotidiano ao rotineiro, ao repetitivo e ao a-histórico, pois o cotidiano é "o cruzamento de múltiplas dialéticas entre o rotineiro e o acontecimento". Desse modo, penso que é necessário diferenciar a vida cotidiana, em sua complexidade e em sua amplitude, das rotinas, isto é, de uma racionalização ou de uma tecnologia constituída pelos seres humanos e pelas instituições para organizar e controlar a vida cotidiana. Assim, a rotina é apenas um dos elementos que integram o cotidiano.

Segundo Agnes Heller (s.d.), os seres humanos já nascem inseridos em uma cotidianeidade e, por viverem em grupos sociais, necessitam, desde seus primeiros anos de vida, aprender os costumes, as regras e as tradições de seu grupo cultural de pertinência. As crianças, desde muito pequenas, precisam interagir com os objetos aos quais estão expostas e aprender os hábitos socioculturais da sua coletividade. Em nossa sociedade, por exemplo, é preciso aprender a comer com talheres, a escovar os dentes, a definir e a compartilhar brinquedos, entre outras aprendizagens. Para tanto, a imitação e a realização conjunta de atividades é uma das formas que nós, seres humanos, temos de sobreviver e assimilar as relações sociais produzidas em nossa cultura.

Nas sociedades ocidentais contemporâneas, tal socialização é executada, prioritariamente, pelas famílias, pelas creches, pelas pré-escolas e por outros que servem como construtores dos sujeitos e da cultura. Esse processo de socialização está organizado dentro de uma ritualização.

Os rituais são aqui compreendidos como atos, individuais ou grupais, que se mantêm fiéis a certas regras e hábitos sociais e que possuem um significado particular em cada cultura. São práticas que fixam regularidades, apesar de se manterem abertas a eventuais mudanças. A repetição de certos enquadres, de certas ações, de determinadas práticas dá estabilidade e segurança aos sujeitos. Saber que depois de determinada tarefa ocorrerá outra dá um certo sossego às pessoas, sejam elas grandes ou pequenas.

A interiorização das normas e dos papéis sociais não tem apenas a função de socialização ou de reprodução, pois nelas ocorre, ao mesmo tempo, a exteriorização, pelos indivíduos, de novas formas de sociabilidade, de interação e de modos de vida. Assim, os sujeitos vão constituindo-se, simultaneamente, como seres colonizados e resistentes, genéricos e singulares.

A vida cotidiana é, assim, a vida dos sujeitos por inteiro, da qual eles participam com todos os aspectos de sua individualidade: todos os seus sentidos, todas as suas capacidades intelectuais, suas habilidades manipulativas, seus sentimentos, suas paixões, ideias, ideologias. São partes orgânicas da vida cotidiana a organização do trabalho e da vida privada, os lazeres e o descanso, a atividade social sistematizada, o intercâmbio e a purificação (Heller, s.d., p. 18). É nela, na sua execução, que adquirimos todas as habilidades, os conhecimentos e as práticas imprescindíveis para vivermos a vida em sociedade.

Critelli (1996, p. 86) lembra que o cotidiano é "tão-somente (...) o modo (único e possível) de o homem viver a vida e realizar as suas atividades". E prossegue:

> os atos rotineiros, os hábitos, a solidez, a persistência e estabilidade das mesmas coisas e a repetição dos mesmos fatos que povoam nossos dias e que, por isso mesmo, revestem-se de um aparente aborrecimento, acabam por ganhar um caráter de opressão, sob a qual tudo se estanca e desvaloriza. Porém, se não fosse pela monótona solidez das coisas e a repetibilidade dos fatos, se não fosse pela frequen-

te ritualística maneira de procedermos, se não fosse pela repetição das mesmas atividades e tarefas, jamais teríamos a confiança de dormir à noite.

Pais (1986, p. 15) adota essa posição ao afirmar que "de fato, o quebrar com a rotina pressupõe a existência da rotina. Da mesma forma, o rito é a condição de possibilidade do ser". As regularidades dos rituais e as repetições das rotinas presentes no cotidiano dão o suporte necessário para a criação do novo. A rotina, perturbada pelo inesperado ou pelo sonho, é um tempo e um espaço tanto de tradição como de inovação.

As rotinas podem tornar-se uma tecnologia de alienação quando não consideram o ritmo, a participação, a relação com o mundo, a realização, a fruição, a liberdade, a consciência, a imaginação e as diversas formas de sociabilidade dos sujeitos nela envolvidos; quando se tornam apenas uma sucessão de eventos, de pequenas ações, prescritas de maneira precisa, levando as pessoas a agir e a repetir gestos e atos em uma sequência de procedimentos que não lhes pertence nem está sob seu domínio. É o vivido sem sentido, alienado, pois está cristalizado em absolutos. Ao criar rotinas, é fundamental deixar uma ampla margem de movimento, senão encontraremos o terreno propício à alienação. Martins (1996, p. 36), ao comentar as possibilidades da vida contemporânea, constata que "estamos aparentemente condenados ao tempo trágico do atual e do imediato, ao tempo da falta de imaginação e da falta de esperança".

Esse tipo de rotina nasce quando as ações e as relações sociais não procuram ser compreendidas e explicadas, não havendo a necessidade de criação, de desenvolvimento, e o resultado do que se faz não é necessariamente aquilo que se quer ou o que se pensa ter feito, mas aquilo que foi passado aos sujeitos.

A questão do cotidiano e das rotinas que o regram e normatizam, isto é, a vida cotidiana em sua integralidade nas instituições de creche e pré-escola, pode ser vista como elemento central nas pedagogias da educação infantil e, por isso, acredito que esse tema deva ser pesquisado e refletido. As rotinas das pedagogias da educação infantil foram vistas, neste trabalho, como um dos elementos integrantes das práticas pedagógicas e didáticas que são previamente pensadas, planejadas e reguladas, com o objetivo de ordenar e operacionalizar o cotidiano da instituição e constituir a subjetividade de seus integrantes. Tais objetivos estão bem determinados, apesar de nem sempre estarem explícitos.

Embora tenha sido verificado o quanto as rotinas pautam – *por amor ou por força* – a vida cotidiana das instituições, pouco se sabe sobre elas. Há em nossa sociedade, como diz a socióloga Heloísa Fernandes (1991), uma maior produção de morte cotidiana do que de vida cotidiana. É como se nas instituições a vida não pertencesse aos sujeitos. É possível concluir que quase não se fala das rotinas, mas sua presença constante nas pedagogias da educação infantil tem uma função muito clara na consolidação da sociedade vigente. A rotina cotidiana da creche e da pré-escola está invadida pela conformação subjetiva, de acordo com os discursos hegemônicos, e nela procuram-se banir a transgressão, o desejo e a alegria.

Michel De Certau (1994, p. 41) mostra que, na *arte do fazer cotidiano*, não somos seres passivos, mas indivíduos que operam comumente sobre o contexto e constroem variações; somos usuários múltiplos, pois o cotidiano se inventa de mil maneiras. Ele rompe com o modo exclusivo de ver a sociedade estruturada sob uma rede de disciplina e vigilância e diz:

> Mais urgente ainda é descobrir como é que uma sociedade inteira não se reduz a ela: que procedimentos populares (também minúsculos e cotidianos) jogam com os mecanismos da disciplina e não se conformam a ela a não ser para alterá-los; enfim, que *maneiras de fazer* formam a contrapartida, do lado dos consumidores (ou dominados?), dos processos mudos que organizam a ordenação sociopolítica.

Mesmo quando as rotinas institucionais são absolutizadas, fechadas e alienadoras, é importante ressaltar que os usuários criam suas próprias operações de apropriação, suas "maneiras de praticar", e que é preciso relativizar a suposta passividade dos consumidores e a massificação dos comportamentos. Esta não é uma regra geral e, mesmo na rotina invisível, sob um sistema silencioso e repetitivo de tarefas feitas como que por hábito – uma série de operações executadas maquinalmente por gestos, ritos, códigos, ritmos, costumes – é possível encontrar opções, variedade e criatividade, isto é, o cotidiano.

Creio que essa diferenciação entre rotina e cotidiano, juntamente com a ideia de que o cotidiano contém uma rotina, mas não se restringe a ela, pode abrir uma nova trajetória na compreensão da rotina pedagógica. Essa questão será explicitada quando forem aprofundadas as ideias referentes à de rotina nas pedagogias da educação infantil.

SOBRE O CONCEITO DE ROTINA: AS ROTINAS ROTINEIRAS

Quando se procuram as origens de um conceito, logo parece que se está em busca de uma causa primeira, de um momento exato, inicial, que permita o encontro tanto com a gênese de uma palavra como com a de uma prática social, isto é, a procura de um absoluto. Não é isso que estou propondo. Tentar encontrar pontos de emergência de uma palavra não significa buscar o início da sua existência como prática social ou palavra, pois o fato de um termo ter sido gerado não significa que aquela prática e seu sentido tenham surgido naquele instante e que permaneçam os mesmos ao longo da história. Tanto as palavras como as coisas adquirem constantemente novos sentidos. Foucault, em *As palavras e as coisas* (1992), mostra como a ordem atribuída pelas palavras às coisas não é sempre a mesma, varia com o passar do tempo. Como afirma Elias (1980, p. 178), "cada movimento deverá ser explicado por outro movimento e não por uma primeira causa que, por assim dizer, pôs tudo em movimento, sendo ela própria imóvel".

A tentativa de relacionar não é buscar uma cronologia linear ou uma relação de causa e efeito; é, antes de mais nada, verificar como as práticas contemporâneas têm uma ancestralidade ou historicidade que lhes define sentidos.

A origem etimológica da palavra rotina foi procurada com o objetivo de encontrar algum dos pontos de emergência do tema, isto é, uma definição ou uma conceitualização inicial do termo. Além dos dicionários etimológicos, foram também consultados dicionários de língua estrangeira e dicionários temáticos de diversos campos do conhecimento, para estabelecer um pequeno inventário de sentidos que possa produzir a construção de significações para a palavra rotina e, posteriormente, constituir seus significados pedagógicos. Dentre os diversos conceitos encontrados, destaquei alguns que me pareceram mais significativos para a realização deste trabalho.

Segundo Cunha (1982), a palavra rotina surge no francês antigo como *route,* um derivado da palavra do latim vulgar *rupta* (rota), e seus primeiros registros aparecem na alta Idade Média, possivelmente no século XV. A data de registro do seu aparecimento na língua portuguesa é 1844 (como veremos a seguir, apesar de as rotinas existirem há muito mais tempo, foi apenas no final do século XVII que elas passaram a ser utilizadas na vida e na linguagem cotidiana), e sua significação básica, presente em algumas línguas, como latim, inglês, português e francês, é a de uma *noção espacial*, vinculada a um caminho, direção, rumo. Agregada a esse significado, está também presente a ideia de um percurso já conhecido, popular, isto é, familiar, não estranho.

Outra ideia relacionada à de rotina é a *sequência temporal*. Rotineiras são as ações ou os pensamentos – mecânicos ou irrefletidos – realizados todos os dias da mesma maneira, um uso geral, um costume antigo ou uma maneira habitual ou repetitiva de trabalhar. Fontinha (s.d.), um estudioso do latim e do português, afirma que um sujeito rotineiro é aquele que se opõe à inovação ou ao progresso, um espírito improgressivo, de relutância contra o que é novo, com um feitio ou espírito conservador. O autor prossegue, afirmando que as rotinas estabelecem atitudes e pré-julgamentos, que criam obstáculos às novidades, à criação e ao progresso. Também é considerado rotineiro aquele que sente sistemática aversão a tudo que representa adiantamento, sem verificar se isso é melhor do que os hábitos e as práticas antigas.

A emergência de "rotina" como palavra de uso cotidiano aconteceu na língua francesa como *routine* e é nessa grafia que ela também passou a ser utilizada nas línguas inglesa e italiana, sem uma tradução, o que não aconteceu no caso do espanhol e do português para os quais foi traduzida como rotina. Nos dicionários de língua inglesa, *routine* significa um curso ou procedimento regular, uma *performance* invariável de certos atos, uma sequência ordenada de instruções e procedimentos para realizar determinada tarefa. É interessante verificar que a palavra tem sido muito utilizada na área da informática significando os procedimentos adequados para o bom funcionamento das máquinas. Na língua italiana, a palavra *routine* também é usada, mas complementando as significações tradicionais. Os italianos a qualificam como *entediante* e a definem como uma monótona repetição de comportamento e de modo de pensar que traz prejuízos à criatividade.

O conceito aproxima-se um pouco do campo da educação quando, na definição dos dicionários da língua francesa, sugere-se que as rotinas são habilidades adquiridas pela prática, e não pelo estudo, e acrescenta-se que, para aprender, o aluno deve obedecer a uma rotina. Assim, a ênfase é atribuída às rotinas em ações práticas, e não teóricas. Também pelos dicionários idiomáticos aprendemos que as rotinas não são um ato exclusivo da espécie humana, pois são encontradas entre os animais quando estes realizam sequências de atos programados instintivamente.

De acordo com o *Dicionário Aurélio* (1988), a palavra rotina, no português do Brasil, tem quatro acepções:

> *S.f.* 1. Caminho já percorrido e conhecido, em geral trilhado maquinalmente; rotineira. 2. Sequência de atos ou procedimentos que se observa pela força do hábito; rotineira. 3. *Fig.* Uso, prática, norma geral de procedimento; ramerrão, rotineira. 4. *Proc. Dados.* Conjunto de instruções elaboradas e reunidas na sequência correta para um computador desempenhar uma operação ou uma série de operações, um programa pequeno ou uma parte de um programa.

Essas podem ser complementadas com o verbete *rotina* do *Dicionário didático do português*:

> Atos, comportamentos que se repetem sempre do mesmo modo, nos mesmos horários; repetição monótona das mesmas coisas. Hábito de agir que se torna mecânico.

A análise dos significados dados à palavra "rotina" em diferentes idiomas confirma a reflexão anterior, na qual a rotina é vista como a espinha dorsal, a parte fixa do cotidiano.

Apenas no *Dicionário didático do português* encontrei uma referência que indica que o radical *ruptor* deu origem à palavra rota, mas também é a raiz de ruptura. Assim, a rotina pode conter o seu contraponto, a sua contradição. Compartilho a opinião de Pais (1996, p. 9), que, retomando a discussão sobre a relação entre cotidiano e rotina, afirma "a vida cotidiana deixa, então, de ser meramente vivida – isto é, repetidamente – para passar a ser investida, criativamente, com aventura".

Também procurei o significado da palavra rotina em dicionários específicos de diferentes áreas científicas e obtive um sucesso parcial, pois, apesar de saber que é bastante alta a frequência com que o termo é utilizado na linguagem cotidiana pelos diversos profissionais, poucos foram os dicionários que apresentaram o verbete.

Na área da psicologia, foram consultados muitos dicionários, como Arnold (1982), Chemama (1995), Dorsh (1976), Laplanche e Pontalis (1983), Piéron (1972) e Stratton e Hayes (1994), nos quais aparece a ideia de uma sequência de ações automatizadas pelo uso que precede a automatização de habilidades mais complexas. Nos dicionários de psicanálise não foram encontradas referências à "rotina". Pesquisei também a palavra "repetição", e com ela obtive maior sucesso para uma aproximação da ideia de rotina, que será desenvolvida posteriormente no Capítulo 6. Nos campos da sociologia, da filosofia e da política, foram consultados diversos dicionários – Abbagnano (1988), Bobbio e colaboradores (1986), Boudon (1993), Cattani (1997), Ferrater Mora (1944, 1977), Kring e colaboradores (1977), Lalande (1966), Outhwaite e Bottomore (1996) e Silva e colaboradores (1986) – e neles também o verbete rotina não estava presente.

Na enfermagem e na medicina, o termo rotina é utilizado com muita frequência para dirigir a ordem de procedimentos que um médico ou enfermeiro realiza ao ter contato com o paciente, desde a entrevista inicial até os procedimentos de uma intervenção clínica ou cirúrgica. Muitos são os livros de medicina, em especial manuais, que são denominados de *Rotinas em....* Nos dicionários consultados nessa área, como o de Blakiston (s.d.), a palavra não foi encontrada. Na administração de empresas, mesmo existindo uma área de conhecimento denominada de *gestão de rotinas,* o termo "rotina" não está dicionarizado.

As questões que formulo a partir da ausência de atribuição de significado a essa palavra são as seguintes: será que o uso constante da palavra acaba por torná-la tão óbvia para os profissionais que não merece ser tratada como um conceito? Ou será que sua invisibilidade é uma necessidade para a preservação de seu poder? E, ainda, por que apenas nas instituições de educação infantil e nos hospitais essa palavra é usada com frequência maior que nas demais instituições?

Foram consultados alguns dicionários de pedagogia e ensino e neles encontramos algumas ideias interessantes, como as do *Dicionário universal de educação e ensino*, escrito por Campagne (s.d., p. 545). A primeira ideia que o autor apresenta é um reforço aos conceitos encontrados nos dicionários idiomáticos, isto é, para ele, rotina é "um processo até certo ponto mecânico para fazer ou ensinar alguma coisa. (...) um uso, uma prática transmitida e tornada habitual, sem princípios de razão para regulá-la ou para justificá-la".

Campagne (s.d., p. 545) afirma, ainda, que realizar as atividades rotineiramente é uma decorrência, principalmente, da ignorância e da preguiça: "Recusa-se diante do esforço preciso para nos renovarmos a nós mesmos". Para exemplificar tal situação, o autor utiliza-se de antinomias pedagógicas e afirma que as rotinas acentuam o primeiro termo como o processo/atividade espontânea; hábito/invenção; imobilidade/criação. Para ele, a rotina é um mal inerente ao ser humano, o qual é necessário combater. Lembra, também, que a rotina está presente em todos os modelos pedagógicos:

> Todos os regimes, mesmo no que professa bem alto a necessidade dos princípios, da psicologia, da arte pedagógica. É até justamente em um tal regime que a rotina se torna mais perniciosa, porque é mais complicada, mais organizada, mais deprimente do que a velha rotina da ignorância.

Esse autor finaliza dizendo que o único meio de vencer a rotina é pelo exercício e pela preservação da vida, "a saber: o exercício, o estudo, a reflexão" (p. 546). Campagne contempla alguns aspectos da rotina que serão posteriormente discutidos: a naturalização, a dificuldade de constituir uma reflexão sobre ela, a existência de rotinas que contemplam diferentes – e às vezes antagônicas – vertentes pedagógicas.

Segundo o *Dicionário da língua pedagógica*, de Paul Foulquié (s.d.), a rotina é uma prática resultante de um longo hábito adquirido sem estudo metódico. Em sua opinião, os pedagogos geralmente apresentam dificuldades para sair das rotinas.

De acordo com Piero Bertolini (1996, p. 530), no *Dizionario di pedagogia e scienze de l'educazione*, a palavra *routine*, do ponto de vista da pedagogia, é uma concatenação de ações sequenciais, altamente previsíveis por serem habituais. Para o autor, denominam-se *routine* as práticas realizadas que fazem parte necessária e imprescindível do trabalho de cuidado das crianças, como a higiene, a alimentação e o sono. Ele comenta que as atuais pesquisas pedagógicas e psicológicas têm demonstrado a relevância das *routines* no desenvolvimento das crianças:

> Fala-se de *atividades de routine* para sublinhar o valor pedagógico que adquirem aquelas ações, seja na ordem da sua função, seja pelo mesmo fato de serem transformadas em sequência sistemática, estruturada e previsível (...) De um ponto de vista pedagógico, isto significa que o adulto deverá prestar atenção às modalidades de realização das práticas de cuidado e mantê-las ou construí-las como *routine*, quando sistematicidade e repetição não significam necessariamente execução mecânica e fragmentada, mas (se deseja) um sistema de atendibilidade. (p. 530)

Apesar da ênfase nas atividades de cuidado, Bertolini (1996, p. 530) reconhece que, além destas, muitos outros momentos da jornada diária no interior de uma instituição educativa estão rotinizados: as estratégias de início e término das atividades, as modalidades de entrada e saída, as mudanças de um ambiente para o outro. Também nesses casos, vale a hipótese do valor estruturante da rotina: ela confere uma ordem para a experiência confusa da criança, ajuda-a a orientar-se, quando transforma a experiência de viver em um mundo que é, ao menos em parte, previsível e, consequentemente, mais tranquilo e seguro. Isso não significa, obviamente, o excesso de uma total normatividade da jornada, pois:

> O excesso de rotinização impede a exploração, a descoberta, a formulação de hipóteses sobre o que está para acontecer. Em outras palavras: trata-se de combinar *routine* e variação, de oferecer à criança um andaime, uma estrutura feita de tempo, espaço, fórmulas verbais que lhe permitam a exploração, a inferência, a decifração *do* que acontece, os experimentos mentais *sobre* quando sucede.

SINTETIZANDO: POR QUE ROTINAS? PORQUE SIM!

Nessa aventura linguística entre os diversos sentidos da palavra rotina, seguindo os passos dos italianos Becchi (1994) e Pancera (1994), que fazem ótimas análises da infância utilizando a semântica, poderia falar dessa noção a partir de algumas das suas principais características. Vimos que as rotinas fazem parte do cotidiano vivido pelos sujeitos, mas diferem dele por não incluírem o espaço do novo, do imprevisto.

Vimos, também, que na palavra rotina está implícita uma noção de espaço e de tempo: de espaço, uma vez que a rotina trata de uma rota de deslocamentos espaciais previamente conhecida, como são os caminhos, as rotas, e de tempo, por tratar-se de uma sequência que ocorre com determinada frequência temporal.

Outra característica importante é que o uso de uma rotina é adquirido pela prática, pelos costumes, não sendo necessário nenhum tipo de justificativa, razão ou argumentação teórica para a sua efetivação. Ela está profundamente ligada aos rituais, aos hábitos e às tradições, e nem sempre deixa espaço para a reflexão.

Ainda pode ser apontado como característica das rotinas o fato de elas conterem a ideia de repetição, de algo que faz resistência ao novo e que recua frente à ideia de transformar. Outra característica é que as rotinas são criadas a partir de uma sequência de atos ou de um conjunto de procedimentos associados que não devem sair da sua ordem; portanto, as rotinas têm um caráter normatizador.

Dessa forma, podemos observar que a rotina pedagógica é um elemento estruturante da organização institucional e de normatização da subjetividade das crianças e dos adultos que frequentam os espaços coletivos de cuidados e educação.

Para aprofundar as informações coletadas ao longo do estudo etimológico e conceitual da palavra, tentarei mostrar no próximo capítulo o percurso social e histórico dos usos da rotina em diferentes campos do saber e do fazer humano ocidental. Sabe-se da impossibilidade, e também da indesejabilidade, de encontrar o sentido *real e único* da palavra rotina, pelo simples fato de não existir tal sentido. No entanto, articular uma série de conhecimentos que estão dissociados, criando novos sentidos, pode ser um caminho para levar a um melhor conhecimento do processo educacional de rotinização da educação das crianças pequenas.

3

A constituição social das rotinas

Neste capítulo, procuro apresentar alguns pontos de emergência das rotinas em diferentes campos sociais, isto é, selecionar alguns eventos do fazer e do saber humanos que podem indicar onde e como esse tipo de prática social foi sendo estruturado. Não tenho a pretensão ou a intenção de encontrar, de modo essencialista, a origem das rotinas ou a "verdade" sobre esse conceito. Até porque as práticas relacionadas à rotina receberam, ao longo da história, múltiplos sentidos, e procurar o sentido inicial ou pretender fixar-lhe apenas um sentido seria uma redução ou um empobrecimento. O estudo e a compreensão das rotinas da educação infantil como uma categoria pedagógica só adquire significado dentro desse contexto polifônico. Terigi (1996, p. 170) afirma que a ideia de origem remete a um "ponto mítico ou ponto inicial" em que algo começa a existir. Afastando as suas ocorrências anteriores e supondo a sua identidade subsequente, a autora sugere o uso da expressão *ponto de emergência*.

Escolhi apresentar alguns pontos de visibilidade das rotinas da cultura ocidental, principalmente nos dois últimos séculos, pois foi nesse período que surgiu a palavra *routine*. A ideia de um modo repetitivo de realização dos atos sociais ou pessoais existe, concretamente, muito antes da Idade Média. Escolhi retomá-la apenas a partir daquele momento histórico por acreditar que é com a constituição da palavra, e dos fatos sociais que ela denomina, que o termo rotina começou a adquirir o sentido que tem nos dias de hoje. Foge aos meus objetivos apresentar uma história detalhada das rotinas; minha intenção é apenas apontar e tornar evidente como as práticas educacionais são constituídas socialmente na intersecção dos atos e dos discursos de diferentes campos da ação e do conhecimento humanos, acentuando a visão da educação como prática política perpassada pelo contexto social e mostrando essa relação criada e criadora.

É possível, por intermédio do percurso histórico e social, ver como tal conceito transitou até chegar ao campo da educação e perceber que a forma como são organizadas as rotinas cotidianas das instituições de educação infantil: algo que parece tão singular e interno à instituição está em profunda inter-relação com as rotinas organizadas social e politicamente. Observamos, assim, que as rotinas, como muitos outros processos que vivemos habitualmente:

> (...) nas sociedades ocidentais cristãs, ricas, brancas, apesar de fazerem parte de nossa paisagem familiar, tanto assim que quase se tornam invisíveis – não são naturais como muitas vezes tende-se a acreditar e que, em outros tempos, chegaram até a escandalizar as pessoas. (Foucault, 1996, p. 145)

Os dados, as ideias e os fatos citados nesta parte do estudo foram retirados de fontes históricas que estão inscritas na tradição da história social, cultural das mentalidades ou na história das ideias pedagógicas ou da pedagogia. De acordo com Genovesi (1996), a pesquisa histórico-educacional não é um bloco monolítico, pois apresenta várias subdivisões e perspectivas. Narodowsky (1994), com outro pressuposto teórico, complementa essas modalidades, ao falar em história do discurso pedagógico.

REZANDO PELO MESMO CATECISMO

O crescimento do cristianismo no ocidente fez com que a Igreja Católica Apostólica Romana, desde o século IV, impusesse uma rigorosa disciplina eclesiástica a fim de conseguir controlar seus fiéis. Para atingir tal objetivo, estruturou-se como instituição centralizada, hierarquizada e com uma forma rígida de gestão.

Na Idade Média, iniciou-se uma profunda separação entre os religiosos e as pessoas comuns. Para ingressar nessa vida de limites impostos, era preciso uma seleção, um treinamento, uma formação básica, e as várias congregações criaram estratégias de iniciação para seus postulantes, as quais auxiliavam na transição do mundo secular para o mundo espiritual (Guillermou,1973). Essa elite religiosa afastava-se do mundo por meio do monasticismo. De acordo com Max Weber (1992), o monacado representava a tropa escolhida dos virtuosos religiosos dentro da comunidade dos crentes. Para estabelecer a diferença entre os escolhidos e os outros, o controle dos sujeitos fazia-se particularmente necessário. Compondo um quadro completo de controle sobre os corpos, a igreja reconstruiu modos cada vez mais inflexíveis de disciplinamento, como o jejum, a confissão, as penitências, as provas de obediência, os exercícios espirituais, o vegetarianismo, entre outros meios, procurando estabelecer a negação dos prazeres terrenos. A sexualidade, por exercer um papel muito importante na vida e no comportamento humanos, foi cerceada pelo celibato.

Como nas instituições religiosas tudo precisava estar ordenado e tudo deveria ter um sentido previsível, não havendo lugar para o acaso, a rotina tornou-se imprescindível para a concreta organização das práticas da vida coletiva diária. Um exemplo são as regras de ingresso e formação espiritual da Companhia de Jesus, fundada por Inácio de Loyola e aprovada como ordem regular clerical em 1540. A Companhia de Jesus tinha como modelo o rigoroso treinamento militar, sendo sua estratégia missionária a guerra e a pedagogia. Essa ordem da Igreja Católica foi escolhida para ser apresentada nesta pesquisa por ter tido um papel muito importante tanto na contrarreforma europeia quanto na formação da educação e da sociedade brasileiras.

Inácio de Loyola escreveu um livro intitulado *Exercícios espirituais: para vencer-se a si mesmo e ordenar sua vida, sem se determinar por nenhuma afeição que seja desordenada*, que propõe exercícios para o espírito autodisciplinar-se a fim de chegar ao objetivo desejado, ou seja, a ordem. Os exercícios criados por Santo Inácio exigiam que o fiel se afastasse durante um mês da sua família, da sua casa, dos seus amigos, pois se acreditava que é na solidão que a alma consegue a aproximação com o divino. A transmissão do sentimento religioso e a formação eram feitas por meio da reconstituição, da (re)forma e da criação de um novo estilo de vida, construídas pela experiência monástica, visando à superação e à transformação do próprio eu. Nesse período de reclusão e conversão, cada semana tinha um objetivo religioso específico, o qual era avaliado pelos exames de consciência diários – um particular e um geral – e pela organização e registro em um quadro. Em uma linha horizontal colocava-se o dia da semana; em uma linha vertical, a lista dos pecados; todos os dias, após o exame de consciência, assinalavam-se as reincidências – sendo possível, com o auxílio desse registro gráfico, verificar se houve ou não progressos. Esse tipo de registro gráfico também é encontrado nas formas de apresentação e organização das rotinas pedagógicas com as crianças em salas de pré-escolas e creches.

Acompanhava o período de exame da consciência – pela meditação, contemplação e oração –- um restrito regime para o corpo, com a indicação de uma dieta alimentar, de horas de sono estipuladas e do cumprimento de penitências. As posturas corporais adequadas deveriam ser feitas antes de começar as meditações: o penitente deveria ficar a um ou dois passos do lugar onde a meditação seria feita, em pé, durante o tempo de um *Pai Nosso*, elevando seu pensamento para o céu. As orações eram executadas pelo penitente, ora prostrado no chão, de joelhos, ora em pé, utilizando-se da maneira mais favorável para atingir o resultado. Nenhum detalhe, nenhum pormenor deveria ser esquecido. Ao comentar esse livro, Alain Guillermou (1973, p. 62) afirma que:

> Organizar a disciplina do corpo é relativamente fácil: o asceta pode estabelecer o que será a sua alimentação, sua bebida, o tempo de sono, é então um simples problema de vontade. Não acontece o mesmo na disciplina do espírito: como impedir a imaginação de vagar como um voo desordenado de mosquitos, como dizia Teófano, o Recluso.

Se os *Exercícios espirituais* significavam a disciplina pessoal – do corpo e da mente –, as *Constituições* eram o lugar em que a disciplina coletiva, as relações hierárquicas, as obrigações e as rotinas de vida em grupo eram apresentadas.

As *Constituições* foram pensadas por Inácio de Loyola a partir de 1539, e suas ideias sobre os modos de organizar a Companhia foram discutidas e refletidas por seus companheiros, quando da sua morte, em 1556. Apesar de ainda não terem uma promulgação oficial, as *Constituições* já eram conhecidas e aceitas por todos os jesuítas. Podemos dizer que elas são a transposição para a vida coletiva dos princípios da vida pessoal e também mantêm como eixo central a obediência, o método e a determinação. De acordo com Figueiredo (1994, p. 67), "os jesuítas, sem dúvida nenhuma, elaboraram o primeiro sistema completo de construção e administração do psiquismo nos tempos modernos".

Segundo Weber (1992, p. 899), além do disciplinamento religioso e da vida imaterial, os monges ocidentais também foram os "primeiros senhorios feudais racionalmente governados e, mais tarde, constituem as primeiras comunidades de trabalho no setor agrícola e industrial". Tal fato significa que a disciplina do corpo tem uma função também para a vida material.

Na introdução de seu texto *A ética protestante e o espírito do capitalismo* (1987), Weber explica a maneira como, ao romper com as distinções entre a elite eclesial e a população em geral, os protestantes fizeram a transposição das práticas de vida religiosa para as suas disciplinas da vida diária, isto é, como as rotinas de autocontrole dos monastérios foram utilizadas para organizar o dia a dia dos leigos. Também Harvey (1992, p. 209) mostra esta passagem do monastério à vida social:

> Ironicamente, as explorações do calendário e da medida do tempo, que tinham sido promovidas pelas ordens monásticas para impor a disciplina religiosa, foram apropriadas pela burguesia nascente, como um recurso para organizar e disciplinar as populações das cidades medievais em termos de uma disciplina do trabalho secular recém-descoberta. (p. 209)

Poderíamos dizer que a Reforma trouxe a vida ascética das celas monásticas e introduziu-a na vida cotidiana da população, nas famílias e no modo de produção das sociedades seculares. Além das igrejas católica e luterana, também a metodista procurou levar para a vida diária os signos de virtude espiritual. John Wesley, fundador do metodismo, escreveu *Primitive physick or an easy and natural method of curing most diseases* (1752), onde descreve as regras necessárias para viver de modo saudável, tanto física como moralmente. Como conclui, Turner (1989, p. 42), "(...) Por conseguinte, as disciplinas e as regulações da família, da escola e da fábrica têm as suas raízes históricas na redistribuição das práticas dos monastérios dentro da sociedade em geral".

O controle da economia do corpo pela limpeza, abstinência sexual e não-masturbação foi um princípio básico para a formação dos sujeitos capitalistas e cristãos. Juntamente com essa política de controle corporal pessoal, as festas populares e os carnavais também foram proibidos pela rotina do capital, sendo substituídos por passatempos privados e preferencialmente ligados à vida religiosa. No processo de secularização do manejo corporal, o desejo deveria ser racionalizado e regulado por rotinas.

Seria possível afirmar que o mundo das religiões cristãs fundamentou as rotinas utilizadas nas creches e nas pré-escolas por dois processos: em primeiro lugar, pela secularização das rotinas pessoais e institucionais que haviam sido constituídas nos monastérios e foram transferidas para as instituições modernas em geral, inclusive as educacionais, e, em segundo, pelo fato de que a mão de obra disponível para trabalhar nos asilos, nos orfanatos, nas escolas e nas creches, desde sua criação até nossos dias, é em grande parte formada por irmãs de caridade, pastores e voluntários religiosos que trazem sua experiência pessoal e institucional da prática religiosa para a prática pedagógica.

OS OUTROS: CRIANÇAS E *SELVAGENS*

Para a sociedade europeia ocidental, o início da modernidade foi um momento de contato com a alteridade. Houve a descoberta externa de um novo mundo e a descoberta interna das crianças. O processo das navegações apontou para a descoberta do diferente e, juntamente com ele, constituiu-se a crença acelerada da superioridade dos iguais. Nesse processo de afirmação de sua identidade, os europeus investiram em desqualificar os diferentes. Toda a construção do outro é feita comparando os demais com o padrão europeu, tido como o *normal, o certo*. Pretendia-se transformar todos os seres humanos em clones dos europeus, assim como transformar as paisagens americanas em lugares parecidos com a Europa, desbravando as matas e introduzindo animais e plantas exóticas.

Já o processo de construção da infância fez o caminho inverso, pois tentou transformar iguais em diferentes, isto é, passar da ideia das crianças como miniaturas de adultos para a construção de um outro diferente do adulto. Em ambos os processos, está presente o debate entre o *eu e o outro*, a alteridade.

Os *outros* recém-descobertos foram denominados bárbaros. Essa palavra provém da Antiguidade Clássica, uma vez que os gregos denominavam *barbarói* os balbuciantes ou todos aqueles que não sabiam falar a sua língua. E como os que balbuciam são os que não têm fala (*infans*), *barbarói* é uma palavra que serve para denominar tanto os estrangeiros como as crianças:

> Para os gregos, essa incapacidade revelava predominantemente em qualquer pessoa ou raça uma condição humana negativa, porque a linguagem era um instrumento da razão. Dizer que certas pessoas não sabiam falar grego era equivalente a dizer que não tinham a faculdade da razão e não podiam atuar segundo

a lógica; que seu desenvolvimento intelectual era pobre e incapaz de dominar a razão (...). (Sardar, 1996, p. 27)

No livro *Bárbaros são os outros* (Sardar et al., 1996), os autores apontam para o problema do reconhecimento do outro formulando a questão: quem é este outro que não sou eu? O livro trata da colonização europeia nas *Índias* (quero lembrar aqui que tudo o que não fazia parte da Europa era chamado de Índias – selvagens e femininas).

Qual foi a atitude dos europeus – adultos, brancos, masculinos – em relação aos dois *outros*, as crianças e os selvagens?[1] Frente a esses estranhos, a atitude política foi a da conquista e da dominação. Os relatos e as cartas, tanto das Cruzadas como das descobertas marítimas e da colonização, com suas verdades e mentiras, são fontes inesgotáveis de dados para conhecer os novos mundos, mas é preciso considerar que eles serviram basicamente para consolidar as categorias de pensamento e construção do real já existentes. Em 1482, Henrique VII, rei da Inglaterra, determinou a seus comandantes que, ao encontrarem qualquer solo *pagão ou infiel*, o primeiro movimento da esquadra deveria ser o de *conquistar, ocupar e possuir*. Quando Colombo veio para a América, também tinha consigo a autorização dos reis de Espanha e do Papa para *dominar* o Novo Mundo.

Os habitantes do Novo Mundo eram descritos como *caraíbas* – canibais com caldeirões nos quais rapazes castrados, depois de colocados na engorda para ficarem tenros, eram comidos – e como *inocentes* que viviam em um paraíso terrestre. Contudo, sempre que se falava em ameríndios, falava-se daquilo que era exótico e do que lhes faltava para serem civilizados. Os povos do Novo Mundo não eram considerados escravos naturais, como os africanos, mas como "crianças naturais, herdeiros da verdadeira razão, desde que fossem devidamente educados e se tornassem adultos" (Sardar et al., 1996, p. 58). Em seus sermões, o padre Antônio Vieira (1995, p. 133) fala das dificuldades de realizar um projeto de educação com os indígenas brasileiros:

> Nas missões da Índia, muitas são capazes de conservar a fé sem assistência dos pregadores; mas nas do Brasil nenhuma há que tenha esta capacidade. Esta é uma das maiores dificuldades que tem aqui a conversão. Há-se de estar sempre ensinando o que já está aprendido, e há-se de estar sempre plantando o que já está nascido, sob pena de se perder o trabalho mais o fruto.

As semelhanças entre os nativos e as crianças estavam calcadas nas mesmas ambiguidades, pois tanto uns quanto outros eram vistos como o bem e o mal, o inocente e o pecador, e deveriam ficar sob a tutela de *professores naturais* (adultos, masculinos e brancos) até estarem educados e chegarem à *idade da razão*. Disciplinar a parte instintiva, emocional, corporal que regia os nativos do Novo Mundo e as crianças tornou-se uma obrigação cristã. De acordo com Thomas Jefferson (Apud Sardar, 1996, p. 67), presidente norte-americano, os nativos norte-americanos tinham a inteligência subdesenvolvida e nos negros ela era ainda inferior. Comentando a vida destes, frisava:

> A sua vida desenrola-se em uma sucessão de indolência mole e de esforços vigorosos para prover as suas necessidades animais, ou para satisfazer as suas baixas paixões. Esforços (...) não faltaram para o ensinar ou redimir. Mas está talvez destinado a desaparecer com as florestas (...) Se algo não tem utilidade, pode ser extinto.

No século XVI, a Europa estava em polvorosa, coberta pela disputas religiosas que ora dava ganhos aos protestantes, ora aos católicos. Nessa luta pelo poder religioso, as igrejas encontram duas alternativas de ação política. Por um lado, a possibilidade de avançar externamente pelas fronteiras e de chegar ao Novo Mundo com as missões e a catequização dos infiéis e, por outro, a criação de uma estratégia interna de *colonizar* as crianças europeias – outro tipo de "selvagem" – por meio das instituições educacionais. A equação entre os nativos e as crianças foi estabelecida como justificativa para impor uma missão civilizadora e catequizadora para ambos, e as escolas e as instituições de guarda das crianças contribuíram para levar a termo essa missão. O atendimento educacional prestado por diversas instituições religiosas ou modos privados de ensino, como o feito pelos preceptores, tinha como propósito ensinar a moral e as boas maneiras, e tais foram os grandes auxiliares nessa segunda alternativa.

Paralelamente ao modo cristão de entender os nativos do Novo Mundo e sua educação, os filósofos iluministas construíram ferramentas diferentes das da Igreja para interpretar a história dos homens. Condorcet (1993) criou uma nova forma progressiva de entender a história, observando nela uma evolução natural, comparada ao crescimento humano, em que o modo de vida dos povos mais antigos, vistos como primitivos, era pensado como uma etapa a ser ultrapassada para chegar à fase adulta da vida social, contribuindo, desse modo, para legitimar a ideia da necessidade de civilizar os *outros*, tendo em vista a sua evolução. De acordo com Finkielkraut (1988, p. 69):

> Completamente inebriados ao mesmo tempo pelo desenvolvimento dos conhecimentos, pelo progresso técnico e pelo refinamento dos costumes que a Europa do século XVIII conhecia, criaram, para dar conta disso tudo, o conceito de civilização. Era transformar sua condição presente em modelo, seus hábitos particulares em atitudes universais, seus valores em critérios absolutos de julgamento, e o europeu – mestre e possuidor da natureza – no ser mais interessante da criação.

Na busca de executar essa *ação* "civilizatória", tendo em vista a maioridade, criou-se toda uma engenharia social para domar os índios, os selvagens, os *outros*, dando-lhes modos de ver, de sentir e de agir europeus e, ao mesmo tempo, a construção na sociedade europeia de uma maquinaria escolar para educar as crianças (Varela e Alvarez-Uria, 1992). Ensinar a civilidade, disciplinar e salvar as almas infantis torna-se um dos principais objetivos dos educadores moralistas.

Muitos deles criaram manuais para os pais, sugerindo modos de educar as crianças. Um dos principais autores foi Erasmo de Roterdam, que, em 1530, publicou *De civilitate morum puerilum,* um texto que ensinava as crianças e os jovens a empenharem-se em aprender as normas sociais e não vê-las apenas como uma forma complementar à vida, mas encarando-as como a *própria vida*.

John Locke (1986) publicou, em 1693, *Da educação das crianças,* no qual indicava pormenorizadamente seus conselhos para a formação de um cavalheiro. O texto tem início com um capítulo sobre os cuidados e a saúde, e o autor trata de temas como a natação, o ar, os hábitos, as roupas, os alimentos, as comidas e bebidas, as frutas, o sono e o entretenimento e depois se volta para o espírito, os castigos, as recompensas, as regras, as condutas, as vantagens da educação doméstica e muitos outros assuntos, formando um compêndio com 27 capítulos sobre a educação. Para esse autor, formar o caráter é o objetivo principal da educação e ele procurou escrever um código de comportamento válido para todos (Revel, 1991). Esses textos eram complementados com provérbios, máximas e fábulas, o que facilitava a sua memorização.

No século XVIII, Rousseau, opondo-se à rigidez educacional dos moralistas, da corte e da burguesia emergente, apresenta sua visão da natureza específica da criança e das formas mais naturais de educá-las. Para compreender Rousseau, é importante poder vê-lo não só como filósofo político, mas também como educador, pois sua obra está em profunda relação com o contexto da emergência da burguesia, com o questionamento ao projeto da ilustração e com o período em que ocorre a separação da categoria de público e privado. Como alertam Varela e Alvarez (apud Uria,1991, p. 76), não se pode esquecer que *Emílio* e *Contrato social* foram publicados no mesmo ano e que "a nova ordem social do contrato exige um novo tipo de súdito, o cidadão, produto, em grande parte, da educação".

Vale lembrar que Rousseau inaugurou um período histórico em que a educação dos filhos deixava de ser uma prática com base apenas na tradição para tornar-se um projeto pessoal ou familiar, tendo em vista a produção de um novo ser humano para uma nova sociedade. Darnton (1996, p. 153) afirma que

> Rousseau exerce uma forte influência no público leitor, pois ele (...) não se contenta em descrever a leitura experimentada pelas personagens de seus livros e por ele próprio; dirige a leitura de seus leitores. Indica-lhes como devem abordar seus livros, leva-os por seus textos, orienta-os pela sua retórica.

A descoberta das crianças havia sugerido uma nova questão: como fazer para educá-las, para torná-las virtuosas? E uma das respostas encontradas foi a criação de instituições para civilizar as crianças e, consequentemente, controlar as famílias e a sociedade.

De acordo com Becchi (1996b, p. 8), as autoridades não suportam a vida de *andarilho, de crianças sem trabalho, sem fé, sem moral,* pois essa vida representa "ao mesmo tempo um elemento de desordem e de perigo". E, assim, a partir do século XVI, começam a surgir políticas de internação para as crianças pobres, de acordo com as quais estas terão a tarefa de aprender conceitos elementares, fazer a formação moral e religiosa e, ainda, construir subjetividades adequadas ao trabalho.

SOB AS ORDENS DA LEI

Se, durante muito tempo, o corpo foi controlado pelo discurso do sagrado e da moral – sobre a carne e as tentações –, a partir do século XVIII ele passou a ser controlado também pelo discurso da ciência. Nessa abordagem, passou a ser visto como uma máquina que pode e deve ser controlada com regimes específicos, tarefa a ser realizada, principalmente, pelos poderes laicos e recém-instituídos, aqueles derivados dos estados-nações.

De acordo com Ulivieri (1986, p. 79), as crianças, como muitos outros grupos sociais – os selvagens, as mulheres e os loucos – tiveram seu corpo obsessivamente observado, estudado e controlado: "Era crença comum que cada momento do dia (e da noite) da criança devia ser objeto de controle, de educação, para proteger sua inocência e preservá-la do mal". Toda a ordenação social e a legislação que regulamentou as sociedades ocidentais, até a metade daquele século, estava baseada na propriedade privada, no patriarcado, na gerontocracia e no cristianismo. Os grupos sociais que não pertenciam aos dominantes foram os mais controlados. Como afirma Turner (1989, p. 87), "as mulheres, as crianças, os escravos e os dementes não governam, em nenhum sentido importante, seus corpos, devido a que lhes é negada a plena cidadania e a que são parcialmente excluídos do domínio público".

Inicialmente, por intermédio dos conhecimentos da medicina, o Estado sustentou esse papel de ciência e saber. As descobertas científicas sobre a saúde e a doença forneciam instrumentos cada vez mais específicos para o controle social, trabalhando tanto na disciplina dos corpos singulares, pela influência na clínica médica, na psiquiatria, nas ações de assistência social e na pedagogia, como também nas regulações das populações nos asilos, nos hospitais, nos manicômios, nas famílias e nas escolas.

Conforme comenta Donzelot (1986, p. 24), a medicina, até o final do século XVIII, não mantinha nenhum interesse sobre temas como o parto, as doenças das parturientes e as doenças infantis, pois estas "coisas de comadres, corporação assimilável às domésticas e às nutrizes que compartilhavam seu saber e o colocavam em prática".

Somente no século XIX é que a medicina aparece como a principal e mais credenciada informante sobre a saúde e a doença das crianças e das mulheres. Dessa forma, segundo Silva (1990, p. 63), ela começou a penetrar

> nas casas, por meio dos higienistas, e estabeleceu novas regras e modelos de comportamento sociais adequados. A medicina surgiu como um elemento de controle sobre o corpo, disciplinando-o, higienizando-o para o novo espaço histórico engendrado por novas formas de produção social.

Como afirma Turner (1989, p. 75), o controle do corpo é parte fundamental para o controle social:

> A maior parte de nossos prazeres implicam, de maneira típica, sensações físicas: o alimento, o sono, a sexualidade, o exercício e o descanso. Não estou sustentando que estas sejam atividades simplesmente físicas. São, de fato, profundamente culturais, ou, pelo menos, estão mediadas pela cultura, mas, assim mesmo, pressupõem que as pessoas tenham corpo e que a pessoa esteja corporificada.

Portanto, não apenas temos um corpo; nós somos um corpo e, ao longo da vida, aprendemos a produzi-lo. Vigarello (1996, p. 69), ao relatar a história da limpeza corporal na França, demonstrou os vínculos desta com a economia imaginária do corpo, destacando que, para cada forma de entender e representar o corpo, esteve presente um modo preciso de limpeza do mesmo. E conclui que esta longa história dos cuidados corporais teve como vetor a "passagem do mais exterior ao mais íntimo, do mais visível ao menos visível". No século XVII, segundo o mesmo autor, a avaliação da limpeza era feita muito mais pelas normas sociais de cortesia, pelas tradições e pelos costumes – organizados em manuais de boas maneiras – do que por qualquer ato de higiene. A higiene podia ser resumida nos cuidados com as mãos, o rosto, o cabelo e as roupas de baixo; o asseio das roupas de baixo é o de toda a pessoa.

Além da preocupação com o corpo, a saúde e a higiene individual, o discurso médico-higienista passou a ser também um discurso social e político, preocupando-se com a limpeza das cidades, formulando uma moral sobre o ambiente e concretizando tal concepção nos atos de urbanização. Passou a existir uma maior preocupação com a limpeza da paisagem da cidade, com os cheiros, o lixo, a água canalizada e a "limpeza" do povo.

No início do século XIX, a palavra higiene ganhou destaque, ao significar o conjunto de dispositivos e saberes que auxiliavam na manutenção da saúde. A alarmista luta contra os "microscópicos inimigos" tornou-se palavra de ordem central, sendo criada toda uma indústria da limpeza. Lavar-se e limpar-se passou a ser a melhor forma de estar protegido contra as doenças. De acordo com Vigarello (1996, p. 247), a banheira, juntamente com seus derivados, ocupava espaços privilegiados nas salas ou nos quartos de banho. A nascente indústria de móveis e materiais para a construção dos banheiros especializa-se. A cor branca, a porcelana e o azulejo constroem esse novo espaço das casas modernas.

> Essa limpeza do fim do século XIX é decisiva para se compreender melhor a nossa: refere-se claramente a um invisível do corpo, apoia-se amplamente em sensações íntimas, dispõe de uma racionalização científica já desenvolvida.

O grande perigo dessa concepção de higiene e limpeza, segundo Vigarello, é o da excessiva privatização que ele foi adquirindo ao longo do século. Também Norbert Elias, em seu livro *El processo de la civilización* (1989), mostra como a vida moderna organizou-se – tanto pela higiene como pela ética – com a intenção de esconder o corpo, transformando certas funções, que antes eram públicas, em atividades privadas ou mesmo secretas. Nas sociedades modernas, como assegura Turner (1989), o poder tem um objetivo cada vez mais específico, que é o corpo como produto das relações de política e de poder. Esse corpo, juntamente com a sexualidade, torna-se sujeito à inspeção e à vigilância por parte das instituições, pelos diferentes profissionais e ocupações sociais. Podemos verificar dois tipos básicos de controle: por um lado, um saber a ser reprimido e, por outro, um saber exaustivamente falado. Ambos, em nossa época, são formas de dominação e normatização.

O século XIX procurou consolidar a passagem do controle externo, como a higienização das estratégias mais gerais dos grupos e das populações, para aqueles mais internos ou individuais, como o controle das almas. Para que ocorra esse movimento, uma nova disciplina foi constituída: a psicologia. Era preciso conter a animalidade, os instintos do corpo, pela racionalidade, e a psicologia veio dar o instrumental necessário para auxiliar a exercer tal controle.

Apesar de as diversas concepções contemporâneas da psicologia terem-se estruturado como ciência a partir do século XIX, é possível verificar que elas começaram a ser engendradas desde o final do século XV, isto é, são também contemporâneas à formação da modernidade. Seria algo muito estranho para o homem quinhentista "decifrar a própria experiência e descobrir nela uma unidade e um sentido" (Figueiredo, 1994, p. 41). Muitas serão as estratégias utilizadas para a construção do eu: a conversão, a escrita autobiográfica, as confissões e as crônicas de registro da memória coletiva.

De acordo com Figueiredo (1994, p. 131), as teorias que contribuíram para instituir as diversas explicações sobre a formação dos indivíduos podem ser divididas em dois grandes grupos. Por um lado, a visão iluminista do homem, tendo como marcos básicos a igualdade dos direitos e a liberdade individual, e, por outro, a do individualismo romântico, em que a ênfase recai sobre a diferença qualitativa e a singularidade individual. Esses dois modos de ver e constituir o sujeito individual moderno, com a experiência da privacidade, aconteceram quase simultaneamente e persistem até hoje, fornecendo o instrumental básico para a construção das psicologias, para quem "o espaço psicológico, tal como hoje o conhecemos, nasceu e vive precisamente da articulação conflitiva (...) destas formas de pensar e praticar a vida em sociedade".

Figueiredo acrescenta que a essas duas bases, que se consagraram no século XIX, pode ser acrescentada a forma de organização social que, nos últimos séculos, acabou por produzir uma "sociedade disciplinar", como denomina Foucault. Na intersecção entre essas três vertentes – romântica, iluminista e disciplinar –, apresentam-se as diversas versões da psicologia. Alain Finkielkraut faz uma excelente análise do Iluminismo e do Romantismo em seu livro *A derrota do pensamento,* e para entender a sociedade disciplinar é interessante a leitura de *Vigiar e punir* de Michel Foucault.

Na cultura contemporânea, as três vertentes citadas demonstram mutações e expressões diferenciadas, mas, sinteticamente, pode-se ver o comportamentalismo como um dos derivados de uma sociedade disciplinar, o liberalismo dando margem à psicologia do *self* e as teorias românticas manifestando-se pelas psicologias da livre expressão ou libertárias. Essas diferentes teorias psicológicas estão em profunda consonância com as teorias pedagógicas criadas para educar as crianças pequenas. A psicologia que mais poder exerceu nas sociedades ocidentais foi aquela ligada ao controle do eu, a qual Foucault soube tão bem descrever.

Essa psicologia, apoiando-se principalmente nas ideologias médico-higienistas, teve como função social explícita a regulação dos sujeitos por meio da profilaxia das doenças mentais ou do comportamento por meio da educação. Para tanto, normatizou e regrou o comportamento dos indivíduos, criando padrões de ação e constituindo padrões de normalidade e de patologia, instituiu fases do desenvolvimento e criou instrumentos para realizar tal classificação, como os testes, as baterias diagnósticas e outros.

Sua massiva divulgação, ao longo dos séculos XIX e XX, exerceu um profundo impacto no modo como se passou a conceber o que é o ser humano, como este deve organizar e projetar sua vida cotidiana para ser integrado e *normal,* asim como forneceu parte da base teórica para a construção das políticas públicas assistenciais, estabelecendo os limites entre o aceitável e o inaceitável, entre o que é o melhor ou o pior para os diversos seres humanos (Burman,1994).

Pela contemplação e integração de práticas sociais e teorias "científicas" oriundas da medicina, da psicologia, da pedagogia, da dietética, da higiene e da motricidade humana, emergiu, no século XIX, outro campo do saber e da ciência profundamente ligado à educação infantil e às suas rotinas: a puericultura.

Em um artigo denominado Por um desenvolvimento sadio e harmônico da criança, Calcagni e Cogliati (1980) asseguram que a puericultura tem como objetivo auxiliar na profilaxia das doenças, na manutenção da saúde e na resolução de problemas que se apresentam aos educadores, sejam eles os pais ou os profissionais. Seu campo de estudo e ação abrange temas que vão desde a vida intrauterina, passando pela gravidez, o recém-nascido, a relação com a família, os manejos adequados para a alimentação e o sono, o calendário de vacinação, o de aleitamento materno, o padrão do surgimento da dentição, as regras de higiene que regulam os comportamentos desde os primeiros anos de vida das crianças até sua adolescência, constituindo-se em um arsenal de normatividade sobre o cuidado e a educação das crianças. Essa área do conhecimento exerceu imensa influência na formação dos educadores e das propostas de atendimento institucional às crianças pequenas.

No livro *Ordem médica e norma familiar*, Costa (1979) mostra como aconteceu no Brasil a influência do discurso médico e psicológico e aponta como os mesmos se inseriram na vida familiar, padronizando modos de organização, criando critérios fixos para a avaliação dos lares e estipulando regras de convívio entre adultos e crianças e homens e mulheres. Na *Revista de Higiene e Educação*, publicada em 1883, na Espanha, encontramos um decálogo chamado Mãe e Filho, escrito por Manuel Tolousa Latour. Entre as diversas propostas, encontramos algumas que demonstram a servilidade necessária das mães à ciência:

IV: Terás teu filho sempre limpo, como manda a mãe-ciência, não o enchendo de roupas, nem o desnudando imprudentemente.

V: Não o obrigarás a dormir em vão nem o alimentarás a todo o momento.

A puericultura brasileira teve como modelo a francesa e foi concebida, de acordo com Silva (1990), como uma norma constante e a-histórica, segundo um caráter autoritário, dogmático e pretensamente racional, e passou a prescrever a "boa norma" do comportamento infantil e juvenil, na tentativa de manter a família saudável:

> As ideias sobre a puericultura, que podem ser encontradas nas teses da Faculdade de Medicina do Rio de Janeiro, chegaram ao Brasil em meados do século XIX, acompanhadas do nascimento das cidades, das indústrias, das migrações e da abolição da escravatura. (Silva, 1990)

Esse autor faz um interessante estudo sobre tais teses, principalmente a primeira de Agostinho J.F. Baetas (1838), que escreveu *A utilidade do aleitamento materno e os inconvenientes que resultarão do desprezo deste dever*. A literatura médica sobre puericultura está repleta de referências e regras a serem seguidas na educação das crianças pequenas (Costa, 1979; Machado, 1978).

O poder dos pais e dos educadores sobre as crianças e os jovens, fortalecido por bases científicas, passou a ser exercido com o intuito de criar bons hábitos alimentares, de reprimir e domar os instintos, de adestrar o corpo, principalmente a sexualidade (a sexualidade das crianças era negada, e crianças de sexos diferentes eram educadas em espaços sociais distintos, imperando a hipocrisia) e de ensinar a viver em um espaço de ordem. Esse espaço irreal da ordem pode ser tanto o do lar como o da escola. Neste último, diz Costa (1979, p. 182):

> No espaço físico, cronometricamente pensado para produzir ordem, os alunos deviam mover-se, obedecendo a um tempo não menos rígido e calculado. A cadência do tempo deveria comandar todo o ritmo da atividade escolar das crianças.

De acordo com Boltanski (apud Silva, 1990), a puericultura foi uma leitura desviante dos conhecimentos científicos, pois dava um maior destaque aos aspectos morais e de controle social. Segundo Silva (1990, p. 64), suas regras, embora se revestissem de saberes "racionais" e "científicos", possuíam um caráter tão arbitrário como os conhecimentos tradicionais que pretendiam combater.

Costa (1979), Machado e colaboradores (1978) e Silva (1990, p. 64) assinalam que quem adere a essas normas no Brasil são principalmente as classes média e alta urbanas:

> As pessoas passaram a desejar estes modelos que, em vez de serem transmitidos pela força, eram difundidos culturalmente, criando desejos e estimulando o consumo daquelas novas ideias e práticas.

As camadas populares acabaram aderindo às regras da puericultura, mas fazendo suas próprias releituras e adaptações, e houve muita resistência a toda essa normatização, que contrariava as regras tradicionais. Podemos dizer que no início do século XX, com suas campanhas e intervenções, a "ordem médica" vai introduzir e levar adiante as lutas pelo apoio e pela proteção legal à primeira infância, as necessidades de creches nos locais de trabalho, de horários de trabalho adequados para a mãe que amamenta e, ao mesmo tempo, produzir uma norma familiar capaz de formar cidadãos individualizados, domesticados e colocados à disposição do trabalho, da cidade, da república e da pátria.

Os corpos ficaram cada vez mais regulados e administrados em nome da ordem social. O corpo solto torna-se imoral, desviado, desocupado e deve ser transformado, com a ajuda da educação moral, em corpo útil. Poderíamos dizer que esse século realizou um "grande esforço de disciplinarização e de normalização" (Foucault,1982, p. 151). Normalização é um termo usado pelo autor, um neologismo, que significa adaptado, submetido, de acordo com as regras da normalidade. De acordo com Foucault (1982, p. 150), "no início das sociedades industriais, instaurou-se um aparelho punitivo, um dispositivo de seleção entre os normais e os anormais".

No livro *Vigiar e punir* (1987), ele analisa principalmente a vida nas prisões e, a partir dessa análise, amplia suas ideias para diversas outras instituições da modernidade. Revela, por meio de fontes documentais, a passagem de um modo *carnal* de executar a punição, em nome do rei, para um modo *racional* moderno, que acontece pelo controle do corpo, pela submissão à ordem, pela precisão dos atos e pela repetição. A disciplina instala-se, pouco a pouco, dentro dos sujeitos, procurando modificar "o coração, os pensamentos, a vontade e as inclinações". O exemplo do regulamento de uma casa para jovens detentos, em Paris, apresentado por Foucault em *Vigiar e punir* (p. 12), é a inquestionável aplicação desse modo moderno de pensar e agir.

Para que tal passagem ocorresse com efetividade, foram criadas:

> Micropenalidades do tempo (atrasos, ausências, interrupções das tarefas), da atividade (desatenção, negligência, falta de zelo), da maneira de ser (grosserias, desobediência), dos discursos (tagarelice, insolência), do corpo (atitudes "incorretas", gestos não conformes, sujeira), da sexualidade (imodéstia, indecência), acompanhada de um elenco de punições... processos sutis, que vão do castigo físico leve e privações ligeiras a pequenas humilhações. (Foucault, 1982, p. 159)

O exemplo apresentado é o do panóptico de Bentham, que, pelos *panoptes,* tudo vê, mostrando que, aos poucos, em um sistema de vigilância, deixam de ser necessárias a violência e as armas "apenas um olhar é o suficiente para que o indivíduo aja como é esperado, e o carrasco só tem que se comportar como um relojoeiro meticuloso" (Foucault, 1987, p. 18 e 153).

Vemos surgir, então, tecnologias de controle utilizadas por psicólogos, médicos e educadores, nas quais, "lentamente, uma coação calculada percorre cada parte do corpo, apodera-se dele, dobra o conjunto, torna-o perpetuamente disponível e se prolonga, em silêncio, no automatismo dos hábitos" (Foucault, 1987, p. 125). Essa forma de disciplinamento do corpo torna-o "mais obediente, quanto é mais útil, e inversamente. Forma-se, então, uma política das coerções" (p. 127). O tratamento da loucura, feito nos manicômios, pressupunha:

> Ordem e a regularidade em todos os atos da vida comum e privada, a repressão imediata e incessante das faltas de toda espécie, e da desordem sob todas as suas formas, a sujeição ao silêncio e ao repouso durante certos períodos determinados, a imposição do trabalho a todos os indivíduos capazes, as refeições em comum, as recreações com hora fixa e duração determinada, a interdição dos folguedos que excitam as paixões e entretêm a preguiça e, acima de tudo, a ação do médico, impondo a submissão, a afeição e o respeito pela sua intervenção incessante em tudo o que tange a vida moral dos alienados. (Castel, 1977)

Para Foucault (1987, p. 128), a disciplina é "uma anatomia política do detalhe":

> A disciplina fabrica, assim, corpos submissos e exercitados, corpos "dóceis". A disciplina aumenta as forças do corpo (em termos econômicos de utilidade) e diminui essas mesmas forças (em termos políticos de obediência). Em uma palavra: ela dissocia o poder do corpo; faz dele por um lado uma "aptidão", uma "capacidade" que ela procura aumentar, e inverte, por outro lado, a energia, a potência que poderia resultar disso, e faz dela uma relação de sujeição estrita.

O espaço privado da educação das crianças pequenas – esse micromundo chamado de família, um dos principais responsáveis pela produção das crianças, pela sua socialização e preparação para o trabalho – foi sendo invadido pelas regulamentações sociais e pelo instrumental técnico-científico, que substitui as tradições. Tal legislação passou da esfera familiar às instituições educativas.

Donzelot (1980) mostra como a lei – a polícia – entra na vida familiar por meio de "conselhos imperativos" (com base na medicina, na enfermagem moderna e na economia social) que regulamentam, por exemplo, a educação das crianças e fazem críticas às mães que não amamentam e ao uso de nutrizes ou amas de leite. O sentido da palavra polícia utilizado por esse autor não é apenas o moderno, de impor leis para manter a tranquilidade, mas é aquele dos séculos XVII e XVIII, que significa usar o poder político para investigar detalhes da vida cotidiana da população (biopolítica ou biopoder).

Marques (1991) e Machado e colaboradores (1980) mostram como a medicina apropriou-se do discurso e das práticas do direito, passando de uma função dita negativa – legal e burocrática – do direito para uma visão positiva da medicina e da higiene. Passam a ser utilizados no controle da higiene e da saúde termos e ações legais, como notificação compulsória, internação obrigatória, vacinação, visita domiciliar, fiscalização de gêneros alimentícios, lei de combate aos entorpecentes, etc.

Nas instituições educacionais, aumentaram os itens necessários e obrigatórios para o atendimento das crianças: melhoria da salubridade, não amontoamento, necessidade de ventilação e de exercícios físicos, supressão das punições corporais e dos perigos físicos, uso da ginástica e da vigilância. Trata-se de estabelecer, na educação pública, a mesma dosagem de liberação física e proteção moral que na educação privada (Donzelot, 1980). A moralização, a normalização e a filantropia têm um lugar assegurado para organizar o controle social. No Brasil, foram feitos diversos estudos com base no trabalho de Donzelot e Foucault, como os de Machado e colaboradores (1978), Costa (1979), Kuhlmann Jr. (1990) e Marques, (1991).

Assim como o ascetismo monástico produziu efeitos sociais amplos, também na economia ele encontrou um espaço e um parceiro privilegiado, proporcionando um modo de vida muito conveniente ao capitalismo nascente. Os fiéis protestantes pensavam que, ao produzir riquezas, estavam atendendo ao "desejo divino" da produção – a ética do trabalho – e, como não consumiam, para não cair em tentação, acumulavam a riqueza. Para cumprir essa função, é importante que o desejo seja sublimado, e o corpo e o prazer, aprisionados pelas rotinas do trabalho que produzem corpos úteis. Nessa visão weberiana de acumulação do capital, a família era extremamente importante como unidade de produção. Juntamente com a escola e a estrutura organizacional do trabalho fabril, ela vai formar uma mão de obra sóbria e disciplinada, que potencializa os lucros.

ESCOLAS E FÁBRICAS: NA MARCHA DO PROGRESSO

As teorias de organização do trabalho nas empresas, isto é, a chamada administração científica, foram criadas no final do século XIX, sendo aperfeiçoadas ao longo do século XX. As bases teóricas desse movimento foram os trabalhos de Frederick Taylor, que, inicialmente, estudou de modo crítico os métodos até então utilizados para a organização do trabalho, por acreditar que os mesmos ainda estavam muito vinculados ao modo de produção artesanal. Taylor (1988) criou o estudo dos tempos aplicado ao aumento da produtividade, e esta é uma das funções prioritárias da administração científica, pois os conhecimentos tradicionais que, no passado, possuíram os trabalhadores, após terem sido classificados, tabulados e reduzidos, voltam aos mesmos sob a forma de normas e de rotinas de trabalho. O autor sugere aos ocupantes dos cargos de gerência que estudem os "movimentos elementares do trabalho" realizados pelos operários – medindo-os, registrando-os, separando os úteis dos inúteis – com o intuito de encontrar o *tempo ótimo* para a realização de cada tarefa.

O tema das rotinas nas indústrias e nas empresas ocidentais foi sendo desenvolvido paralelamente à reflexão sobre a racionalização do trabalho. Na construção desse arcabouço teórico, foram tratados temas como as formas de agrupamento no trabalho, a separação entre o planejamento e a execução das tarefas, a definição do que é o "tempo ótimo" para a produção, a seleção e o treinamento dos trabalhadores e as recompensas a serem utilizadas para aumentar a produtividade.

A rotinização do trabalho na indústria fez com que se tornasse possível utilizar uma mão de obra desprovida de conhecimentos técnicos, que apenas aprendia a realizar tarefas simples e que poderia ser rapidamente substituída, criando um sistema mecanizado e hierarquizado, eliminando a necessidade de contato dos operários entre si para coordenar o fluxo de produção.

De acordo com Fernandes (1991, p. 24), foi assim que nasceu o

> cotidiano do operário, submetido ao tempo do trabalho morto, ao tempo linear do capital, onde já não há, propriamente, nem estações, nem dia, nem noite (...) o tempo de vida negado no controle do relógio de ponto; contar o tempo que falta para terminar a jornada e a hora-extra; corpo submetido ao ritmo da máquina.

Tais modos de organização do trabalho, que surgiram para dar conta das demandas do setor fabril privado, aos poucos se tornaram o modo de funcionamento hegemônico de todas as organizações sociais ocidentais e sua aplicação deslizou do setor privado para o público e percorreu o caminho que vai das instituições industriais para as de serviços, como os hospitais, as escolas e as creches, estabelecendo-se em todo o modo de pensar e de realizar as atividades cotidianas. No final da década de 1970 e começo da de 1980, foram produzidos muitos textos que criticavam a utilização do modelo industrial da divisão social do trabalho aplicada ao trabalho escolar via LDB/71. Também os livros básicos para formação na área da orientação vocacional que se utilizavam das teorias da administração científica e das relações humanas passaram a ser criticados.

Para Lyon (1998, p. 39), esse tipo de organização, que se transformou na *verdade* da fábrica, "sucessivamente foi tornando-se verdade também para a loja de departamentos e seus produtos, para a propriedade agrícola e para o escritório".

A expansão das teorias administrativas para o campo da educação, tanto na família como nas instituições educacionais, teve como objetivo criar um espaço educativo *científico* ou *empresarial*, isto é, *moderno*, e fazer com que os educandos chegassem à indústria com hábitos bem-definidos e adequados a esse universo de produção.

Enguita (1989, p. 158) afirma que todas as sociedades constituem processos preparatórios às relações sociais de produção; a escola e as demais instituições educativas sempre são agências de iniciação: dão ênfase à disciplina, à pontualidade, aos horários, na busca de uma maior eficácia, pois não interessa apenas "modelar suas – do(a) aluno(a) – dimensões cognitivas, mas também seu comportamento, seu caráter, sua relação com seu corpo, suas relações mútuas".

O mundo dos monastérios, dos hospitais, das indústrias, das escolas e dos colégios foi o que mais inspirou as formas de organização das creches e das pré-escolas, com suas rotinas de trabalho. De acordo com Hamilton (1992, p. 34), a palavra *escola*, na Idade Média, tinha um duplo sentido. Podia referir-se tanto a um grupo de pessoas como também ao recinto no qual o ensino era ministrado. A relação entre o professor e o grupo de alunos era privada e apresentava uma estrutura flexível. Ele cita três características que distanciam as escolas medievais das atuais: a) os alunos nem sempre estavam aprendendo um mesmo assunto; b) os alunos não precisavam estar na presença do professor todo o tempo reservado aos estudos e c) depois de atingirem seus objetivos educacionais específicos, os alunos saíam da escola.

Varela e Alvarez-Uria (1991), ao apresentarem a genealogia da escola de ensino fundamental, mostraram que esta é uma instituição recente, cujas bases administrativas e legislativas contam pouco mais de um século. Esses autores veem a escola como a culminância de um percurso de diversos dispositivos que haviam sido iniciados no século XVI e que criaram as condições sociais para seu surgimento. São eles:

– a definição de um estatuto de infância;
– a emergência de um espaço específico destinado à educação das crianças;

– a aparição de um corpo de especialistas da infância, dotado de tecnologias específicas e elaborados códigos teóricos;
– a destruição de outros modos de educação e a institucionalização propriamente dita da escola: a imposição da obrigatoriedade escolar, decretada pelos poderes públicos e sancionada pelas leis.

Em um estudo sobre o nascimento e a expansão dos colégios na Europa, no século XVI, Petitat (1992) mostra como a estrutura específica dessa instituição é fruto da integração entre as práticas de organização religiosa e as concepções seculares – ligadas à produção e ao comércio – e afirma que a associação de tais elementos auxilia na constituição de uma nova classe social, que o autor não chama de burguesia, mas de *popolo grasso,* isto é, a elite urbana, em contraposição ao povo miúdo. Ele observa que essa nova estrutura substitui o ensino medieval, que era realizado em diferentes locais, com uma estrutura artesanal e individual, por um ensino realizado em um espaço central e único, em um modelo manufatureiro e coletivo. Para tanto é necessária a construção de um novo prédio escolar que possibilite a racionalização e o planejamento dos estudos, bem como o controle corporal, isto é, todo um novo modo de educar e de conviver, um mundo fechado e ritmado.

Também se faz necessário pensar em novas formas de uso do tempo, em que "as crianças e adolescentes são como o laboratório de ensaio do novo controle do tempo" (Petitat, 1992, p. 146). As transformações perpassam ainda as proposições de organização do ensino e começam a ser elaboradas novas questões, como: O que ensinar? Quando ensinar? Para quem? Como medir os resultados da aprendizagem?. Em um documento de 1544, o Colégio de Nîmes assevera que "toda aprendizagem tem seu tempo e seu lugar" (Hamilton, 1992, p. 41).

A classificação das idades e das matérias cria uma nova estrutura para os programas, com novas ênfases e também com uma nova estrutura gerencial mais complexa para manter o seu bom funcionamento. Aparece nos estatutos do colégio de Montaigu, em 1509, a divisão clara e precisa dos alunos em classes, que são identificadas como estágios ou níveis de dificuldade crescente de acordo com a idade e o nível dos conhecimentos (Hamilton, 1992, p. 39).

As classes aparecem como subdivisões internas das escolas. Este processo de separação acontece muito mais pelos problemas disciplinares e morais do que pelo nível de instrução, pois "as punições, as recompensas, as competições e as delações mantêm uma atividade artificial, evidentemente perturbada por uma indisciplina endêmica" (Petitat, 1992, p. 145).

Também os conteúdos de ensino sofrem modificações nos colégios do século XVI: passam de um enfoque centrado na lógica para outro que prioriza as belas-artes e as línguas clássicas – conhecimento tido como ornamental, mas que conferia distinção e superioridade social. Essa mudança mostra que:

> Todos concordam em fazer de uma cultura distante, quase morta, a cultura de referência, aquela que servirá para se distinguir dos "mecânicos", daqueles que trabalham com as mãos, para se aproximar desta vida gratuita e desdenhosa em relação ao trabalho, levada pelo nobre ocioso e cortesão. (Petitat, 1992, p. 146)

É essa cultura escrita e erudita que auxilia os comerciantes a dar aos seus filhos vantagens no mundo dos negócios e do casamento. Se os colégios atendiam basicamente à classe emergente, a aristocracia tinha seus próprios espaços educativos – os preceptores ou os colégios de nobres – e as camadas populares tinham as escolas de caridade. Portanto, apesar de os diferentes grupos sociais serem atendidos educacionalmente, não havia homogeneidade nos espaços educativos, nem no tipo de aluno que cada um deles deveria produzir.

As formas alternativas de socialização e de aprendizagem da escrita ou dos ofícios foram, pouco a pouco, exterminadas, e as escolas, os colégios e os orfanatos começaram a ser identificados como os únicos lugares adequados para a educação da infância e da juventude. Segundo Philippe Ariès (1978), os prédios construídos para a educação infantil são a materialização da separação entre o mundo das crianças e o dos adultos. As paredes das instituições limitam a nova vida e segregam grupos que viviam compartilhando o mesmo espaço.

> O isolamento converte-se, assim, em um dispositivo que contribui para a constituição da infância, ao mesmo tempo que o próprio conceito de infância ficará associado de forma quase *natural* à demarcação espaço-temporal. (Varela, 1992, p. 78)

Os métodos mais rígidos foram substituídos por outros mais sutis e suaves; o castigo foi trocado por uma direção espiritual e surgiram as recompensas por mérito, a competição e as classificações. Em síntese, a punição diminuiu à medida que aumentou a vigilância para garantir o disciplinamento.

Para sustentar as mudanças realizadas nas instituições educacionais, é necessário criar um novo especialista para a educação da infância. O perfil desse profissional deve ter como critério a virtude pessoal e a autoridade moral, os conhecimentos sobre a infância e sobre como organizar o trabalho pedagógico e, ainda, os conhecimentos específicos da matéria. O professor deve ser um especialista em técnicas e métodos para condicionar e manter a ordem; tão importante quanto a transmissão de conhecimentos é a moral adquirida em sua própria carne, ao longo da sua passagem pela Escola Normal.

Como afirma Ulivieri (1986, p. 54):

> O processo educativo não pode ser incumbência exclusiva de cada família; a nova responsabilidade social do Estado se desloca por meio da gestão do desenvolvimento educacional, na crença, impregnada de otimismo ilustrado, de que as escolas, os internatos e os colégios funcionarão produzindo bons cidadãos e boas

mães quando falha a família, por incapacidade, por ignorância ou negação a fazer-se cargo dos seus filhos.

Por fim, podemos observar que as escolas, como modo de socialização secundária, obrigatória e gerenciada, conforme as conhecemos, são instituições extremamente recentes, que nasceram junto com outras diferentes formas de controle social, como o Estado nacional, o controle do trabalho infantil, a higienização, a fundação de berçários, casas-asilo, lactários e consultórios de puericultura, entre outros.

Algumas práticas que surgiram nas escolas e nos colégios podem auxiliar-nos a compreender formas de organização do trabalho nas creches e nas pré-escolas. São elas: as classificações das crianças por grupos etários; a separação ou a classificação das crianças por critérios de bons e maus, inteligentes e deficientes; a ideia de que a cada grupo etário corresponde uma parte do conteúdo; a repetição como estratégia de aprendizagem; a tutela e a infantilização das crianças; a normalização dos alunos; o saber escolar como algo desconectado da realidade social e política; o monopólio do professor no planejamento e na organização dos cursos; a ideia de neutralidade e de objetividade dos conhecimentos escolares; a organização do espaço (rigidamente ordenado e regulamentado) e do tempo (com recortes metódicos) como modos de disciplinarização e a educação moral, como falar baixo, sentar-se corretamente, ficar imóvel por longos períodos de tempo, etc.

Michael Apple, em um artigo publicado no livro *Ideologia e currículo* (1982, p. 81), relata uma pesquisa de campo feita com uma turma de jardim de infância de uma escola pública americana, demonstrando o importante papel das escolas, não só na divulgação dos conhecimentos, mas também na distribuição de tipos de elementos normativos e dos aspectos necessários para fazer essa desigualdade parecer natural. Nesse artigo, o autor mostra-nos como, na atualidade, os jardins de infância são encarregados dessa socialização para a produção do saber sobre qual é o seu lugar no espaço e também compreender seu papel no entorno social. Apple coloca o jardim de infância como o lugar decisivo "no processo pelo qual os estudantes se tornam aptos nas regras, normas, valores e tendências *necessários* à ocupação de funções na vida institucional (...) Aprender o papel de estudante é uma atividade complexa, que requer tempo e contínua interação com as expectativas institucionais".

O que os pesquisadores encontraram de mais substancial na pesquisa citada foi o fato de que, em poucos meses, o professor havia criado com as crianças um "conjunto social de significações", que, após ter sido aceito, tornou as aulas deslizantes, pois os significados estavam estáveis e as crianças já haviam aprendido a aceitar um grau considerável de arbitrariedade em suas atividades escolares. Após essas aprendizagens, as crianças já sabiam diferenciar as atividades de trabalho e as de lazer, e, tanto as professoras como os alunos, achavam as tarefas de trabalho muito mais importantes que as demais. O trabalho significava obedecer a uma ordem do adulto, realizar uma tarefa em um tempo definido, com um material selecionado e obter, no final, um resultado similar ao esperado, uma ação padronizada e controlada. Vale lembrar que é nesse artigo, e a partir das observações feitas no jardim de infância, que o autor formula seu conceito de currículo oculto.

Guattari (1977, p. 51-53) confirma tais conclusões ao discutir como as creches (pré-escolas), nas sociedades industriais, têm importante papel na iniciação das crianças à semiótica dominante. Ele apresenta dois aspectos muito importantes: um deles é o da *precocização:* quanto mais precoce for a iniciação, mais intenso e duradouro será o *imprinting* do controle social". E continua dizendo que "a iniciação não está mais circunscrita a um período preciso, não mais se efetua segundo um cerimonial particular; por exemplo, naquilo que se chama 'campos de iniciação'. Ela tem lugar em 'tempo integral'".

Os sujeitos são modelados para pertencer, *subordinadamente,* à sociedade capitalista "o capitalismo pretende mobilizar o máximo de pessoas, sejam quais forem suas idade e sexo, e é o *mais cedo possível* que a criança deve estar apta a decifrar os diferentes códigos do poder".

O segundo aspecto é colocar a creche (e, poderia acrescentar, as pré-escolas) como um espaço de realização de uma micropolítica que, além da iniciação disciplinar e da coerção material, teria o objetivo de formar os campos de percepção do real, isto é, a aquisição de sistemas abstratos, de esquemas relacionais, que fazem a construção da semiótica dominante. O autor acrescenta que essas instituições realizam tal tarefa, utilizando técnicas que fazem o trabalho "com muito mais suavidade e em muito maior profundidade" (p. 53). Apesar de fazer essas observações, no final do capítulo Guattari apresenta arestas para poder pensar as creches de outro modo e afirma que é preciso lutar contra os sistemas de integração e a alienação axiomática do capital (política, semiótica). Destaca também que este é "um trabalho micropolítico e implicaria, de imediato, um trabalho dos adultos sobre si mesmos, entre si mesmos, (...) sobre as famílias, sobre o meio, etc." (p. 54) e, diz, ainda, que "a criança deve aprender o que é a sociedade, o que são seus instrumentos. Mas isso não deveria efetuar-se em detrimento das suas próprias capacidades de expressão" (p. 54).

Se até a década de 1970 o estágio do capitalismo dominante via na reprodução dos hábitos, das atitudes e das habilidades uma das funções básicas da escolarização, pois o mercado de trabalho buscava profissionais que tivessem como valores a assiduidade, a pontualidade, a destreza em tarefas repetitivas, a dependência, etc., o capitalismo do final deste século precisa de um trabalhador com perfil diferente, que apresente raciocínio lógico, criatividade para aprender novas qualificações, capacidade de tomar decisões, conhecimento técnico geral, espírito empreendedor, responsabilidade com o processo de produção, solidariedade, iniciativa para a resolução de problemas, curiosidade, independência, potencial para gerar mudanças, cooperação, capacidade de produzir em equipe, com variada experiência sociocultural, visão global, flexibilidade e aprendizado contínuo.

Além dos conteúdos e das habilidades necessárias para a incorporação do trabalhador aos novos processos de produção, também a forma e a metodologia como esse ensino será ministrado têm sido reformuladas, conforme apontam Leite e Posthuma (s.d., p. 66):

> Se levarmos em consideração que o aprendizado deve estar orientado no sentido de capacitar o trabalhador a tomar decisões e a ser criativo, a trabalhar em equipe e a adaptar-se rapidamente às mudanças, é evidente que não só o conteúdo, mas também os métodos de ensino devem ser adaptados. Embora isso pareça óbvio, muito pouco tem-se discutido a respeito, havendo uma clara concentração da discussão na questão dos conteúdos.

Fogaça e Salm (1994, p. 280) também sublinham a necessidade de "adoção de metodologias que envolvam o potencial individual (o raciocínio, a intuição, a autonomia e a iniciativa, notadamente para os experimentos), tendo por base, entretanto, a capacidade de cooperação e trabalho em equipe".

Caruso (apud Leite e Posthuma,1995, p. 72) amplia a discussão ao sustentar que as teorias pedagógicas que mais se aproximam do novo perfil de qualificação são aquelas orientadas pelo construtivismo, tendo em vista que, de acordo com essa abordagem, "o conhecimento é considerado como uma construção contínua e o objetivo da educação é o de que o aluno aprenda por si a conquistar verdades".

O perfil do trabalhador e das rotinas do trabalho foi modificado ao longo da trajetória do capitalismo. Os modos de iniciação ao mundo do trabalho tornaram-se, cada vez mais, precoces na vida dos sujeitos, mais invisíveis, acompanhando as mudanças culturais e sociais. As transformações internas que aconteceram nas empresas capitalistas rapidamente mudaram as pedagogias necessárias às demandas de produtividade. Algumas creches e pré-escolas incorporaram tais mudanças, passando por reciclagens em suas rotinas, em seu espaço, no modo de organizar seu tempo, nos materiais postos à disposição das crianças, no uso dos corpos e nas atividades propostas.

Conforme foi visto ao longo deste capítulo, as rotinas foram sendo constituídas em diferentes campos do saber e do fazer humano. Esse modo de racionalizar a vida foi perpassando diferentes instituições: hospitais, monastérios, escolas sociais, até chegar ao campo educacional e espalhar-se por quase todas as instituições sociais modernas.

Ao longo dos séculos XIX e XX, constituiu-se um processo de institucionalização das crianças pequenas e uma rotinização da sua educação, com base no projeto moderno de racionalização, higienização, psicologização, divisão do trabalho, controle e normatização. É esta construção institucional e a transição das rotinas sociais para as instituições de educação infantil que veremos a seguir.

NOTA

1. A palavra *selvagem*, apesar de ser tão detestável quanto bárbaros ou primitivos, foi utilizada neste texto por ser aquela empregada pelos conquistadores para denominar os nativos do Novo Mundo, os recém-descobertos. Embora saiba do seu uso discriminatório, escolhi-a para enfatizar a representação que faziam os europeus desses novos grupos humanos.

4

O processo de institucionalização e de rotinização da educação da infância

No capítulo anterior, abordei o modo como a rotinização da vida individual e coletiva inseriu-se na vida das populações, dando origem a um processo de racionalização da educação das crianças pequenas e de criação de rotinas científicas para o seu cuidado e educação, tanto na vida familiar como nas instituições educativas. Agora, procurarei verificar como, na construção da modernidade, as práticas de educação e cuidado das crianças foram deslocadas de ações moldadas por grupos familiares, privados, singulares, heterogêneos e locais para sistemas modernos, homogêneos, públicos e globais.

A modernidade difere de todas as formas anteriores de ordem social, porque seu dinamismo desconsidera os usos e os costumes tradicionais, substituindo-os pelas organizações mais amplas e impessoais, quebrando, assim, o marco protetor da pequena comunidade. A modernidade é vista, neste texto, em um sentido muito geral, como as instituições e os modos de comportamento impostos na Europa, posteriormente ao feudalismo, e que, nos séculos XIX e XX, foram adquirindo caráter histórico mundial. Ela opera um "desencantamento" do mundo com o desenraizamento, uma nova diferenciação das funções sociais, a racionalização, o industrialismo, o urbanismo, a disciplina, a secularidade e a ideia de evolução e progresso. Não se trata de mera transformação externa; a modernidade, ao alterar de maneira radical a natureza da vida social cotidiana, afetou também os aspectos mais pessoais da experiência humana (Giddens, 1995, p. 9 e 50).

Sabe-se que as instituições sociais não estão separadas da vida dos sujeitos e fazem parte da estruturação subjetiva de todos aqueles que a elas estão vinculados. O saber e o conhecimento especializado, divulgado pelas instituições sociais, influencia os modos de percepção e participação no mundo.

Como vimos no primeiro capítulo, as instituições modernas ofereceram possibilidades tanto de emancipação como de subordinação, mas, nos últimos séculos, elas geraram, de acordo com Giddens (1995, p. 150), "mecanismos de supressão mais do que de realização do eu".

Enzesberger (1995, p. 26), desenvolvendo essa ideia, ainda que de modo diferenciado, explica que as instituições complexas nasceram na modernidade com o intuito de simplificar um mundo que estava ficando excessivamente complexo. Sua função precípua era fazer que os sujeitos pudessem ser enquadrados no mundo já com as suas percepções limitadas, tirando-lhes, assim, o fardo da liberdade, da imaginação e da construção própria. Para o autor, essas instituições possuem certas características em comum:

> Em primeiro lugar, um grupo definível de pessoas que praticam uma profissão particular, um grupo correspondente de clientes, tanto no sentido ativo quanto passivo, mais ou menos intimamente envolvido com a mesma prática. Em segundo lugar, um conjunto de regras ou rituais estabelecidos. E, em terceiro lugar, uma competência particular, e isso não significa apenas um ofício ou uma técnica, mas sim uma finalidade social, reservada a essa instituição específica por leis ou por um acordo tácito.

De acordo com Tragtenberg (1982, p. 35), a "organização moderna é aquela instituição onde se realiza a relação de produção que constitui a característica de todo o sistema social, é o mecanismo de exploração, rege-se pela coerção e manipulação. A substância da organização não é um conjunto funcional, mas sim a exploração, o boicote e a coerção".

Pode-se verificar que tais características estão presentes nas instituições de educação infantil, pois elas têm uma função social clara, uma especificidade em termos de clientela e de profissionais que nelas atuam e possuem seus próprios rituais, o que as torna semelhantes, independentemente do contexto em que atuam ou de como exercem seu poder e sua ação.

Para compreender como e por que a infância e a educação das crianças pequenas foi rotinizada e institucionalizada durante a modernidade, é necessário conhecer os motivos pelos quais a infância passou a ser uma etapa da vida humana diferenciada e, posteriormente, verificar por que foram fundadas as instituições de atendimento a essa população.

INFÂNCIA, INFÂNCIAS

Sarmento e Pinto (1997, p. 13 e 24), pesquisadores do Instituto de Estudos da Criança do Minho, em Portugal, iniciam seu texto sobre a definição e a delimitação dos conceitos de criança e infância diferenciando essas duas categorias.

> Com efeito, crianças existiram desde sempre, desde o primeiro ser humano, e a infância como construção social – a propósito da qual se construiu um conjunto de representações sociais e de crenças e para a qual se estruturaram dispositivos de socialização e controle que a instituíram como categoria social própria – existe desde os séculos XVII e XVIII.

E insistem na importância da distinção entre esses dois termos:

> infância, como categoria social que assinala os elementos de homogeneidade deste grupo minoritário, e as crianças, como referentes empíricos cujo conhecimento exige a atenção aos fatores de diferenciação e heterogeneidade, afigura-se não como uma redundância ou uma sutileza analítica, mas como uma necessidade incontornável na definição de um campo de estudos ou investigação.

De acordo com Ulivieri (1986, p. 48), o conceito de infância é muito geral e historicamente impreciso. A palavra infância no singular, como diz Frabboni (1998, p. 6), fala de uma criança "...metafórica, abstrata, a-histórica, inexistente".

A infância como objeto de estudo foi pesquisada basicamente pela biologia, pela psicologia e pela medicina, ficando, durante muito tempo, marginal aos estudos históricos e sociológicos que a abordavam apenas nas suas relações com a história da família e, nos últimos anos, com a história da mulher. Somente no final do século XX é que ela passa a ser estudada. Conforme Gonzalez-Agapito (1989), a atual preocupação que existe pela história da infância e das suas instituições educativas pode ser vista como um sintoma que aponta para uma sensibilização pelo tema e, consequentemente, pela sua história.

Falar de uma infância universal como unidade pode ser um equívoco, ou até um modo de encobrir uma realidade. Todavia, uma certa universalização é necessária para que se possa enfrentar a questão e refletir sobre ela, sendo importante ter sempre presente que a infância não é singular nem única. A infância é plural. Para Sarmento e Pinto (1997) muitos dos diversos olhares construídos sobre a infância devem-se a disputas entre disciplinas e a linhas teóricas dentro das disciplinas.

Como afirma Kincheloe (1997), a infância não é um momento decidido, nem pela natureza humana nem pela biologia. Há nos diferentes textos sobre o que é a infância uma disputa para fixar hegemonicamente um significado para ela. Creio que a infância, como categoria, aproxima-se do que Cíntia Sarti (1996) afirma sobre a pobreza. Segundo a autora, pobreza é uma categoria relativa. A tentativa de confiná-la em um único eixo de classificação ou um único registro reduz seu significado social e simbólico, e a melhor alternativa, quando tratamos dela, é não simplificá-la. Confirmando as teses de Kincheloe e Sarti, Franklin (apud Sarmento; Pinto, 1997) lembra que a infância não é uma experiência universal, nem natural, de duração fixa, mas está vinculada aos significados dados pela cultura e pela história individual de cada um.

Como bem definem Varela e Alvarez-Uria (1992, p. 69), "a criança, tal como a percebemos atualmente, não é eterna nem natural; é uma instituição social de aparição recente ligada a práticas familiares, modos de educação e, consequentemente, a classes sociais".

Burman (1998) lembra que a infância é um "armazém de representações sociais", sempre colocada, com seus ganhos e perdas, em relação às pessoas adultas. De qualquer forma, todos esses autores procuram frisar que é preciso entender a infância como construção social que não pode ser dissociada de outras variáveis da análise social, como gênero, raça, classe, geração e outros.

Prout e James (apud Pinto,1997, p. 68) sugerem que é preciso ver as crianças como sujeitos ativos em face das estruturas e dos processos sociais e defendem que para estudar as culturas e suas relações é necessário sair somente da perspectiva do adulto e proceder à desconstrução de imagens mitificadas e estereotipadas acerca das crianças, que perpassam nos discursos, nas práticas e, em geral, nas formas mais variadas de representação da infância.

O clássico estudo de Ariès (1978), a coletânea de textos de De Mause (1994) e os livros de Trisciuzzi e Cambi (1989) e Becchi (1996) são textos extremamente importantes para compreender a construção da infância. Vale lembrar que a historiografia existente sobre a criança trata basicamente da criança europeia e burguesa. Há que considerar que outras infâncias estavam sendo vivenciadas e descritas.

Ariès (1978) vincula a construção da infância ao contexto social, cultural, histórico e econômico, localiza o nascimento da ideia de infância no antigo regime e defende que somente em certo momento um sentido, um sentimento diverso para essa faixa etária começou a emergir. De acordo com o autor, na Idade Média europeia, as crianças viviam misturadas aos adultos e participavam, na medida da independência das suas capacidades corporais, de todas as atividades desenvolvidas pelas comunidades, fossem elas de trabalho ou de diversão. A socialização e a educação aconteciam por meio de uma ampla rede de sociabilidade, com aprendizagem gradual dos usos, dos costumes e das técnicas conhecidas pelas comunidades. A vida não era vista como uma sucessão de etapas divididas em faixas etárias com características distintas: "as crianças trabalhavam junto com seus pais, quase imediatamente após começarem a caminhar, e ingressavam na força de trabalho adulta como lavradores, criados e aprendizes, logo que chegavam à adolescência". (Darnton, 1986, p. 47)

Pancera (1993, p. 13) acompanha tal reflexão, dizendo que o mundo extrafamiliar era formado por um grupo amplo de indivíduos, que nem sempre eram parentes próximos, e que todas essas pessoas completavam e integravam "o influxo de socialização da vida doméstica".

Para alguns críticos de Ariès, como De Mause (1994), o sentimento de infância sempre existiu, podendo ser comprovado a partir da história e de referências da Antiguidade; ele apenas passou por um processo de transformação ao longo da história. Gélis (1991) afirma que houve momentos nos quais a esfera familiar assumiu a maior parte das responsabilidades referentes à educação das crianças e que, na modernidade, a Igreja e o Estado nacional tornaram-se mais presentes. De certa forma, é importante o fato de Ariès ter apresentado a constatação de que haviam existido na história ocidental diferentes modos de sentir, de ver as mesmas situações, "que haviam existido outras normalidades, isto é, outros modos de codificar a normalidade que formavam parte de nosso patrimônio cultural e de nossa civilização" (Pancera, 1993, p. 9).

Como complementam Trisciuzzi e Cambi (1989), as crianças eram consideradas seres com uma pseudovida psíquica, podendo ser tratadas licenciosamente e de modo violento, pois não tinham consciência nem memória. Naquele momento da história, como bem descreve Ariès (1978), os pais e as mães das camadas mais poderosas raramente se preocupavam com seus filhos, especialmente durante os primeiros anos de vida. O cuidado dispensado a eles era considerado abaixo da dignidade de um aristocrata. As crianças eram vistas como pequenos animais, como subalternos, e não como objetos de amor e afeição. Afinal, muitas delas nasciam e logo vinham a morrer, não tendo um papel importante na vida familiar.

Outras concepções contrapõem-se a estas, como as de Klapisch (apud Pancera, 1993), autor que, ao estudar o *Quattrocento* na Itália, considera que as crianças, apesar de participarem ativamente da vida social, eram colocadas marginalmente nas sociedades tradicionais e exploradas pelo trabalho precoce, pela manipulação consciente e pelo desprezo. Esta ideia é defendida no artigo de Bardet e Faron (1996) "A criança sem infância. Sobre a infância abandonada na Idade Moderna".

Aos poucos, estabelece-se um período da vida dos seres humanos que nunca havia sido demarcado com precisão. Surge uma diferenciação, e as crianças passam a ser separadas dos adultos e dos anciãos. É válido lembrar que a separação racional do mundo da infância e dos adultos também foi uma forma de segregação.

Conforme demonstram Darnton e Ariès, os homens e as mulheres do começo da era moderna não entendiam a natureza da vida humana e não tinham formas de controle sobre ela. A vida era curta, permeada de trabalho e desventuras, como a peste e a fome. A família era caracterizada por um matrimônio tardio, com um curto período de fertilidade, com amamentações prolongadas e índices de mortalidade infantil elevados. Naquele momento histórico, a infância era compreendida, principalmente, de acordo com a visão dada pelo cristianismo, concebida como rude, fraca de juízo e com a alma marcada pelo pecado original, que a orientava para o mal e, por esse motivo, deveria ser vigiada, inspecionada e controlada pelos adultos.

Durante o Renascimento, com o retorno aos clássicos e a revisão das experiências da Igreja primitiva, a infância foi repensada e começou a ser associada a elementos como a pureza, a simplicidade, a necessidade de amor, a ingenuidade do coração, a maleabilidade e a fragilidade. Por isso, passou a ser valorizada e amada. O cristianismo refere-se às crianças por meio das palavras de Cristo ("Vinde a mim as criancinhas") e da afirmativa de que delas é "o reino dos céus". A criança passa a ser representada na pintura, nas ilustrações e nos textos, e o modelo principal da infância é o do Menino Jesus. Temas como o anjo da guarda, o limbo e a primeira comunhão também são tratados. Além disso, aparecem crianças lascivas, crianças-demônios.

A criação da infância, juntamente com todas as suas posteriores subdivisões (lactância, primeira infância, segunda infância e puberdade), como uma etapa do desenvolvimento humano, inventou a caracterização de cada grupo etário e toda uma gama de ideias que sugerem formas de intervir junto a essas etapas por meio da psicologia evolutiva ou do desenvolvimento.

Junto com esse novo e ambíguo sentimento de infância – com um estatuto próprio, especificidades definidas, necessidades predeterminadas e idealizações – nasceram as práticas e as teorias para governá-la. A cada etapa da infância, a cada tipo de compreensão sobre esta, corresponde um tipo de instituição e uma pedagogia para o seu atendimento. É preciso estar atento à ideia de "necessidade infantil" como algo "inviolável, que seja considerado como evidente em si mesmo, em vez de uma categoria que reflete e está conformada pelas preocupações sociopolíticas de culturas e momentos determinados" (Burman, 1998, p. 75).

Autores como Trisciuzzi e Cambi (1989) veem como principal efeito da descoberta da infância o seu conhecimento, criando uma infância científica. A importância dada à infância no século XX pode ser medida pelos conhecimentos que foram construídos sobre ela e divulgados por meio de campanhas, das grandes exposições, dos manuais. Há a emergência de uma construção da ciência: teorias e pesquisas em psicologia, saúde, economia, sociologia que descreverão a criança de uma era, de uma cultura específica, como se fosse *A criança*. Para essa criança vão sendo criadas rotinas para a amamentação, a introdução dos alimentos sólidos, o controle esfincteriano, a escolha dos momentos adequados para ingressar na creche, os conteúdos e os jogos pedagógicos a ser trabalhados.

A criança, com seu novo estatuto de matriz do adulto e também como salvaguarda do futuro dos pais, é, portanto, alguém que merece investimento. Para cuidá-la e ensiná-la, a mãe assume o papel de iniciadora – tanto no que diz respeito à higiene quanto à polidez. Essa mudança política reflete agora não mais uma subordinação a uma lei patriarcal, mas a uma norma estatal, o que é uma mudança fundamental para a vida infantil.

O surgimento do sentimento de infância da modernidade corresponde ao da família burguesa: a criança cuidada, valorizada e protegida, apesar de vigiada e punida, que aprende a estudar e a governar – a infância atendida. Contudo, ao mesmo tempo, dá lugar ao reconhecimento da existência da outra infância, a *sem família*, isto é, a infância dos orfanatos, das rodas dos expostos, dos hospitais, dos contos infantis como o Pequeno Polegar e João e Maria – a infância abandonada que trabalha como os adultos nas indústrias nascentes e é privada de condições mínimas de saúde e de sobrevivência.

Seja qual for a compreensão sobre a criança, o certo é que ela necessita de um certo tipo de educação. Para tanto, são construídos espaços educacionais específicos para as crianças pequenas e prescritos modos distintos de intervenção, por meio das pedagogias.

As crianças deixaram de ser partícipes da vida real, mundana, e passaram a ter lugares, brinquedos e histórias feitos apenas para elas, com temáticas específicas e com uma narrativa domesticada. Os brinquedos artesanais e contextualizados transformaram-se em industriais, miniaturas do mundo adulto. A polidez, isto é, o modo certo de falar, andar, vestir e o respeito à normatividade são divulgados – toda criança deve ser *bem-educada*.

De acordo com Ulivieri (1986, p. 79), a criação de instituições educacionais "é, pois, a expressão real, para o bem ou para o mal, da *descoberta* da infância, de sua valorização, mas, também, da necessidade para a incipiente sociedade industrial de conformar os membros mais jovens para servir suas próprias necessidades e fins".

A institucionalização e a rotinização da infância caracterizaram toda essa construção instrumental, feita ao longo do século XX, de um *dever ser* na educação das crianças pequenas, ou seja, da sua normalização. Segundo Ulivieri (1986), a infância normalizada e, no meu entender, rotinizada busca uma existência na fuga, nos sonhos, nos jogos e na imaginação. Na passagem do livro *As aventuras de Pinóquio*, apresentada no Capítulo 1, o boneco de madeira exemplifica este sentimento infantil quando explica ao Grilo Falante o motivo de querer fugir de casa na madrugada seguinte, pois se ele ficar vão colocá-lo na escola e ele não poderá mais brincar. O Grilo Falante, "paciente e filósofo", continuou a conversa, perguntando a Pinóquio se ele não gostaria de aprender uma profissão, e o boneco-menino concluiu sua reflexão dizendo que a única coisa que imaginava poder fazer na sua futura vida adulta era comer, beber, dormir, divertir-se e levar, do amanhecer ao anoitecer, a vida de vagabundo. Pinóquio não queria ir à escola, pois sabia que lá não haveria lugar para aquilo que ele considerava vida. Li referências ao exemplo do Pinóquio no texto de Ulivieri (1986). Por curiosidade, li o livro na versão italiana, que é muito mais rica e interessante do que aquela adaptação feita pelos estúdios Disney e disseminada nos livros, jogos e filmes que fizeram parte da minha infância.

CRECHES, JARDINS, SALAS DE ASILO

A ampla pesquisa sobre as crianças abandonadas ou andarilhas na sociedade europeia nos séculos XVIII e XIX demonstra que, em grande parte dos países, havia uma circulação muito grande de crianças e jovens. Essa situação, segundo Bardet e Faron (em Becchi e Julia, 1996b, p. 103), "expressa uma realidade, o reconhecimento social e institucionalizado do hábito de descarregar sobre a coletividade a responsabilidade de certos filhos não desejados".

Em alguns países europeus, abandonavam-se abertamente as crianças; em outros, tal prática não era consentida. Elas eram recolhidas indiferentemente em instituições como hospitais, hospícios, santas casas, asilos de mendicidade, prisões ou rodas, juntamente com todos que eram vistos como populações desviantes.

Somente no decorrer do século XIX é que as instituições diferenciaram-se, criando especificidades e atendendo apenas a um determinado público. Foram criados os berçários, as casas-asilo, os lactários, os consultórios de puericultura e as salas de custódia, entre outros, para atender às crianças pequenas.

As instituições de educação infantil estruturaram-se em vários países ocidentais, como vimos, com denominações diferentes e prestação de serviços de cuidado e educação diversificados, atendendo às demandas sociais do contexto onde estavam inseridas e criando espaços com características diferenciadas e específicas para cada população infantil.

Para o nascimento de tais instituições, foi necessário o reconhecimento da existência da infância como um grupo etário com características e necessidades diferenciadas e o estudo aprofundado de especialistas sobre tais características. Varela (1986, p. 157), confirmando o trabalho de Ariès, afirma que, desde o momento em que se dotaram as crianças de características específicas, isto é, "desde que se lhe atribuem qualidades diferentes das dos adultos, surgem os colégios, instituições destinadas à sua educação e recolhimento".

Em um artigo sobre os *asilos nido* italianos, Lucchini e La Guardia (1987) comentam que um dos denominadores comuns a essas instituições é a sua origem extrapedagógica. Contudo, apesar de as origens das instituições de assistência, cuidados e educação para a primeira infância não estarem vinculadas diretamente às séries iniciais do ensino fundamental, vamos encontrar, como vimos anteriormente, um processo que apresenta muitos pontos em comum.

Varela (1986, p. 165) mostra-nos como, para "domar" os pobres, os políticos, os religiosos e os moralistas organizarão

> instituições destinadas fundamentalmente ao seu recolhimento e nelas se ensinarão a doutrina cristã e a aprendizagem de ofícios. Os sem família, as crianças

vagabundas seriam, portanto, recolhidos em albergues, hospitais, casas de expostos, casas de doutrina, hospícios, seminários de pobres.

A criação das creches francesas por Marbeau, em meados do século XIX, teve forte repercussão em vários países ocidentais. As creches foram apontadas como um critério de civilização e de urbanidade de um povo. Kuhlmann Jr. (1996) demonstra tal questão ao narrar como a educação para a primeira infância foi valorizada nas exposições internacionais (1851-1922) por ele estudadas e pelos congressos que a elas estavam vinculados. Por meio dos estandes, do material exposto, das conferências e dos debates, era possível conhecer as instituições e os sistemas de educação, saúde e assistência social que estavam se delineando.

É preciso lembrar que foi no século XIX que grande parte dos sistemas de educação nacionais organizaram-se nos países europeus, e que essa inovação, com sua amplitude e fundamentação pedagógica, materiais e métodos, também era tomada como um dos critérios para medidas de desenvolvimento dos países. As creches e pré-escolas, apesar de não fazerem parte dos sistemas educacionais, fazem parte de uma nova concepção cultural, que define que as crianças podem ser cuidadas e educadas em um ambiente extrafamiliar.

De acordo com Magalhães (1997), o movimento de publicização da educação das crianças pequenas nas sociedades ocidentais passa por três tipos de ações. A primeira, em meados do século XVI, é a de proteção, que procura acolher, alimentar e cuidar da infância abandonada a partir de uma rede de amas, de casas de misericórdia, de rodas de expostos e outras instituições de acolhimento público complementadas por campanhas de alimentação e higienização.

Na metade do século XIX, os asilos substituíram parcialmente as instituições anteriores, ocupando o tempo livre das crianças com instrução ou trabalho. O final desse período ficou marcado por uma multiplicação de asilos e creches – promovida pelos governos civis e pelos municípios, em associação com fundos de beneficência e com jardins froebelianos – e pela assistência nas fábricas.

Essas instituições, em geral filantrópicas, tomaram para si os saberes produzidos pela racionalização ocidental e pela ciência moderna, que deram o suporte necessário à construção de um conhecimento, considerado único e legítimo, para ser o eixo básico da formação e da educação diferenciada do homem e da mulher modernos.

A leitura feita sobre esse saber será a referência primordial para a construção de projetos e propostas educacionais, primeiramente nas sociedades ocidentais e, posteriormente, em todos os continentes. Creio ser importante conhecer, ainda que brevemente, os modos de formação das instituições voltadas aos cuidados e à educação da primeira infância para observar algumas de suas características. Tomarei quatro exemplos: Estados Unidos, Itália, Alemanha e Portugal.

No início do século XIX, crianças de 3, 4 e 5 anos misturavam-se às maiores nas salas de aula das escolas comuns norte-americanas. Segundo dados censitários de 1862, em Massachussets, 25% das crianças inscritas tinham menos de 5 anos. Foi somente na metade do século XIX que as crianças bem pequenas começaram a ser separadas das maiores.

De acordo com Spodek e Saracho (1998), a primeira creche americana foi criada em Nova York no ano de 1854 e seu objetivo era deixar as crianças seguras, alimentadas e limpas enquanto as mães trabalhavam. A criação dessa instituição fazia parte de um conjunto de políticas sociais mais amplas para diminuir a mortalidade infantil, fazer o controle higiênico, melhorar as condições de habitação dos pobres, além de auxiliar na adaptação dos estrangeiros ao espírito americano, como bem descreve Allen (1988). De acordo com Rosemberg (1994, p. 46), "as tendências filosóficas e pedagógicas adotadas foram variadas, assumindo desde uma perspectiva liberal no relacionamento com as crianças até uma atitude repressiva, visando à contenção da pobreza, ou a uma antecipação da escolaridade formal". (p. 46)

Uma das grandes influências na criação dos jardins de infância americanos foi a de Frederic Froebel, por meio de Elizabeth Peabody, que estudou na Europa a sua teoria. Além de Froebel, teve grande repercussão o trabalho educativo realizado por Robert Owen, em New Harmonie, em 1925 (Rosemberg, 1994; Pancera, 1994). Em 1878, Peabody fundou a primeira entidade que tratava da formação e de debates sobre os *kindergarten,* a American Froebel Union. Inicialmente, houve um efetivo rigor na implantação dessa proposta pedagógica, mas, à medida que os congressos passaram a tratar de questões cotidianas da educação, os conflitos de interpretação foram aparecendo e, posteriormente, novas teorias foram sendo introduzidas nos debates, como a de John Dewey. Kilpatrick elaborou teses críticas ao uso nos Estados Unidos tanto da educação proposta por Froebel como daquela construída por Montessori após sua visita às *casas dei bambini* italianas, porém tais críticas não tiveram o poder de sustar as influências destes autores.

Na Itália, a criação de instituições de educação e cuidado de crianças pequenas é decorrente do debate feito após a Restauração, que tratava basicamente sobre as condições de vida das crianças pequenas. Isso incluía as dificuldades materiais enfrentadas em função da pobreza, os maus tratos, as baixas condições de alimentação, de higiene e habitação, bem como os perigos que representava o abandono das crianças ao seu próprio cuidado, pois estas tinham muito tempo de ócio e ficavam na presença de companheiros que davam maus exemplos.

As primeiras instituições italianas para atender às crianças de mães que trabalhavam fora foram as salas de custódia, substituídas pelos asilos aportianos, criados por Ferranti Aporti, um abade de Cremona. Elas tinham como objetivo recolher, custodiar, educar e alimentar as crianças de 2 a 6 anos, que, assim, teriam um lugar seguro para passar o dia. No guia para fundadores e diretores de escolas infantis de caridade (Catarsi, 1994, p. 12) eram referidas indicações sobre a organização e o funcionamento dessas instituições. Nele estão presentes sugestões sobre os conteúdos que serão desenvolvidos com as crianças, como o estudo do alfabeto, a leitura, a escrita, o contar e a aprendizagem da religião.

A preocupação com as questões morais era evidente, tanto que, como veremos a seguir, no guia dos asilos aportianos ficava explícita a obrigação dos professores de anotar todos os dias as observações feitas sobre a índole das crianças e de pensar os meios mais eficazes para corrigir seus vícios físicos e morais (Catarsi, 1994).

De acordo com Catarsi, historiador da educação italiana, o grande objetivo dos asilos aportianos era manter a ordem social; no entanto, apesar desse vínculo moral e religioso, um grande debate foi realizado na Itália em torno de alguns aspectos dos asilos considerados polêmicos. Havia restrição ao fato de misturarem os meninos e as meninas, defenderem princípios como tolerância, igualdade, independência e liberdade e a convivência de crianças de diferentes classes sociais, além de introduzirem conteúdos da escola elementar na educação da pequena infância, ensinarem ginástica e, finalmente, a própria existência dos asilos significava, para alguns de seus críticos, a possibilidade de aumentar os conflitos matrimoniais e o abandono do cuidado dos filhos pelos pais.

Embora tal discussão tenha criado grandes atritos e repercutido em uma ampla área de abrangência, a educação das crianças pequenas na Itália unificada continuava sendo uma questão de pouco interesse governamental. Dando continuidade à prática e ao debate da educação das crianças pequenas italianas, seguiram-se as divergentes interpretações, mais ou menos ortodoxas, de Froebel e a abertura, no final do século XIX, por intermédio dos congressos pedagógicos e do debate entre as irmãs Agazzi e Maria Montessori. Desde o início, os asilos tinham propostas pedagógicas e discutiam os projetos educativos que circulavam na Europa.

Na Alemanha, as primeiras instituições para a atenção às crianças pequenas foram fundadas no início do século XIX. As *Bewahranstalten* eram conduzidas basicamente por sociedades de mulheres caridosas que, apesar de não estarem sob a égide das igrejas, contavam com muitos religiosos em seus quadros (Zwerger apud Allen, 1986, p. 131). Nessas instituições:

> A rotina prescrita para as crianças, ainda que normalmente especificasse tempos de jogo ao ar livre, pela manhã e pela tarde, centrava-se, principalmente, na leitura de histórias da Bíblia, exercícios simples com o alfabeto, os números e o canto de hinos.

O liberalismo dos *Kindergarten*, criados por F. Froebel, ainda que fosse professado e apresentasse a proposta de integrar as diferentes classes sociais, acabou não ocorrendo. Eles eram frequentados principalmente pelas classes média e alta, pois, ao contrário das *Bewahranstalten*, funcionavam apenas quatro horas por dia e eram vistos como um "desejável suplemento da formação feita pela família" (Allen, 1986, p. 133). No final do século XIX, haviam sido criados pela baronesa Marenholtz-Bülow, grande apoiadora de Froebel, os *Volks Kindergarten,* com o objetivo de atender às necessidades específicas das crianças filhas de trabalhadores e prepará-las na ordem, na limpeza e nas habilidades manuais para o trabalho industrial.

Conforme Allen (1986), a história da educação pré-escolar na Alemanha, durante o século XIX, esteve marcada por uma competição contínua entre as opiniões liberais, de independência e espírito comunitário, e as conservadoras, que acreditavam que as escolas infantis eram apenas substitutos inferiores da família.

Em Portugal, os cuidados e a educação das crianças pequenas fora do lar eram feitos, principalmente, por amas de criação e creches. Comparado aos demais países europeus, Portugal apresentava taxas de educação infantil muito baixas. Para se ter uma ideia aproximada, Magalhães (1997) mostra que no I Congresso Nacional de Proteção da Infância, que ocorreu em 1952, o país possuía 101 escolas infantis, enquanto a Bélgica, com um índice populacional semelhante, tinha 4.350.

Geralmente vinculadas às congregações religiosas, as instituições portuguesas não contavam com mão de obra especializada e instituíam suas diretrizes pedagógicas pelo sentido maternal. Durante a República, foram abertas algumas classes de ensino infantil com o objetivo de "criar uma ambientação", a fim de preparar as crianças para as séries iniciais do ensino fundamental (Pinto, 1997).

Peter Moss e Helen Penn (1996), em um estudo sobre as perspectivas históricas da educação das crianças pequenas, afirmam que na discussão e na oferta da educação em ambiente coletivo, entre os 0 e 6 anos, estão presentes variáveis como as condições sociais e econômicas dos países, os papéis sociais desempenhados por homens e mulheres e as concepções acerca da natureza infantil.

Sabe-se que no Brasil conviveram e convivem diferentes infâncias: a infância dos curumins, que foram catequizados para se tornar cristãos, e a infância dos moleques e molecas negros que pertenciam aos sinhozinhos e às sinhazinhas brancas, isto é, uma história de desigualdades sociais, de dificuldades, mas também uma história de brincadeiras e reconhecimento social.

Aqui, a educação e o cuidado das crianças pequenas iniciou-se no mesmo momento em que aconteceu a urbanização, a industrialização, a divulgação do discurso médico-higienista, a transformação na organização da família e a criação da República. Houve a passagem de um modelo colonial-patriarcal e escravocrata (com forte hierarquia entre homens/mulheres, adultos/crianças, brancos/negros) para a criação de uma família nuclear republicana.

Essa transformação na família causou uma substancial diferenciação nos papéis do homem e da mulher. Deu origem ao amor burguês (entre os cônjuges), que, na divisão dos papéis, atribuiu às mulheres a função da maternidade, do cultivo e da sacralização do lar e aos homens enfatizou o papel de provedor, de depositário do universo moral da família, de defensor da honra e, por fim, de mediador entre a casa (vida privada) e o mundo externo (vida pública). Uma das características da infância ocidental moderna é o fato de ela ser vista e analisada como uma fase natural e associada a uma família nuclear. Essa família daria às crianças educação, atenção e carinho e controlaria objetivamente seus contatos e formas de relação com o mundo externo. Steimberg (1997) chama esta fase de infância protegida e Cambi e Ulivieri (1986), de infância privatizada, idealizada e controlada, na qual a cada procedimento de atenção corresponde um de controle.

A chegada do século XX deu início, no Brasil, a uma nova configuração institucional que atendesse às mais recentes demandas da sociedade. A influência positivista da "ordem e progresso" republicanos inspirou uma política de assistência social com base científica, ou seja, a crença – ou o discurso político – de que o progresso da ciência e da tecnologia traria a solução para os problemas sociais do país. Kuhlmann Jr. (1990, p. 51) cita o depoimento de um médico, o Dr. Seidel, do começo do século XX, que afirmava que o índice da civilização de um povo se afere pelo grau de sua higiene, mostrando o quanto era generalizada a ideia de progresso social como resultado do progresso científico.

Nos centros urbanos brasileiros, começa a estabelecer-se um modelo burguês de vida, que, aos poucos, torna-se o padrão de normalidade pela sua hegemonia sobre os demais, subordinando todos os grupos sociais a tais formas de comportamento (Machado, 1978; Costa, 1979).

A emergência de associações profissionais e filantrópicas cria um discurso e uma metodologia de intervenção social poderosos, por meio de políticas de assistência científica – termo cunhado por Kuhlmann Jr. (1990) –, as quais englobam os aspectos jurídico-policial, médico-higienista e religioso. Esse projeto de higiene social acontece por intermédio da incorporação de discursos e da criação de diferentes instituições, que aplicam tais ideias na vida cotidiana. Entre elas, vamos encontrar as creches e os jardins de infância. A filantropia "é uma adaptação da antiga caridade, que se preocupava com a diminuição do custo social da reprodução da classe trabalhadora e com o controle da vida dos pobres, de modo a garantir a dominação do capital" (Kuhlmann Jr., 1990, p. 30).

As primeiras creches brasileiras surgiram como um mal necessário, procurando atenuar a mortalidade infantil, divulgar campanhas de amamentação, atender às mães solteiras e realizar a educação moral das famílias. Muitas vezes, elas cumprem até hoje este papel. Segundo Hadad (1991, p.108), a creche "é um dos únicos serviços públicos destinados à população de baixa renda que responde de uma forma diferenciada a vários itens das necessidades básicas das crianças (como cuidar, educar, alimentar), além de liberar a mulher para o trabalho e diminuir seus encargos no lar".

As creches serviam, ao mesmo tempo, como estratégia política, técnica e científica de disciplinarização das camadas populares. É importante salientar que o fato de essas instituições serem assistenciais não significava que elas também não tivessem objetivos educacionais. Como relata Kuhlmann Jr. (1990, p. 119), as creches que nasceram na Europa, na metade do século XIX e foram uma solução para os cuidados da infância, em função da necessidade do trabalho feminino no processo de industrialização; portanto, funcionavam como uma instituição de caráter assistencial voltada para as mães, e não para as crianças, vindo para o Brasil com o mesmo modelo. A creche brasileira substitui as salas de asilo, as amas-de-leite, os internatos e as rodas de expostos.

Uma das primeiras referências às creches no Brasil é feita em um artigo do Dr. K. Vinelli (apud Kuhlmann Jr., 1990, p. 81), médico dos expostos da Santa Casa de Misericórdia do Rio de Janeiro, que afirma:

> Esta instituição filantrópica é denominada, em francês, *crèche*, nome que conservamos, porque falta em nossa língua um termo que o traduza perfeitamente, e também porque tal denominação se acha aceita por todos tanto aqui como em Portugal têm tratado desse assunto. Esta palavra, *crèche*, significa, literalmente, manjedoura de animais domésticos, bois, carneiros, etc., mas aplica-se particularmente àquela em que o menino Jesus veio ao mundo, ou presépio.

Além do surgimento das creches que atendiam à parcela mais pobre da população, foram fundados, no final do século XIX, os jardins de infância, em instituições públicas e confessionais, que atendiam às crianças com mais de 4 anos e tinham como meta a socialização e a preparação para o ensino fundamental, mas que não deixavam de ter, em sua prática cotidiana, fortes elementos de educação moral e de disciplinarização (Kuhlmann Jr. e Barbosa,1998).

PONTOS DE ALINHAVO

A partir dessas breves considerações sobre o modo como surgiram as instituições de educação e cuidados para as crianças pequenas, pode-se ver como as mesmas foram decorrentes da divisão de grandes espaços de contenção social. Elas tiveram início com a construção de um espaço separado para os pequenos, atendendo a uma demanda social precisa e possuindo uma proposta de ação baseada inicialmente em princípios religiosos, piedosos e caritativos, aos quais foram sendo agregados os conhecimentos técnicos e científicos apresentados pelo desenvolvimento da ciência.

Tais instituições possuíam diferentes nomes e diferentes concepções pedagógicas, o que demonstra o quanto esse tipo de equipamento teve uma gênese plural, de acordo com a demanda. A criação de espaços específicos para os cuidados e a educação das crianças bem pequenas foi estruturado por meio da organização de mundos fechados, protegidos, com espaços internos e externos ordenados e regulamentados, além de atividades previamente programadas, com o uso de materiais específicos em tempos cronogramados.

À medida que tais instituições ampliavam seu atendimento, houve uma separação ou classificação das crianças em grupos, tendo como critérios a faixa etária, os níveis de desempenho motor, o tipo de deslocamento, a forma de alimentação, o nível de inteligência e a presença de algum tipo de dificuldade (motora ou sensorial), o que fez com que, aos poucos, a unidade formal dessas instituições se tornasse a sala.

Como já mencionei, gradativamente foram sendo constituídos conteúdos de ensino para essa faixa etária, que variavam de um enfoque centrado na leitura e na escrita para outro, que dava ênfase à higiene, à socialização e aos hábitos sociais, saberes que se passavam como neutros e objetivos e que correspondiam àquilo que era visto como adequado para cada grupo etário, formando, assim, um recorte curricular. Juntamente com essa ação explícita, foi colocado em prática um projeto de controle corporal e de estruturação subjetiva, com vistas à formação de "corpos dóceis", tomando de empréstimo a expressão foucaultiana.

A partir dos elementos acima citados, é possível verificar que, mesmo não estando vinculadas diretamente às escolas, as instituições de educação e cuidados copiaram muitas das suas estratégias de funcionamento.

No entanto, em alguns pontos, as instituições de educação para a primeira infância diferenciam-se das escolas de ensino fundamental (séries iniciais). Em primeiro lugar, sempre houve uma variabilidade institucional muito grande, existindo muitas diferenças internas entre essas instituições. As escolas ensino fundamental (séries iniciais), ao contrário, nos séculos XIX e XX, tornaram-se cada vez mais semelhantes. Pode-se ver a diferença entre os dois tipos de instituição a partir de denominações de distintos serviços que atendem às crianças, desde as bem pequenas, como as creches, os berçários, as escolas maternais, até as maiores, como as pré-escolas, os jardins de infância e, ainda, outras instituições alternativas, como os hotéis, as mães-crecheiras, os lactários de fábricas, as creches empresariais, etc.

Outra característica peculiar às instituições de educação infantil é que elas apresentam uma característica temporal diferenciada das escolas regulares. Podem funcionar como atendimentos pontuais, com uma duração breve diária ou semanal, em regime de turno único ou em período integral.

Também há uma descentralização e um menor controle explícito do Estado, ficando a responsabilidade pelas instituições de educação infantil diluída em diferentes instâncias, como a saúde, a educação e a assistência social. O espaço para a diferença esteve mais resguardado, pois a legislação sobre creches e pré-escolas é recente em grande parte dos países. O que as une é sua função social de educar as crianças, enfatizando também os aspectos de guarda e cuidados.

As formas alternativas e tradicionais de socialização e de aprendizagem mais privadas estão sendo, pouco a pouco, substituídas por modelos mais coletivos de atendimento. O importante é que nesse tipo de atendimento não se estabeleça um único lugar adequado para a educação da infância. A multiplicidade de instituições e propostas pedagógicas é uma riqueza quase exclusiva da educação infantil, e é preciso que a socialização inicial das crianças continue também a cargo das relações intergeracionais familiares (Giddens, 1995, p. 50) deixando de depender tanto do conselho e da instrução de especialistas, como pediatras e educadores.

Tem sido muito difícil caracterizar as instituições de educação infantil. Algumas polarizações ou classificações apressadas têm servido muito mais para criar confusões do que para dirimi-las. De acordo com Kuhlmann Jr. (1989), a divisão feita entre as instituições de cuidado/assistenciais e de educação/pedagógicas é apenas uma simplificação. Sabe-se que, mesmo quando não está explícito, ou não é o objetivo primordial da instituição, sempre que se fala em atendimento às crianças pequenas os atos de cuidado e educação estão presentes de modo indissociável (Barreto,1995).

Em um interessante artigo, Kuhlmann Jr. (1999) demonstra que as propostas educacionais para a pequena infância podem variar de uma proposta educacional para a submissão até a articulação de propostas educacionais que levam à vivência de experiências ricas e diversificadas em um lugar de vida e emancipação; de um espaço de jogo e recreação a uma proposta fechada associada à escola, com o objetivo de preparar as crianças para a escolaridade posterior.

Para esse autor, o que diferencia as instituições é, principalmente, o público e a faixa etária atendidos. Acrescento a essas características os vínculos que cada instituição mantém com os responsáveis pela gestão – Estado, comunidade, entidades assistenciais, entidades religiosas, entre outros –, isto é, se é laica ou religiosa, se é ou não filantrópica.

A educação das crianças pequenas, apesar de manter-se em caráter não obrigatório nos países ocidentais, tem tido uma expansão bastante grande nas últimas décadas do século XX. A aceitação, juntamente com a necessidade de as crianças começarem seu processo de socialização coletiva em instituições, fez com que a sociedade começasse a demandar mais atendimento e, com essa pressão, a oferta e a qualidade do atendimento também vêm crescendo.

A construção de uma nova mentalidade, segundo a qual a creche e a pré-escola são um direito da criança, e não apenas da mulher que trabalha fora de casa, torna-se cada vez mais uma realidade. A experiência, possibilitada pelas instituições de cuidados e educação infantil, de viver uma vida fora dos limites do lar, com adultos diferentes, que se relacionam com várias crianças em um espaço público e, ao mesmo tempo, o encontro repetido cotidianamente de várias crianças da mesma idade ou quase, faz com que as creches e as pré-

-escolas possibilitem às crianças pequenas a ampliação de seus modos de socialização e sociabilidade. As crianças realizam jogos e atividades, estabelecem relações afetivas com várias outras pessoas e constantemente são colocadas ou se colocam em situações nas quais precisam ampliar suas estratégias de interação para estabelecer laços e novas aprendizagens.

5
As pedagogias das rotinas

Nos capítulos anteriores, procurei mostrar como ocorreu a transposição de uma prática social, a rotinização do cotidiano, para dentro do universo das instituições de educação infantil. Pôse-se verificar que as rotinas não foram adotadas exclusivamente por essas instituições, mas fizeram parte do processo de organização das instituições modernas, como as escolas, as fábricas e outras. Todas elas apresentavam em sua configuração um processo de controle dos sujeitos, de esquadrinhação dos tempos, de distribuição nos espaços, de hierarquização por saberes especializados e de desenvolvimento de processos de homogeneização.

Nas creches e nas pré-escolas, além desses aspectos institucionais, também foram estruturados discursos pedagógicos que defendiam a rotinização do cotidiano como uma estratégia pedagógica necessária para a formação de sujeitos adaptados aos tempos modernos.

As ideias fundadoras das pedagogias da educação infantil que circulam ainda hoje no ocidente têm como marco inaugural o projeto de educação de Jean-Jacques Rousseau e o profícuo diálogo que Pestalozzi e Froebel mantiveram com essas ideias. Tais propostas teóricas e práticas ganharam destaque e uma nova leitura com o movimento da Escola Nova, que, originário na Europa, encontrou imensa recepção nos demais continentes. Participaram deste movimento educadores que hoje também são vistos como clássicos da educação infantil, como Montessori, Dewey, Freinet, Decroly e muitos outros. Apesar de não apresentarem uma unidade de pensamento, os escolanovistas compartilhavam a necessidade de fazer uma crítica procedente à pedagogia considerada tradicional e de criar novas alternativas para a educação das crianças.

É principalmente em *Emílio ou Da educação*, publicado em 1762, que encontramos as ideias mais importantes de Rousseau sobre a educação dos primeiros anos das crianças pequenas. *Emílio* foi um *best-seller* de sua época, e muitos são os registros da sua influência na educação das crianças, tanto no momento de seu lançamento como ao longo dos séculos (Darnton, 1984, 1997). "Nunca um livro conquistou um público tão vasto e deslumbrado como o da 'biografia' educacional *Emílio* e da *Nova Heloísa*" (Schama, 1997, p. 147). No Livro I, isto é, na primeira parte do *Emílio*, que trata dos pequeninos até os 2 anos, o autor afirma a importância de uma educação adequada para as crianças, de acordo com as suas necessidades. Inicialmente, a educação seria realizada por meio do corpo, sendo seguida pela educação da inteligência e da consciência moral. Também são descritas todas as atividades que deveriam ser realizadas com as crianças, detalhando-se momentos, os modos de execução e o estabelecimento de uma rotina específica, pois para cada sujeito é preciso um "regime próprio", adaptado ao seu contexto, e um educador que seja um "bom governante".

Em *Projeto para a educação do senhor de Saint-Marie* (1743, p. 13, 40-41), Rousseau afirma que, após conhecer bem "os sujeitos com os quais irá lidar, é possível traçar o plano de sua educação", e para bem encaminhar o processo educativo é preciso dar às crianças "em tempo hábil, uma rotina de obediência e docilidade, que esteja bem-assumida no momento adequado".

Pode-se observar que, apesar de Rousseau ser conhecido como pai da educação livre, sua forma imperativa e afirmativa de escrever sua proposta de um projeto de governo das crianças por meio de normas e prescrições demonstra uma perspectiva de interiorização das regras, concepção educacional que não teria sido possível sem os projetos educativos escritos anteriormente pelos moralistas. Os moralistas organizaram propostas educacionais que tinham como conteúdos recomendações estereotipadas para a formação do homem. Havia a crença de que as qualidades físicas remeteriam às qualidades morais.

A educação do ser humano "começa com o seu nascimento; antes de falar, antes de compreender, já se instrui. A experiência adianta as lições" (Rousseau, 1992, p. 42). Para ele, a educação vai das necessidades aos hábitos, e são estes que dirigem o desenvolvimento; porém, esse pensador pede um pouco de atenção: não devem ser criados hábitos artificiais, como horas definidas para dormir, comer e brincar.

> Preparai de longe o reinado de sua liberdade e o emprego de suas forças, deixando a seu corpo o hábito natural, pondo-a [a criança] em seu estado de ser sempre senhora de si mesma e fazendo em tudo a sua vontade logo que tenha uma.

Rousseau abordou a especificidade da vida infantil em sua pedagogia para a pequena infância: fala da importância de o corpo da criança ser deixado livre para desenvolver movimentos, defende o aleitamento materno e uma alimentação saudável, com muitas verduras, e recomenda o banho com água temperada. Enfatiza a necessidade de o adulto estar atento aos momentos de cuidado e defende a higiene como única forma de prevenção das doenças, referindo-se a esta como uma virtude. Também aponta a criação de um ambiente rico em objetos sensíveis como um ingrediente básico para estimular a aprendizagem das crianças pequenas, fala da necessidade de transportá-las para diferentes espaços, a fim de enriquecer sua experiência do mundo e uma das suas máximas é "Deixai as crianças agirem". Como foi visto, ao mesmo tempo que em sua obra estão presentes regras e prescrições, vemos um autor que fala em liberdade, em escolha.

De acordo com Rousseau, "a educação não é, certamente, senão um hábito" (1992, p. 12 e 39), isto é, aquilo que não é inato no ser humano e que somente pode pertencer a ele pelo hábito. Ele lembra que "depois de estabelecido, não deve mais ser interrompido, e cumpre conservá-lo durante toda a vida".

Boto (1996, p. 31), interpretando o pensamento de Rousseau, afirma que encontram-se momentos de hesitação do autor, momentos em que o pedagogo do *Emílio* coloca-se em dúvida e reflete sobre a ambiguidade presente nos seres humanos, a sua dualidade, o querer e o não querer, a escravidão e a liberdade, o bem e o mal, o ativo ou o passivo, a razão ou a paixão, o consentir ou o resistir.

Fazendo uma severa crítica ao mundo das aparências e das regras, característico das sociedades aristocráticas de sua época, Rousseau contrapôs a este o mundo da natureza, que também tem suas regras cíclicas, mas mais flexíveis. Esse autor foi muito lido por pais e mães, principalmente aristocratas e membros da burguesia emergente, e suas ideias foram implementadas na educação de várias crianças. Becchi (1996b) apresenta uma ampla exemplificação de como as ideias de Rousseau penetraram na vida aristocrática e burguesa, citando importantes personagens que organizam o emprego do uso do tempo diário de seus filhos e sua educação de acordo com as propostas preconizadas por ele.

Como muito bem observa Helena Singer, em seu livro *República de crianças* (1997, p. 71), Rousseau realizou uma intrincada articulação entre liberdade e responsabilidade "que por vezes chega a parecer ainda mais rigorosa do que o modelo social dominante".

António Magalhães e Stephen R. Stoer (1998, p. 11), ao analisarem os efeitos da obra de Rousseau na educação contemporânea, apontam:

> Efetivamente, da leitura de *Emílio* derivou não só uma série de mal-entendidos, como também uma posteridade contraditória. O essencial e a originalidade de sua proposta parece-nos ser a sua concepção de que a educação seria a forma de estar em um mundo que se deslocou dos contextos de tradição e assumiu a historicidade como modo de desenvolvimento, isto é, o mundo da modernidade.

Como Rousseau, Johann Heirich Pestalozzi foi um pensador político que se propôs a realizar reformas educacionais e também a implementar várias experiências pedagógicas. Embora fosse um seguidor de Rousseau, tanto na esfera política como na sua teorização e prática educacional, apresentava algumas diferenças com relação ao mestre. Pestalozzi acreditava que a educação e as leis faziam-se necessárias para domar as energias do mal que estavam no homem e na sociedade. A melhoria dos seres humanos e da sociedade não deveria advir da punição, mas sim de uma educação preventiva, que controlasse a manifestação do mal desde a infância.

Ao descrever as crianças, Pestalozzi apresenta-as como seres de impulsos, que não têm consciência de suas ações e nem vontade livre. Para dominar tais instintos, são necessárias regras, como, por exemplo, "atender à criança de um modo sempre igual, observando tanto quanto possível as mesmas normas" (1988, p. 48 e 49). O fato de as normas serem sempre as mesmas é importante do ponto de vista do educador, dos pais ou dos professores, para que eles não sejam vítimas das alterações e do mau-humor:

> Se uma mãe, movida pelo desejo de evitar tudo o que pareça rigoroso, cede à tentação de abandonar-se a uma brandura sem limites, logo verá que seu procedimento, por melhor que possa parecer, era sem dúvida desacertado. Converter-se-á para ela em uma fonte de contínuo mal-estar e, sem que se consiga dar contento ao seu filho, a mãe haverá sacrificado sua própria tranquilidade sem haver chegado à felicidade da criança.

Em seus textos dirigidos à educação das crianças pequenas, ele sugere, como Rousseau, procedimentos adequados, que sirvam tanto para as mães como para os professores. Um dos pontos fortes de sua teoria pedagógica é a profunda crença na autonomia humana e na ideia de formar um ser moral, que saberia viver entre as pressões da natureza e da sociedade, construindo-se a si mesmo. Para tanto, seriam necessárias práticas de educação moral que vinculassem a educação da *cabeça com a da mão e do coração* (Pestalozzi apud Incontri, 1996). Luzuriaga (1946) entende assim a proposta de Pestalozzi: ao coração caberia a educação moral, criar estados de espírito íntimos escrupulosos, morais; ao espírito competiria desenvolver o intelecto, a intuição que dirige as formas de pensamento e os seus conteúdos, e à mão, técnica ou arte, aprender fazendo ou trabalhando, obtendo destrezas.

Os livros *Cartas sobre educação infantil* e *Como Gertrudes ensina aos seus filhos*, que não estão traduzidos para o português, foram escritos sob forma epistolar e, segundo alguns estudiosos, são os textos mais organizados e mais interessantes de Pestalozzi. Para conhecer a vida e a obra de Pestallozzi indico o livro *Pestalozzi: educação e ética*, de Dora Incontri (1998).

Como suas experiências eram feitas em instituições nas quais as crianças permaneciam internas grande parte do tempo, Pestalozzi conferia ao educador a obrigação de permanecer ao lado das crianças em todas as suas atividades, até encontrar "uma boa organização do ensino" (Pestalozzi apud Incontri, 1996, p. 149). Os professores mais jovens, que, em geral, eram alunos de Berthoud, encarregavam-se da vigilância durante todo o tempo em que não havia lições: dormiam nos dormitórios, jogavam com seus alunos na hora do recreio e se divertiam tanto quanto eles. Acompanhavam-nos à horta, ao banheiro, aos passeios e eram muito queridos. Eram eles que tutoreavam os alunos. Estavam divididos em equipes, que cumpriam seus serviços por turno a cada três dias, pois essa vigilância os ocupava da manhã à noite. Três vezes por semana, os professores davam conta a Pestalozzi da conduta e dos trabalhos dos alunos; estes compareciam ante o velho, para ouvir suas censuras ou exortações (Guimps, 1874, p. 61).

Em *Carta de Stans,* Pestalozzi negava a necessidade de um plano preestabelecido para organizar o grupo de alunos e acreditava que este deveria brotar das conversas e do relacionamento com as crianças:

> Não era de modo algum a partir do aspecto administrativo, ou de qualquer outro aspecto externo, que eu poderia e deveria iniciar o processo de subtrair as crianças da lama e crueza de seu meio e da corrupção e rebaixamento do seu próprio estado íntimo. Tampouco era possível, logo de início, enobrecer seu caráter com a rigidez e pressão de uma disciplina e norma externas ou com a pregação de regras e prescrições – o que as teria afastado de mim. (...) Necessariamente, devia primeiro vivificar o seu íntimo, despertando um estado de alma moral e positivo, para fazê-las, depois, ativas, atentas, dispostas e obedientes na atitude exterior. (Incontri, 1996)

Aluno entre 1808 e 1817 do instituto criado por Pestalozzi em Yverdon (Suíça), Bridel escreve sobre a liberdade que as crianças tinham de entrar e sair e como não abusavam dessa liberdade. Fala também sobre as 10 lições que realizavam por dia, das 6 às 20h, cada lição com uma hora de duração e trabalho livre na última hora do dia. A metodologia de Pestalozzi, assim como aquela proposta por Rousseau, iniciava pela observação das crianças e pela sensibilização do educador para poder compreender e "guiar a alma da criança" (Pestalozzi,1988, p. 34). A educação feita pelas mães não precisava de conselhos nem de planos, pois bastava "obedecer ao que o coração mandasse".

Para Pestalozzi (1988, p. 69 e 82), toda educação é constituída de regras, que devem ser sempre iguais para todos e em todos os momentos. Tal fato não quer dizer ter "hábitos de obediência cega e de diligência e submeter-se às prescrições, mas preparar-se para um viver autônomo". As leis e as normas de comportamento existem para não conceder lugar aos instintos: "Não posso recomendar nada mais do que amor e firmeza".

Para realizar esse tipo de projeto educativo, Pestalozzi propunha-se a discutir com as crianças os problemas que se apresentam no cotidiano da instituição, por intermédio de reuniões realizadas todos os sábados, nas quais eram discutidas as atividades realizadas e planejada a semana seguinte. Essas reuniões, juntamente com outras estratégias, estimulavam o convívio de crianças de diferentes idades, exercitando-as e instruindo-as, "ao mesmo tempo em que todos os instantes se empregam com proveito; que toda a sua vida se converte em um encadeamento de ocupações úteis e exercícios agradáveis" (Julien apud Incontri, 1996, p. 167).

Marc-Antoine Jullien, intelectual francês, passou alguns meses com Pestalozzi e relata suas observações em um livro sobre o instituto de Yverdon. Após apresentar o espaço físico e as relações entre as crianças e os adultos, relata as atividades de rotina, algumas realizadas diariamente, como os momentos de ginástica, caminhadas ou natação e os momentos de instrução mútua (estudo das línguas clássicas, exercícios de leitura, exercícios de composição e estilo, geografia e história, canto, exercícios de memória, história natural, geometria e cálculo), além de outras rotinas realizadas anualmente, como os exames, os cadernos de ano novo (que as crianças levavam para casa para os pais acompanharem seu desempenho), as festas e as solenidades.

É importante definir algumas características da pedagogia pestalozziana: a primeira é que ele considerava seus princípios universais, isto é, afirmava que poderiam servir a qualquer situação educativa. Para ele, os educadores e as crianças precisavam saber o que realmente tinham que ensinar e aprender e estabelecer a metodologia mais indicada para realizar as atividades de ensino. Defendendo ideias contrárias às de Rousseau, Pestalozzi afirmava que os livros eram um importante apoio para alunos e professores.

Por outro lado, como Rosseau, também defendia que a educação inicia-se com o nascimento e faz-se pelos sentidos; portanto, não se deveria, nos primeiros anos, raciocinar com as crianças. Para que houvesse verdadeira aprendizagem, seria preciso imprimir um ritmo às atividades e uma gradação, que deveria:

> Corresponder aos princípios e aos progressos das forças das crianças, em seu desenvolvimento progressivo, (...) não omitir nada daquilo que a criança é capaz de aprender e, por outro lado, não sobrecarregar nem perturbar sua inteligência com estudos que ela não é capaz de compreender. (1967, p. 60)

Para Pestalozzi, era necessário impedir as crianças de falar demasiadamente de um assunto ou de "pronunciar-se sobre questões que conhecem apenas superficialmente. Creio que o momento de aprender não é o momento de julgar" (1967, p. 73).

Além de oferecer informações, era preciso cultivar o espírito. Pestalozzi trabalha, então, sobre a necessidade de adquirir aptidões – palavra que, segundo alguns autores, é utilizada de modo inadequado; Luzuriaga (1966), ao traduzi-la para o espanhol, utiliza o termo disposição. Pestalozzi (1967, p. 243) afirma que o presente mais horrível que um gênio inimigo deu às gerações atuais é conhecimentos sem atitudes. E complementa: "Mas o desenvolvimento das atitudes descansa sobre as mesmas leis mecânicas que servem de base à formação de nossos conhecimentos".

Portanto, a mesma metodologia descrita para ensinar os conteúdos poderia ser utilizada no ensino das aptidões. Quanto a estas, formam o caminho da virtude e deve-se passar das aptidões perfeitamente adquiridas ao conhecimento das regras. Geralmente, "a criança, em sua tenra infância, escuta, crê e obedece; mas nessa idade e, em um ou outro caso, ela não sabe no que crê, nem o que faz" (1967, p. 254). É por meio do amor, do desejo e do temor à perda do amor que a criança vai construindo as virtudes da paciência e da obediência, traços fundamentais do desenvolvimento da personalidade. Desde a relação mãe-filho, "a criança foi cuidada, ela está contente: a semente do amor se desenvolveu em seu coração, (...) a semente da confiança nasce em seu coração" (1967, p. 253).

Um dos temas vinculados à educação que aparece em sua obra da maturidade é a busca da autonomia: "A educação converterá o homem em membro útil da sociedade, fazendo-o autônomo, mas temos que ter presente que a *autêntica autonomia* é algo que está estreitamente ligado ao caráter moral", diz, na carta XXXII de *Cartas sobre educação infantil* (1988).

Nos escritos de Pestalozzi surge, como nos de Rousseau, o tensionamento entre, na expressão do autor, amor e firmeza. Pestalozzi fala da construção de hábitos pela criação de um ritmo mecânico, repetitivo tanto no que tange às aprendizagens de conhecimentos quanto das atitudes. Para ele, esse aspecto mecânico e universal seria um momento de preparo para a autonomia futura.

Delgado (1998, p. 162) conclui, sobre a principal colaboração de Pestalozzi à educação das crianças pequenas:

> Apoiando-se nas contribuições de seu admirado Rousseau, cujo individualismo socializou, serviu de impulso para que outros descobrissem um novo interesse pelos estudos dos primeiros anos das crianças e iniciassem novos modos de educar-lhes, já que suas mães começavam a trabalhar nas fábricas, segundo se há dito. Esta necessidade social deu lugar à criação dos *Kindergarten* de Froebel, que rapidamente se estenderam por todo o mundo.

Também foi no Castelo de Yverdon que Froebel estabeleceu contato mais próximo com a obra de Pestalozzi, seu grande inspirador, o qual já conhecia por leituras. Apesar de ter gostado muito do trabalho pedagógico realizado naquele estabelecimento, Froebel ressaltava a falta de uma maior sistematização da experiência por parte de Pestalozzi. Cabe salientar que Froebel não foi o único a detectar este ponto no trabalho de Pestalozzi. Piaton (1989, p. 7) diz que "Pestalozzi é um homem simples, o promotor vacilante de didáticas que corrige incessantemente, o paciente artesão de uma educação nova, que elabora dia após dia ao longo de repetidas experiências". A perspectiva de Pestalozzi parece ser mais processual, já Froebel parte para uma organização mais fechada da sua proposta.

Segundo Mata e Ódena (1989), partir da experiência concreta com as crianças, fazer uma formulação dessa experiência e empenhar-se em difundir seu trabalho pelo mundo são características importantes da obra de Froebel. É ele quem, de fato, inicia uma proposta mais efetiva de educação coletiva de crianças em espaços públicos. No *Projeto de criação de um jardim de infância* (1840), afirma que esta é uma instituição para a ocupação, o jogo e a atenção das crianças e uma instituição para a formação de educadores e educadoras. As duas instituições, cada uma por separado e as duas conjuntamente, formariam um todo intimamente unido sob o nome de *jardim de infância*.

Froebel defendia que o Estado deveria ser o responsável pela construção de edifícios projetados para educar a pequena infância. Também acreditava que os jardins deveriam atender crianças de todas as idades e de todas as classes sociais, independentemente do nível de instrução dos pais. Froebel (1989, p. 111) define os jardins de infância como uma instituição educativa completa para a infância, pois trabalha com todas as faces do desenvolvimento infantil. Os jardins de infância faziam parte de um projeto político como uma "instituição geral para atender com sensibilidade alemã a vida das crianças em todas as suas facetas até a idade escolar". A expressão jardim de infância pode ser vista como uma metáfora de Froebel das relações entre as crianças e o mundo, de sua posição no universo. Para o autor (1989, p. 132):

> Já que o significado básico da palavra jardim é precisamente atender e amparar, é dar proteção e refúgio, ter cuidado com cada planta de acordo com a sua própria essência interior (...), da mesma maneira serão atendidas e assistidas as crianças.

É muito interessante a proposta de as duas instituições terem funcionado no mesmo espaço – o local de formação dos educadores e educadoras e o local de atendimento às crianças. Essa indissociabilidade entre as duas instituições não chegou ao Brasil e também não existiu em outros países, como, por exemplo, o Reino Unido, onde o primeiro jardim de infância foi fundado em 1851, 23 anos antes da instalação da primeira sociedade froebeliana e 25 anos antes da primeira escola de formação de professores para jardins (Moss e Penn, 1996, p. 60).

Em seu texto sobre os jardins da infância como instituições educativas completas, Froebel (1989) apresenta seus objetivos:

> Nos jardins de infância, portanto, as crianças poderão olhar a vida como um espelho claro, em sua unidade e em sua totalidade, assim como também em todas as suas relações, quer dizer
> A sua própria vida
> A vida da família, a vida da casa
> A vida civil em suas múltiplas manifestações
> A vida pública da cidade
> A vida da natureza
> A vida da humanidade
> Com o presente, o passado e o futuro
> Cada coisa como um todo, tanto nas suas relações exteriores como interiores, segundo a sua causa e a sua finalidade, para desenvolver e fomentar a vida multilateralmente.

Froebel, ao organizar sua metodologia de trabalho nos jardins de infância, selecionou algumas atividades para ser executadas com as crianças, entre as quais as conversações (rodinhas), a hora dos contos, o estudo dos seres vivos, os passeios ao ar livre, o contato com a natureza nos jardins e nas hortas, os diversos tipos de jogos, como os de construção, os de movimentação físicas e sensorial, os de atenção, os de memória, os de linguagem, de movimentos corporais, de expressão rítmica e dramática, além de trabalhos manuais e desenho.

Os materiais educativos por ele criados e denominados dons e as respectivas ocupações formuladas para a descoberta e a sistematização de sua exploração talvez sejam as ideias pedagógicas de Froebel mais divulgadas. Contudo, em alguns documentos, ele fala de outros tipos de jogos que deveriam ser executados com as crianças, e a denominação desses já pode revelar a sensibilidade e a criatividade da proposta pedagógica de Froebel para os jardins:

- jogos do seu entorno: jogos da vida, jogos da beleza, jogos do conhecimento;
- jogos para a formação interior (jogos de fantasia, jogos de criação): criação a partir de materiais, cores, tons, movimentos, palavras (jogos narrativos);
- jogos para a formação do sentimento e para desenvolver a sensibilidade: jogos de flores, jogos de símbolos, jogos da vida, jogos de costumes;
- jogos para desenvolver o sentido comum, o sentido de ordem e o sentido de justiça e que também proporcionem, segundo sua finalidade, o conhecimento e o domínio da natureza: jogos com elementos da natureza – ar, água, fogo, terra, pedras, barro e muitos outros.

Esta imensa gama de atividades pensadas para serem propostas nas salas de jardim fez com que houvesse a necessidade de planejar a longo prazo as ações educativas e de constituir momentos para garantir que todas as atividades acontecessem dentro de um esquema programado.

Ao ser adaptada no Brasil, a teoria froebeliana foi apresentada por intermédio de uma leitura formalista, na qual predominam a afirmação da ordem, as atividades dirigidas, a obediência aos adultos, a ênfase nos rituais, no cronometrar atividades e outros. Entretanto, ao recuperar os textos froebelianos, é possível fazer uma outra leitura, na qual se destaca a riqueza dos dons como brinquedos com evidente caráter estético, tanto que vários arquitetos que fundaram o movimento da *Bauhaus* e estudaram em jardins froebelianos deixaram vestígios do estudo dos dons nas suas obras (Allen, 1988; Cuberes, 1997).

Também os jogos coletados por Froebel e reelaborados para serem utilizados nos jardins, a investigação sobre cada criança e o seu processo, as relações das crianças com a família, com a comunidade e com a natureza, o estudo da música e da pintura, a defesa da profissionalização dos *jardineiros e jardineiras* e muitas outras ideias o colocam como um grande pensador da infância e da educação infantil.

Embora realce algumas linhas antes que os dons não eram arbitrários, mas densos de conteúdos místicos, estéticos e simbólicos, Santomé (1991, p. 18) destaca em seu texto sobre a educação infantil que Froebel incidirá em

> Contradições agudas. Com efeito, defende a autoatividade quando declara que nenhuma atividade da criança, o jogo incluído, tem de ser obrigatória (...) Por outro lado, as suas prendas (dons) e as atividades correlativas tombam-no em artificiosismo e formalismo estranho.

Observando os usos sugeridos por Froebel para os dons, pode-se asseverar que os conhecimentos da matemática, em especial da geometria e da física, eram muito desenvolvidos.

Uma característica importante dos três autores citados é que todos eles escreveram sobre a educação das crianças bem pequenas tendo como referência a educação feita pelas mães ou, no mínimo, por um preceptor, mas no âmbito familiar. Entretanto, o objetivo de envolver e educar as mães era poder qualificar a atenção às crianças pequenas. Suas pedagogias foram construídas pensando-se nas crianças a partir dos 3 anos.

Santomé (1991) afirma que é possível traçar o final do século XIX como o momento de ruptura entre a primeira geração dos autores fundadores, com concepções mais filosóficas, e a segunda geração de educadores infantis pela construção de modelos científicos. A educação científica somente foi desenvolvida no início do século XX, pois apenas nesse momento estavam à disposição os instrumentais para a sua elaboração.

No início do século XX, Maria Montessori desenvolveu um método para a educação das crianças pequenas que se espalhou de forma considerável por todo mundo. Duas características da pedagogia montessoriana eram particularmente apreciadas pelos observadores da época: uma delas era a criação de um ambiente especialmente pensado para atender às necessidades das crianças com móveis e objetos nas suas dimensões e a outra era a formação específica dos educadores. Essas características tornavam os frequentadores da *casa dei bambini* mais disciplinados, silenciosos, obedientes e *adequados* que as demais crianças (Pollard, 1993). Para Montessori, a disciplina estabelecida em suas casas das crianças não era a da coerção, mas a "disciplina ativa". "Nós chamamos disciplinado um indivíduo que é patrão de si mesmo e que pode dispor de si quando queira seguir uma regra de vida" (p. 54).

Segundo Montessori, para poder obter um bom comportamento das crianças, é importante que elas sejam independentes e que saibam discernir entre as boas e as más ações. Para que isso aconteça, os adultos não devem ser servis, atendendo-as constantemente, mas ensinar-lhes as atividades práticas para que possam ter liberdade de escolher e agir. Segundo a autora, as crianças têm um senso natural de dignidade e, por isso, gostam de comportar-se adequadamente (Pollard, 1990, p. 33).

A proposta de trabalho de Montessori organiza-se metodologicamente em torno de uma rotina predeterminada sobre as ações que devem ser realizadas pelas crianças e pelos adultos no seu dia a dia, as regras de vida. Hainstock (1972) escreveu um livro dirigido aos pais, com base na proposta de Montessori. Nesse texto, ela sugere que os mesmos fixem um tempo por dia, em especial a manhã, para fazer atividades dirigidas, a fim de converter a escola em uma parte habitual de sua rotina.

Os livros de Montessori dão sugestões de organização do cotidiano que foram empregadas em diferentes países europeus, americanos e também no oriente, em especial na Índia, onde ela viveu. Apesar das diferenças socioculturais, o método de trabalho com sua filosofia, estrutura, atividades e materiais garantia a unidade.

Entre as características marcantes da metodologia montessoriana, encontra-se a criação de um ambiente para os exercícios de vida diária com materiais concretos, mobílias, banheiros adaptados ao tamanho das crianças e muitos objetos que convidam a trabalhar e a realizar atividades que têm objetivos reais e predeterminados. Pode-se exemplificar com atividades como abrir e fechar as gavetas, abotoar, transpor líquidos, tirar o pó, mover a cadeira, dobrar o guardanapo, pôr a mesa, lavar pratos, lavar as mãos, lavar o piso, lustrar sapatos, dar nó, costurar e outras atividades domésticas realizadas por meninas e meninos.

Além dos materiais de vida prática, Montessori elaborou materiais com o objetivo de desenvolver as percepções, as sensações e o intelecto. Esses materiais, até hoje usados em várias salas de educação infantil, têm características próprias: são materiais autocorretivos, que trabalham cada grupo sensorial de uma vez, o que resultou em uma crítica de Dewey e Decroly (apud Santomé, 1991, p. 27) sobre a sua concepção fragmentada das percepções e do intelecto e da vida real dissociada da vida na sala de educação infantil.

Todos os afazeres são confiados às crianças na medida do possível e, assim, elas planejam suas atividades, desenvolvendo responsabilidade e paciência. O papel do professor é "o traço de união entre a criança e o ambiente educativo preparado para a sua atividade" (1973, p. 31).

São conteúdos imprescindíveis na formação das professoras montessorianas o conhecimento dos materiais didáticos e a forma de usá-los; saber dar as lições seguindo sempre a sequência de ações previamente planejadas e também aprender a zelar pela ordem, pois a professora, além de pôr a criança em contato com os materiais e os conhecimentos, também a coloca em relação com a ordem que há no ambiente, isto é, ensina-a a submeter-se a uma organização disciplinar externa – mesmo que esta seja muito simples, como garantir um trabalho tranquilo. A professora tem o dever de ser o "anjo da guarda" das almas concentradas e ministrar-lhes as lições.

Nos livros sobre seu método, Maria Montessori frisa as atividades que têm em vista a saúde, e estas são detalhadamente descritas. Sua formação em medicina levou-a a dar extrema importância aos experimentos biológicos, ao naturalismo e ao associativismo como teoria de aprendizagem. O trabalho pedagógico começa com o acompanhamento antropométrico, passa pela vida ao ar livre, pelo cuidado com as plantas e animais, pela ginástica e pelos exercícios de regulação. A higiene e a alimentação também são pontos explorados, com a indicação de cardápios e receitas, aos quais Montessori (1937, p. 82) agrega hábitos: as crianças, para que se criem sãs e tenham uma boa digestão, devem alimentar-se em horários determinados.

Nos programas a serem desenvolvidos com as crianças, encontramos as atividades manuais, os exercícios sensoriais – encaixes de sólidos, barras, prismas, cubos, jogos de contrastes e emparelhamento –, atividades de matemática, linguagem, escrita e leitura (alfabeto), desenho e aquarela, exercícios que desenvolvem os movimentos corporais, como caminhar e marchar. Para Montessori, uma ciência da educação não tem apenas a tarefa de observar, mas igualmente a de transformar as crianças.

Também fazem parte do programa de ensino as atividades de vida prática, como mover as cadeiras sem ruído, transportar objetos, andar nas pontas dos pés, levantar-se e sentar-se em silêncio, tirar o pó, verter água de um recipiente para outro, vestir-se, tirar a roupa, lavar-se, limpar o ambiente, comer corretamente, servindo-se dos talheres, arrumar a mesa, levantar os cobertores, arrumar a sala, manter o asseio pessoal (limpeza dos dentes, unhas, etc.), organizar materiais nas estantes, etc. "O segredo da perfeição está na repetição e, por conseguinte, em ligar os exercícios às funções usuais da vida real." Para a autora (1937, p. 120), é fundamental desenvolver a responsabilidade e a independência das crianças.

Os exercícios de regulação são aqueles que formam a autodisciplina e possibilitam a elevação, como os exercícios de silêncio. Para Montessori, o silêncio não é um meio para manter a ordem, ele é uma conquista a ser feita por meio de exercícios – um momento de concentração, de suspensão da vida ordinária e de elevação. Ao avaliar o trabalho, após um ano de experiência com as crianças, ela afirma (1937, p. 49): "Eles haviam adquirido atitude de ordem e, sobretudo, estavam habituados a observar a si próprios".

Na metodologia montessoriana, o ensino religioso é proposto estabelecendo visitas das crianças às igrejas, lições com miniaturas de objetos sacros e observação de imagens sacras. A religião é vista como uma educação do simbólico e deve ser feita pelo encantamento. As crianças reagem muito bem ao ensino religioso, pois os hábitos que adquiriram na escola, como a aplicação ao trabalho, o silêncio, a calma e o ambiente onde trabalham escolhendo as próprias ações e moldando suas necessidades facilitam a participação em um ambiente de recolhimento.

Como vimos, a tensão entre uma proposta fechada, com regras predeterminadas, com hábitos para ser introjetados e com uma metodologia pré-programada e um esquema de planejamento mais aberto, flexível, em contato com as ideias das crianças, fez parte de toda a história da educação infantil. A esse confronto estão associadas, ainda, posições políticas, legislações, concepções religiosas e vários outros elementos que mantêm uma contradição interna constante no pensamento apresentado. Se para os autores do século XIX esse tensionamento ainda perdura, para alguns do século XX o principal objetivo é centrar esforços em criticar o predomínio das forças de conservação.

John Dewey é um dos autores que formula uma crítica aberta às rotinas utilizadas nas instituições educacionais, desenvolvendo a tese de que a única maneira de fugir à rotina é a reflexão sobre ela. Para Dewey (1959, p. 60), a atividade inata e espontânea da infância é caracterizada pela curiosidade, pela imaginação fértil e pelo gosto da investigação experimental, isto é, a ação da criança é extremamente parecida com a atitude do cientista. Contudo, o autor aponta que:

> Em nome da disciplina e boa ordem, as condições escolares frequentemente se aproximam, tanto quanto possível, da monotonia e uniformidade, mesas e cadeiras em posição fixa, alunos arregimentados com precisão militar. O mesmo compêndio, manuseado por longo período, com exclusão de toda outra leitura. (...), escolas cuja principal finalidade é formar hábitos mecânicos e instilar a uniformidade de conduta. Ficam necessariamente expulsas as condições que estimulam e mantêm vital e enérgica a capacidade de maravilhar-se.

Ao ingressar na escola, as crianças rompem com suas experiências, com a vida até então vivida, pois a educação nas instituições educacionais não se limita à educação intelectual. Ela abrange também a formação de atitudes, e estas têm um padrão bastante divergente da criação:

> A formação de atitudes práticas de eficiência, o robustecimento e o desenvolvimento de disposições morais, o cultivo de apreciações estéticas. Em tudo isso, porém, existe pelo menos um elemento de significado consciente e, portanto, de pensamento. Sem este, a atividade prática torna-se mecânica e rotineira, amoral, cega e arbitrária, a apreciação estética, um sentimento derramado. (p. 86)

Para Dewey (1959, p. 13), o pensar reflexivo é a única saída para não cairmos em um projeto de educação rotineiro. O pensamento reflexivo é a espécie de pensamento que "insiste em examinar mentalmente o assunto e dar-lhe consideração séria e consecutiva". A passividade é o oposto do pensamento. A disciplina acadêmica não pode continuar identificada aos atos mecânicos que têm por finalidade incutir no aluno conceitos, ideias ou "ser comparável à rotina maquinal com que se emprestam a bisonhos recrutas o porte e os hábitos marciais que lhes eram, como era de se esperar, totalmente alheios (...), maneiras exteriores de agir uniformes". (p. 93)

Em seu livro *Como pensamos* (1959, p. 59), Dewey afirma:

> Disse o mais sábio dos gregos que o dom de maravilhar-se era o autor da ciência e da filosofia. Esse predicado não é idêntico à curiosidade; só o é quando esta atinge o plano intelectual. Seus piores inimigos são a monotonia externa e a rotina interna. Estimulam-no a surpresa, o inesperado, a novidade.

Ao formular tal crítica ao modo de organização das instituições educacionais, John Dewey propõe outros modos de intervenção para a educação das crianças desde pequenas. Celestin Freinet é outro autor que procurou romper com a ossatura rígida das propostas educacionais vigentes em seu tempo.

Para Freinet (1983, p. 56), esse movimento de crítica à educação institucional foi uma reação contra os manuais escolares que, redigidos e editados em Paris, pretendiam indicar aos professores dos diversos cantos da França, em todas as horas do dia, os pontos do programa sobre os quais se deve atrair a atenção dos alunos. Esse educador pergunta-se:

> Como será uma aula onde os alunos não farão, todos ao mesmo tempo, o mesmo dever, onde não cruzarão todos os braços ouvindo indolentemente recitar a lição do dia? (...) Podemos afirmar que se fôssemos capazes de dar aos nossos alunos a possibilidade de trabalhar segundo as suas necessidades e seus gostos, poderíamos ter de intervir para organizar o trabalho e a atividade da nossa comunidade, mas todos os problemas ordinários da disciplina escolar não teriam mais razão de ser.

Celestin Freinet, apesar de não ser um adepto da Escola Nova, por considerá-la muito intelectualizada, cheirando a laboratório e não engajada politicamente, é, muitas vezes, classificado nesse grupo, principalmente por circunstâncias temporais. Ele desenvolveu seu trabalho na primeira metade do século XX, tendo como perspectiva a ideia de que a educação em instituições deveria ser um prolongamento da vida e estar associada a ela em todos os aspectos.

Embora Freinet não tenha uma obra dirigida especificamente à educação de crianças muito pequenas, sua colaboração para a área da educação foi sendo constituída pelo seu grupo de colaboradores. Eles mantiveram a ideia de organizar uma programação que respeite as crianças, seus ritmos, sua autenticidade. Tanto as atividades de aprendizagem como aquelas de vida em comum devem possibilitar o bem-estar físico e a expressão espontânea das crianças. Os professores, nessa pedagogia, são vistos como animadores e apoiadores das crianças.

Partindo desses princípios pedagógicos, os professores que utilizaram a metodologia de trabalho de Freinet na educação infantil, como o Groupe maternel liegeois, criaram uma série de atividades e modos de pensar a organização do espaço da sala de aula e a distribuição das atividades no tempo de maneira a auxiliar a execução desses objetivos. As salas foram organizadas em diversos ateliês, tendo sido também garantido um espaço para a reunião de todo o grupo.

A metodologia Freinet abrange um número significativo de propostas ou técnicas de trabalho, como realizar projetos – sozinho ou em grupo –, conversas livres, planos de trabalho individual, trocas de experiência e avaliação, passeios, álbuns, atividades espontâneas, jornal escolar, correspondência, método natural de leitura e escrita, o livro da vida e outros.

O livro da vida interessa-me especialmente, por ser uma estratégia pedagógica que se reflete sobre as atividades realizadas ao longo do dia, isto é, sobre a organização do dia e sobre as atividades que se fizeram e que se querem fazer. De acordo com a metodologia Freinet, durante a conversa livre de chegada e durante a avaliação do trabalho diário, a professora anota o máximo possível do que as crianças contam, dizem, fazem e observam. Ela pode anotar o que é dito diretamente ou, no final da aula, em momento de avaliação, selecionar com as crianças os conteúdos que devem ser registrados.

O livro da vida é um relatório, formado por textos livres, que marca o que acontece, o que se vive. Procura ser um reflexo da vida da sala de aula feito no grupo e pelo grupo, podendo conter vários materiais que auxiliam o registro escrito, como desenhos, pinturas, colagens, fotos, etc. Ele serve para várias funções: comunicar, registrar por escrito, valorizar as experiências dos grupos, informar os ausentes do acontecido e organizar as noções de tempo. É um documento da vida da classe (Freinet, 1974).

Os autores mencionados procuraram, por meio de suas críticas aos comportamentos observados nas instituições educativas da época, trabalhar a questão da rotina e o modo como tem sido efetivada nas escolas, sugerindo uma apropriação pela reflexão desse elemento do cotidiano institucional, para que os sujeitos possam definir aspectos do mesmo e não, ao contrário, ser sujeitados a eles.

Em uma conferência, Claparède (s.d., p. 173) pergunta-se como é possível conceber que obras como as de Rousseau, Montaigne, Pestallozzi, Froebel e Montessori, "que tiveram nestes últimos séculos tão prodigioso número de leitores, tenham conseguido influir tão pouco na rotina escolar".

Na bibliografia brasileira especializada em educação infantil, vamos encontrar vários argumentos que estabelecem um quadro de referências para a organização do ensino com base em uma rotina. Não faz parte dos objetivos deste trabalho percorrer toda a bibliografia sobre o tema. Delimitei minha investigação em um livro de didática e metodologia do ensino no jardim de infância publicado na década de 1960, outros dois dos anos de 1980 e alguns da década de 1990, procurando compreender o percurso e verificar as continuidades e descontinuidades entre as concepções.

Um dos livros escolhidos foi *O que é jardim de infância* de Nazira Féres Abi-Sáber, publicado em 1963, em Belo Horizonte, pelo Programa de Assistência Brasileiro-Americano ao Ensino Elementar e pelo INEP, é um manual prático para os docentes do jardim de infância. O texto possui uma divisão em capítulos, baseada nos aspectos práticos da organização e do funcionamento das turmas de jardim de infância. Dois desses capítulos parecem úteis na construção da noção de rotina.

Em "O começo das aulas", a professora chama a atenção para a necessidade de um período de adaptação *a ser negociado com os pais*, no qual as crianças poderiam ficar duas horas na classe, para não estranhar o ambiente fora do lar. A estratégia contemplava também a turma dividida em grupos e trabalhada em horários separados na primeira semana e na segunda, criando alguns momentos conjuntos. Para esses primeiros dias, a autora avisa que é preciso organizar um plano de trabalho com objetivos bem definidos. Nesse capítulo, pode-se ver aparecer a atenção dada a um tipo de rotina institucional – a anual.

O segundo capítulo interessa para ver concepções de rotinas chama-se "Um dia no jardim de infância". Nele, a autora (1963, p. 78) lembra que "os horários e os trabalhos devem ser tão flexíveis que possam atender às condições especialíssimas de cada escola e de cada criança", mas "deve haver também uma certa regularidade no horário para facilitar a aquisição de bons hábitos, e para que as crianças fiquem bem orientadas e sintam uma sensação de conforto e segurança".

E acrescenta:

> Deve, por outro lado, haver uma combinação harmoniosa de atividades ao ar livre e de dentro de casa, repousantes e ativas, todas, porém, tão espontâneas e livres quanto possível. No nosso clima tropical, não se pode, de maneira alguma, dispensar os pátios e área de recreio bem amplos, cheios de sombra e de árvores, que permitam o máximo de liberdade e expansão. (p. 77)

De acordo com Abi-Sáber (1960), a sugestão de diversos tipos de organização de horários e de rotinas serve para tornar explícito aos professores o quanto eles podem ser flexíveis, mesmo "levando em conta aquelas normas a que nos referimos anteriormente. É claro que o horário representa apenas um guia ou roteiro básico". As professoras também são alertadas para que, ao considerar os horários, "atendam aos interesses e às necessidades" das crianças, mas não esquecendo que algumas atividades devem ser permanentes, pois

> Estas costumam estranhar quando fazemos mudanças muito frequentes no *horário*; ao contrário do que se supõe, elas se habituam muito depressa a umas tantas

rotinas, tais como a hora da merenda, do repouso, do recreio, de modo que estas precisam ser dadas sempre na mesma ordem. (p. 100)

Quanto à duração das atividades e às mudanças entre os diferentes horários, a autora (1963, p. 78) afirma:

> O horário escolar deve ser dividido em espaços maiores, de 50 a 60 minutos cada um, organizado de maneira tal que permita uma concentração mais fácil de atividades e facilite a combinação de atividades calmas e repousantes. Tais etapas, maiores, poderão ser chamadas:
> – período de *trabalho*;
> – período de brinquedo (dentro ou fora de casa);
> – período de expressão livre.
> Esses blocos de tempo, maiores, são entremeados de atividades de rotina, tais como: recreio, repouso, merenda, uso das instalações sanitárias.

E, logo a seguir (p. 95), entra em contradição, lembrando que o tempo de duração das atividades não pode ser esquecido:

> (...) a capacidade de atenção das crianças que é muito reduzida nesta idade. Elas não aguentam ficar mais que uns 10 ou 15 minutos em atividades que requeiram muita concentração e, então, é preciso mudar de trabalho, dar um exercício respiratório ou qualquer outro, que permita a distensão muscular e o descanso mental.

A autora sugere uma forma de organização do dia, justificando a ordem das atividades, seus objetivos e sua correta sequência, como, por exemplo, quando fala sobre a sugestão para as primeiras atividades do dia: "É compreensível, do nosso ponto de vista, desde que não poderá ter bom andamento o dia escolar, se as crianças, logo de início, excitam-se e se cansam em atividades muito pesadas".

Abi-Sáber (1960, p. 90-91) diz que, além de pensar na seleção, na duração e na sequência das atividades de rotina, outro ponto importante é que essas sejam transmitidas cuidadosamente para as crianças. Ao descrever um dia em uma classe fictícia, a autora cita o momento de planejamento das atividades do dia e avisa que a garantia do sucesso do trabalho em grupo é o planejamento das atividades, feito conjuntamente pelos alunos e pela professora. Ela adverte que, inicialmente, as crianças participam com alguma dificuldade desse momento, mas que, pouco a pouco, com o trabalho diário, vão ampliando a sua capacidade de planejar e pensar sobre coisas mais avançadas no tempo. É preciso lembrar também que, desde o princípio, a professora irá orientá-los na escolha e na distribuição das atividades do dia.

> Dona Maria pega uma folha de papel bem grande, prega no quadro e com um lápis de cor (tipo lápis de cera) vai escrevendo, em "letra manuscrita" o plano que ela faz, com a ajuda das crianças. Como se vê, a propósito de toda e qualquer

atividade, D. Maria reúne as crianças para um planejamento rápido. O período de trabalho na sua classe é sempre coroado de pleno êxito, porque ela dá uma grande ênfase aos planos dos meninos.

A autora (1963, p. 96) destaca que "as atividades e os trabalhos realizados em grupo com a continuidade do trabalho, ao longo do ano, são avaliados pelo próprio grupo, que vai, aos poucos, traçando normas e tomando resoluções com o fim de melhorar seus projetos futuros".

Apesar de o livro ter sido publicado por um programa e um instituto de pesquisa, envolvendo o poder público, e os exemplos e as argumentações referirem-se às escolas públicas, sempre há espaço para a religião e são sugeridas no texto várias orações, sendo que uma delas é bastante interessante: "Senhor! É muito difícil obedecer! Ensinai-nos a obedecer imediatamente, a obedecer com alegria!".

Abi-Sáber trabalha, nesse livro, com alguns dos principais aspectos da rotina, que seguem mencionados, de modo significativo, nos textos atuais sobre o tema. Mas quais seriam esses aspectos principais? A ideia de que as rotinas na educação infantil podem ser diárias, anuais e outras; a necessidade de vincular a rotina da escola com a da família; a flexibilidade dos horários; a alternância entre os distintos tipos de atividades; a manutenção da regularidade e da sequência diária; o papel da rotina em transformar horários externos em hábitos internos; a duração das atividades, de acordo com interesses e necessidades das crianças; o estabelecimento de diferenças entre o trabalho (atividades pedagógicas) e as rotinas (higiene, repouso, alimentação).

Os textos publicados nas duas últimas décadas dão continuidade às preocupações de Abi-Sáber. Rizzo (1984, p. 195) concorda com as posições acerca da flexibilidade e da manutenção de certos hábitos defendidas pela autora e diz:

> O horário de uma creche deve primar pela flexibilidade. A sequência de rotinas deve ser estabelecida, embora a duração de cada atividade deva variar em função das necessidades dos momentos específicos. Os intervalos entre as refeições, no entanto, devem ser respeitados.

Ao tratar do planejamento na educação infantil, Nicolau (1986, p. 152) afirma que "o planejamento deve ser feito com as próprias crianças. Os planos de longo prazo devem ter um caráter genérico e aberto, e os planos semanais e diários, mais fechado". A autora considera, ainda, que é importante que, tanto no planejamento como na própria mente do educador, sejam deixados "espaços livres para modificar a sua proposta" (p. 150).

E, para justificar a necessidade de rotinas na prática da educação infantil, afirma que "a criança pré-escolar encontra-se em um momento de vida em que precisa ter certa rotina de trabalho, que a situe num tempo e num espaço por ela vivenciados" (p. 153). Contudo, não é apenas Nicolau que constrói para a rotina argumentos ancorados na psicologia infantil. Marinho (1980, p. 126) também os utiliza, a partir de outro ponto de vista:

O horário das refeições deverá ser fixo, facilitando a formação de hábitos. Canções ou sinais dados por instrumentos musicais auxiliam a professora a lembrar à criança o que dela se espera. Um horário ilustrado pelas crianças com desenho ou pintura espontânea servirá ao mesmo fim.

Quanto à responsabilidade pela elaboração de horários de rotina, durante o período de permanência das crianças na creche, para alguns "é uma atribuição da direção, que deve realizá-la em colaboração com seus assessores: pediatra, psicólogos, orientadores educacionais e nutricionista" (Rizzo,1984, p. 195).

Em livros e manuais sobre educação infantil publicados entre 1991 e 1996, encontrei quase sempre a presença de exemplos ou modelos de possíveis rotinas a ser utilizadas nas instituições de educação para a primeira infância e para as séries iniciais. Elas aparecem muito mais sob a forma de sugestão para a prática do que como um elemento trabalhado teoricamente. Mesmo assim, poderemos encontrar novas ideias sobre as rotinas.

Warschauer (1993, p. 66) afirma que "uma rotina de trabalho é importante para a estruturação de um grupo de crianças (e também de adultos!)". Aqui aparece a ideia da rotina não apenas como uma necessidade das crianças, mas como uma ferramenta do trabalho pedagógico dos adultos (professor e instituição), segundo a qual o estabelecimento de uma sequência básica de atividades diárias é importante para orientar a criança na percepção da relação espaço-tempo, confirmada por Fantim (1996, p. 144) e que, ao mesmo tempo, questiona:

> Mas por que será que este ritual tem tão poucas surpresas, tudo é sempre tão igual marcando o tempo e as relações entre as pessoas e definido, uma temporalidade não apenas das crianças, mas de pais, profissionais, enfim, de gerações? Afinal, o acontecer de coisas novas e inesperadas é fundamental para ampliar as experiências infantis, pois as novidades também podem ser planejadas, inclusive apoiando-se na própria estrutura deste ritual – escolar – marcado pelo uso do tempo em várias atividades que determinam os diferentes momentos que as crianças ali vivem.

Segundo Warschauer (1993), a rotina envolve a disciplina, a sistematização e a organização, e é pelo seu uso que o tempo e o espaço estruturam-se para a criança. Ela fica sabendo que a manhã começa com a hora da roda, que depois de lavar as mãos é a hora do lanche, que no final do turno de trabalho é preciso fazer a arrumação das mesas e dos materiais – assim, a criança sabe o que fazer, como proceder, para onde ir, etc. No entanto, a autora reafirma a importância de a rotina ser flexível, para não se tornar mecânica e sem sentido.

Madalena Freire (1992, p. 14), em um caderno especialmente organizado para tratar do tema da rotina, afirma que para a construção de uma rotina do trabalho é preciso, por um lado, uma "constância (temporal, espacial, de atividades e de participantes) e, por outro, a articulação entre tempo, atividades e esforço".

Em um documento publicado em 1996 (p. 83), a Secretaria Estadual de Educação de São Paulo procura argumentar a respeito da necessidade do uso das rotinas diárias. Nele são levantados os principais aspectos a serem contemplados na programação da rotina diária:

- atividades coletivas, ou seja, entrada, saída, recreio e grandes festas na escola;
- cuidado físico, ou seja, a higiene e alimentação e, eventualmente, cuidados de saúde na escola;
- atividades diretamente coordenadas pelo professor, como as assembleias ou "rodas de conversa", oficinas, visitas, experimentos, atividades diversificadas;
- atividades livres, ou seja, as que se realizam no horário das brincadeiras não dirigidas pelo professor.

As instruções também indicam que cabe ao professor organizar condições para o avanço do trabalho do grupo, e acentuam o fato de que o melhor gerenciamento da relação entre os horários e os espaços disponíveis poderá contribuir para qualificar o trabalho. O documento afirma que a rotina dá segurança afetiva para as crianças e alerta para o fato de que aquelas crianças que não acompanharem o ritmo do grupo deverão ter suas necessidades consideradas individualmente. Ainda de acordo com o documento, a concepção educativa das instituições fará com que existam ênfases variadas nas rotinas.

Pelos discursos de educadores brasileiros de diversas gerações vimos que, a respeito da rotina, foi sendo constituído um discurso de flexibilidade, de instrumento de apoio ao trabalho, e não de regulação, de integração entre as experiências prévias das crianças e as rotinas institucionais, de alternância de tipo de atividades, de usos de espaço, de pensar tempos adequados para a execução de tarefas, de ouvir o saber especializado sobre qual a melhor forma de organizar a rotina, de fazê-lo com a participação dos professores e uma série de indicações interessantes que quais serão discutidas posteriormente.

Entretanto, quando o discurso provém da experiência vivida, a ênfase muda. Segundo os relatos de Haddad (1991), Dutoit (1995), Wajskop (1995), Ramos (1998), Batista (1998) e Barbosa (1997, 1998), todas com experiência em coordenação ou docência em creches e pré-escolas, a questão das rotinas aparece de um outro modo. É importante assinalar que, no trabalho das autoras citadas, a rotina foi um elemento-chave em seus estudos de reorganização administrativa e pedagógica das creches. Também em duas instituições observadas, as rotinas foram elementos desencadeadores do trabalho institucional.

Ao comentar sobre a rotina nas creches, Haddad (1991, p. 125) afirma que "a creche é governada pela inflexibilidade e por uma rigidez de horários para brincar, para comer e pelas tarefas maternas desagradáveis: tirar piolho, cortar as unhas e dar banho", isto é, a rotina da creche é vista como uma amarra. Nas observações realizadas por Barbosa (1997, 1998), foram constatadas várias situações em que as atividades eram interrompidas para ir comer a merenda no refeitório, pois o atraso poderia *prejudicar* o andamento do trabalho das demais turmas.

Haddad (1991, p. 133) prossegue, relatando sua experiência de intervenção institucional e um momento em que se realizou uma avaliação das rotinas com as educadoras do berçário. Foram feitas perguntas como "o que era bom e o que era ruim em nossa rotina, do ponto de vista das pajens e das crianças" e o que ela descobriu é que a rotina estava *naturalmente estabelecida* e que as pajens não sentiam que podiam modificá-la.

Dutoit (1995, p. 13), em sua dissertação de mestrado, descreve a rotina como "o retrato da concepção de educação geradora e articuladora de todas as ações que são desenvolvidas na creche". Ao sintetizar a análise feita por meio das entrevistas com todos os educadores (41 mulheres e um homem com idades entre 19 e 23 anos) da creche pesquisada, a creche central da USP, a autora elaborou a seguinte definição de rotina:

> Para os educadores, a forma como organizavam as atividades pedagógicas era imediatista e irregular, ao contrário de como diziam conceber os momentos voltados para alimentação, higiene e saúde, que, segundo eles, eram mais organizados e sistemáticos, estabelecendo uma certa dependência das atividades pedagógicas, que só aconteciam quando sobrava tempo entre as de saúde e nutrição e as que eram consideradas atividades livres. A rotina, assim concebida, não ajudava, para eles, a estruturar a proposta pedagógica. (p. 40)

Talvez Dutoit (1995, p. 74) tenha sido a precursora em apontar a centralidade do conceito de rotina para a proposta pedagógica da creche e da pré-escola.

> A rotina é considerada como algo estanque, inflexível, até pela definição da própria palavra, porém ela é a *espinha dorsal* de uma creche e através dela são organizados o tempo, o espaço e o conjunto de atividades destinadas às crianças e aos educadores. (...) A rotina representa a concepção que se tem de educação, homem e sociedade e, principalmente, a concepção de infância, porque traduz através dos *fazeres* o que se compreende da função de uma creche.

Para a autora, a estruturação da rotina é o eixo fundamental para discutir três importantes aspectos: a construção da proposta educacional, a formação do educador e a definição do papel do coordenador.

Wajskop (1995, p. 61) observou que a rotina tem "uma lógica que aparentemente define mais comportamentos e atitudes do que permite um processo de aquisição e construção de conhecimentos por ambos (professores e alunos)". Com a sua presença:

> Reitera-se mais uma vez que o manejo do tempo, como elemento estruturante da situação escolar, é controlado pela professora, seja através dos prazos definidos para cada atividade, seja pela linguagem utilizada por ela. As frases curtas e imperativas expressas pela mestra excluem qualquer possibilidade de discordância

ou de negociação por parte das crianças, no que se refere ao tempo escolar. Essa ruptura é possível somente nas interações e jogos que estas estabelecem entre si e que aparecem para a professora como "muita conversa", que atrasa o trabalho. (p. 69)

É sob a forma de repetição de regras e comportamentos que são definidos os hábitos e as atitudes. Esse modo arbitrário de tratar as relações sociais com as crianças fazia que essas demonstrassem insegurança em falar para todo o grupo, ficando em silêncio, sem tomar a iniciativa da palavra e sem a autonomia do adulto (Wajskop,1995). Contrapondo-se a essa proposta educativa, poderíamos citar Mindlin (1993, p. 13) que, ao falar sobre a educação indígena, afirma: "Desde cedo, desde a infância, os índios aprendem a falar em público, a convencer os outros, a argumentar, a exercitar-se no dom da palavra". Ao concluir seu trabalho de pesquisa Wajskop (1995, p. 92) afirma que:

> A escola, através das ações docentes, não garante tempo nem espaço para que isso aconteça. Ao contrário, restringe as ações imaginativas e criativas dos alunos, dando-lhes sentido apenas quando respondem aos seus objetivos didáticos.

Em pesquisas nacionais mais recentes, continua-se encontrando o mesmo tipo de referência. O título da tese de mestrado de Rosa Batista (1998) evidencia tal questão: *A rotina no dia a dia da creche: entre o proposto e o vivido*. Procurando não culpabilizar os profissionais pelo tipo de rotina que realizam e admitindo que os adultos também estão presos a essa rede de rotinas rotineiras, a autora faz uma crítica aguda ao caráter repetitivo das rotinas, à sua homogeneização, à tentativa de adaptar os vários ritmos individuais (tempos subjetivos) a um ritmo da turma (tempos objetivos). Para ela, a rotina, da forma como está estabelecida, acaba sendo um fator gerador de tensões.

No entanto, um importante elemento novo é recuperado; a pesquisadora (1998, p. 168), em suas observações, também vê atitudes de resistência das crianças:

> As crianças extrapolam esta unicidade indo além do proposto, fazem escolhas quando não deveriam fazer, optam por olhar o livro de histórias com gravuras ao invés de ouvir o som da história que embala o sono que ainda não veio. Deitam, rolam, acariciam-se no tapete sem se incomodar com a hora do descanso. Talvez porque não estejam tão cansadas ou nem um pouco cansadas.

Ramos (1998, p. 81), no trabalho sobre a influência da rotina na construção da noção de tempo nas crianças, pesquisou uma escola infantil e encontrou, assim como Barbosa (1997), a mesma rotina para todas as crianças da instituição. Concluiu que ela está "definida com exatidão e os vários intervalos que a compõem estão bem-demarcados, tendo denominação própria e horário estipulado". Ramos verifica que a rotina é cumprida de maneira estrita por todos os adultos e pelas crianças, e que as educadoras consideram que houve uma boa aprendizagem quando todos já sabem qual é o próximo passo a ser dado. Quando as crianças não o reconhecem, criam-se estratégias didáticas para ensiná-las.

Não há, segundo suas observações, uma preocupação com a compreensão e os usos do tempo. Parece que a rotina tem muito mais a intenção de criar hábitos sociais e de organizar o trabalho pedagógico. Ramos (1998, p. 130) conclui que, apesar de todos os aspectos problemáticos da rotina, é necessário que se tenha algum tipo de ordenamento do tempo das crianças nas instituições de educação infantil, pois tal ordenamento contribui para que o sujeito construa a sua temporalidade. Todavia, ela sugere que para isso não é necessário "um mecanismo fixo, rígido e restritivo como a rotina. Maneiras mais flexíveis de organizar o tempo escolar fazem-se cada vez mais imprescindíveis".

O texto "A jornada educativa na escola da infância" foi escrito a partir de uma pesquisa com metodologia qualitativa e quantitativa sobre o dia a dia na escola da infância realizada pela Universidade de Pavia, Itália. Nela vamos encontrar dados parecidos com aqueles relatados até então sobre a realidade brasileira.

Na pesquisa realizada por Bondioli, Ferrari e Gariboldi (1995)[1] em cinco escolas públicas de uma cidade italiana de porte médio (80 mil habitantes) foram encontrados alguns eventos comuns a muitas escolas. Eles foram denominados pelos pesquisadores a *ossatura* ou a *configuração* da jornada educativa. São eles: a chegada e a saída, o almoço, o repouso, a merenda e as situações de limpeza pessoal. Para os autores, essas são situações que pertencem ao campo das chamadas atividades de rotina, que não têm uma função essencialmente didática, sendo muito mais fisiológicas ou de socialização, e que *talvez sejam inelimináveis*.

Para os pesquisadores italianos (1995, p. 56), são rotinas já que se repetem de maneira idêntica, dia após dia, assumindo forma de "rito" coletivo, em um tipo de participação que modela o comportamento individual com base nas regras implícitas que governam o coletivo.

> O exame das cinco turmas coloca em evidência como a jornada é dividida em todas as escolas pelos momentos de rotina que se repetem regularmente no horário conhecido: às 9h da manhã, horário da chamada; entre 10h e 10h30min, a merenda; às 12h30min, o almoço; às 13h30min, o repouso.

O tempo de rotina encontrado na pesquisa variava entre as diferentes escolas infantis, mas o importante é que, *em todas elas,* o tempo dedicado à rotina era igual ou superior àquele dedicado às atividades didáticas e de expressão. As atividades consideradas pelos autores como de rotina têm o papel de ser a referência cronológica para todo o grupo e ocupam, de acordo com eles, um tempo considerável, cerca da metade da jornada. Somente uma das quatro escolas pesquisadas consegue reduzir para 40% o tempo das atividades de rotina.

Ao finalizar o estudo, Bondioli, Ferrari e Gariboldi (1995, p. 73) concluem que as crianças, de acordo com o modelo institucional, *habituam-se* ou *adaptam-se* na mesma medida em que o adulto, "sem saber", educa. Para os autores, as crianças têm o direito de compreender o processo de funcionamento do uso do seu tempo cotidiano e também deveriam poder interferir nessa agenda. A questão é que enquanto os adultos não tiverem consciência desse uso nem para si, fica impossível fazer uma reflexão com as crianças.

Na primeira parte desse estudo, foi constatado que diversos campos sociais, como o da religião, o da saúde, o do direito, o do trabalho e o da educação foram, durante a modernidade, tomados como uma forma de organização institucional rotinizada. As instituições de cuidado e educação de crianças, como as creches e as pré-escolas, foram "contaminadas" com o que se pode chamar de o espírito da época ou de a ideologia dominante, criando, assim, pedagogias latentes. A pedagogia latente é definida por Bondioli (s.d) como uma pedagogia da improvisação, da aceitação acrítica das práticas habituais. Esta pedagogia está inscrita no modo de arrumar o ambiente, nos materiais disponíveis, na sequência das atividades, nas normas que regulam o cotidiano, no ritmo, no tipo de intervenção feita pelo educador em relações informais.

Neste capítulo, foi visto que os discursos pedagógicos do século XIX colaboraram com a construção de tal pedagogia. Esta pedagogia, ao longo do século XX, vê seus discursos sendo tensionados e rompe com a invisibilidade dessa pedagogia latente. Hoje, nos discursos pedagógicos, as rotinas já estão aparentes, são criticadas, mas o que se observa é que, mesmo assim, a visão do cotidiano como uma rotina é ainda a prática organizativa mais forte.

Na cidade de Pistóia, na Itália, os efeitos desses estudos sobre a rotina começam a produzir novos efeitos. Quando administradores e educadores foram adquirindo consciência sobre a repetição das atividades de rotina e, ao mesmo tempo, da sua imprescindibilidade, eles começaram a tratar o tema verificando como seria possível não continuar na mesmice, na repetição sem sentido, naquilo que foi denominado no início deste texto de rotinas rotineiras.

E foi possível observar, nas escolas infantis daquela cidade, um planejamento dessas ações rotineiras. Levando em consideração que tais atividades são, para as crianças pequenas, importantes aquisições cognitivas, sociais e emocionais e fruto de uma aprendizagem, procurou-se ressignificar as rotinas diárias.

Estas situações são agora consideradas reiterativas, recorrentes na vida cotidiana humana. Passam a ser revistas, ressignificadas, passando também a ser planejadas como conteúdo pedagógico e ganhando em variabilidade, em complexidade e na ampliação das experiências das crianças.

A escola para as crianças pequenas torna-se um local em que cada criança e cada adulto chega com suas culturas, seus hábitos e seus rituais, isto é, com sua particular concepção de mundo. Na vivência dessa experiência coletiva, todos vão descobrindo outros modos de ser e de realizar as atividades que garantem a sua sobrevivência diária e que são realizadas por todos. Conforme Mario Lodi (s.d., p. 160) na escola da infância a criança deve encontrar

> Um ambiente em que todas as crianças, de diferentes procedências sociais e com diferentes níveis de maturação vivam juntas, em absoluta paridade, e aprendendo assim que todas são iguais. Participando das atividades coletivas, pouco a pouco, superarão a timidez eventual e as inibições e aceitarão os demais na sua diversidade.

Com toda a complexidade que encerra este tema, vamos passar agora a ver a rotina como uma categoria pedagógica central na educação infantil e nas possibilidades que temos de entendê-la, mexer com ela e superá-la.

NOTA

1. No livro *Manuale della scuola del bambino daí tre ai sei anni,* organizado por Egle Becchi (1995), está presente um artigo de Anna Bondioli, Monica Ferrari e Antonio Gariboldi produzido a partir da pesquisa citada e denominado: A jornada educativa: elementos de análise.

6

A rotina como categoria pedagógica

> A categorização constitui um ato de simplificação,
> e simplificar significa arriscar-se.
> Jennifer M. Gore (1996)

Para apreender e compreender a rotina como uma categoria pedagógica na educação infantil, foi preciso, inicialmente, refletir sobre o deslocamento que esse conceito realizou, ao longo da história, do campo social para o educacional – considero a educação um dos elementos que compõem o campo social, sendo este mais amplo –, e, posteriormente, verificar como foi sendo configurado o seu uso na pedagogia da educação infantil. Neste capítulo e nos próximos, procurarei mostrar um pouco mais as "entranhas" dessa categoria, seus ditos e não ditos, aquilo que a faz ter um lugar tão relevante na educação infantil.

Como vimos ao longo deste estudo, as pedagogias da educação infantil são múltiplas, e múltiplos também são os enfoques de rotinas propostos. Cada campo do conhecimento apresenta um diferente enfoque e recomenda um tipo de atitude frente à organização diária das crianças nas creches e nas pré-escolas, sugerindo, assim, rotinas diferenciadas. Apesar de existirem essas diferenças potenciais de organização, a partir dos diferentes pontos de vista, encontramos algumas propostas de ações que podem ser consideradas os pontos fixos das rotinas.

Com o intuito de explicitar de que modo as rotinas operam como categoria pedagógica na educação infantil, destaquei seus pontos de convergência. As regularidades das rotinas fazem que elas se constituam de uma série de ações que se repetem, com um padrão estrutural característico, que possui uma certa invariância e é reconhecível por todos aqueles que pertencem à área.

Mesmo quando representam ou indicam concepções políticas e pedagógicas diversas, existem alguns elementos constitutivos das rotinas que são invariáveis como situação, podendo ser variáveis em seu conteúdo de acordo com as diferentes pedagogias. As regularidades das rotinas são aquela sequência de atividades que a educadora ou a instituição define como os aspectos mais importantes para ser efetivados no dia a dia.

Por exemplo: as rotinas apresentam, em certo horário, um momento de diálogo, que pode ser chamado de assembleia ou rodinha, ou, ainda, de conversação froebeliana. Apesar dos diversos nomes, a situação é invariável, mas o modo como ela se realiza, os níveis de participação dos adultos e das crianças e a forma como é dividido o tempo podem dar a essa tarefa um significado diferente.

Conforme foi constatado ao longo do Capítulo 5, no Brasil as rotinas têm um sentido abrangente, podendo incorporar atividades de expressão, atividades dirigidas, atividades de higiene e outras. Ou seja: não foram encontradas, nem na revisão bibliográfica nem na pesquisa de campo, rotinas apenas relacionadas aos cuidados ou a atividades pedagógicas; em todas elas estão presentes os momentos de higiene, de entrada, saída, recreio, lanche, almoço, jogo livre e dirigido, etc., isto é, a seleção, articulação e delimitação de todas as atividades de vida cotidiana.

Muitas vezes, as rotinas que estão presentes nas propostas pedagógicas e nas práticas das instituições de educação infantil tornam-se um elemento indiscutível por estarem profundamente ligadas a uma tradição social e educacional, não fazendo, assim, parte das discussões pedagógicas, das teorizações da educação infantil e de uma tomada consciente de decisão do educador ou da equipe de trabalho das instituições de educação e cuidados das crianças pequenas. Nelas estão presentes, principalmente, os hábitos consolidados devido à inércia institucional, hábitos indiscutíveis, fruto da tradição e de um saber consolidado na prática.

A tentativa de compreender os elementos constituintes das rotinas com maior profundidade tem como foco possibilitar aos educadores pensar quais são os conteúdos transmitidos por intermédio delas, quais as práticas decorrentes de sua execução que são assimiladas por seus praticantes, quais os hábitos de estruturação mental e moral que estão sendo constituídos e que tipo de subjetividades estão sendo definidas.

Foi preciso, portanto, fazer uma releitura das atividades da rotina e procurar verificar que outros elementos estavam contidos nelas e que acabavam dando à rotina tanto poder na pedagogia da educação infantil. Esta procura dos elementos latentes nas rotinas foi investigada por duas pesquisas de campo, conforme expliquei no Capítulo 1. Uma foi realizada no Brasil, no Estado do Rio Grande do Sul em três instituições de cuidados e educação infantil: a instituição A, pública, denominada creche, atendendo a crianças de 4 meses a 6 anos, situada em Santa Cruz do Sul uma cidade de porte médio; a instituição B, privada, denominada escola, atendendo a crianças de 1 ano e 6 meses a 6 anos, situada na mesma cidade, e a instituição C, pública, denominada escola infantil, atendendo a crianças de 1 a 6 anos, situada na capital, Porto Alegre.

Além das regularidades explícitas nas atividades de rotina, foi possível detectar outros fatores que estavam a elas relacionados implicitamente. Por exemplo, a hora do recreio. Esta é uma atividade regular de rotina, que se repete todos os dias, a partir das significações dadas pela rotina. A execução dessa atividade estará formatada de acordo com os elementos latentes ou implícitos nas rotinas, como: em que tipo de espaço ocorre esse recreio, como está organizado, quanto tempo dura, quais os materiais disponíveis nesse lugar, há algum tipo de intervenção dos educadores nesse horário? Resolvi chamar esses fatores que fundamentam e apóiam a operacionalização da estruturação interna das rotinas pedagógicas de elementos constitutivos das rotinas. São eles:

– a organização do ambiente;
– o uso do tempo;
– a seleção e as propostas de atividades;
– a seleção e a oferta de materiais.

Esses elementos definem modos de pensar e prescrever uma rotina. A partir deles, constatei a função padronizadora das rotinas. Como considero na epígrafe deste capítulo, e acredito ser importante lembrar, construir uma categoria pedagógica é um risco. Contudo, acredito que o momento de categorização e de classificação seja necessário para que se possa compreender melhor a função pedagógica e social da rotina, verificar seus modos de operar e, quem sabe, poder redimensioná-la. Pretendo que esta reflexão sobre as rotinas seja um instrumento para poder repensá-las.

Apesar de existirem diferentes formas de rotinas na pedagogia da educação infantil, como a rotina anual, a semanal, a sazonal e outras, priorizei trabalhar com as rotinas diárias. Essa escolha foi feita em função de elas terem sido as mais frequentemente referidas pelos educadores quando perguntados sobre a sua rotina. Também são as que aparecem com maior frequência nos livros didáticos e nos cartazes das salas e, ainda, uma das primeiras unidades temporais observadas pelas crianças, com o auxílio dos adultos que as circundam. Além disso, a rotina diária é um período bem-delimitado fisicamente para as crianças, pois demarca o início do dia, momento de estar acordado, e o final deste, hora de dormir. De acordo com Husty (1993, p. 129) "o dia é, deste modo, outra das unidades básicas da temporalização, a célula mínima do tempo do calendário, onde, além de sucederem-se vigília e noite, se dá lugar ao estudo e ao descanso, ao trabalho e ao ócio.

Nos próximos capítulos abordarei detalhadamente cada um dos elementos constitutivos das rotinas.

7

A organização do ambiente

Definir as diferenças entre os conceitos de espaço, lugar, ambiente e território é uma tarefa bastante complexa, que necessitaria de um estudo abrangente, pois, além de diferentes áreas do conhecimento utilizarem esses conceitos, também vários autores, dentro de uma mesma área, usam perspectivas teóricas diversificadas.

Selecionei o termo ambiente porque é a ele, como afirma Tuan (1983, p. 3), que estamos diretamente ligados: "O lugar é a segurança e o espaço é a liberdade: estamos ligados ao primeiro e desejamos o outro". Um ambiente é um espaço construído, que se define nas relações com os seres humanos por ser organizado simbolicamente pelas pessoas responsáveis pelo seu funcionamento e também pelos seus usuários. Segundo Frago (1998, p. 78), nós, os humanos:

> Não percebemos espaços, senão lugares, isto é, espaços elaborados, construídos. Espaços com significados e representações de espaço. Representações de espaço que visualizam ou contemplam, que se rememoram ou recordam, mas que sempre levam consigo uma interpretação determinada. Uma interpretação que é o resultado não apenas da disposição material de tais espaços, como também de sua dimensão simbólica. Nada é melhor do que falar; nesse caso, no valor didático do símbolo, um aspecto a mais da dimensão educativa do espaço.

Lima (1989, p. 30) dá continuidade a essa noção da inseparabilidade, mas não de igualdade, do espaço e do ambiente, afirmando que um mesmo espaço físico pode resultar em ambientes diferentes, e relaciona tal ideia às concepções infantis sobre espaço e ambiente:

> As observações sugerem, portanto, que o espaço físico isolado do ambiente só existe na cabeça dos adultos para medi-lo, para vendê-lo, para guardá-lo. Para

a criança existe o espaço alegria, o espaço medo, o espaço proteção, o espaço mistério, o espaço descoberta, enfim, os espaços de liberdade ou de opressão.

O espaço físico é o lugar do desenvolvimento de múltiplas habilidades e sensações e, a partir da sua riqueza e diversidade, ele desafia permanentemente aqueles que o ocupam. Esse desafio constrói-se pelos símbolos e pelas linguagens que o transformam e o recriam continuamente.

Também como elemento dessa função simbólica, o espaço pode funcionar como um lugar de vigilância ou de controle, como quando é pensado para disciplinar os corpos e as mentes, ou para auxiliar na melhoria da produção. Os espaços e os ambientes não são estruturas neutras e podem reproduzir, ou não, as formas dominantes como os experimentamos. Um mesmo espaço contempla e produz interesses contraditórios. Os trabalhos desenvolvidos por Varela (1992), Foucault (1991, 1987) e Heller e Féher (1995) analisam a arte da distribuição dos espaços como uma tecnopolítica ou biopolítica.

A importância do ambiente e das estruturas espaciais que o conformam é um tema que vem sendo discutido por diversos autores e correntes do pensamento social e psicológico, como Bauman (1997), Harvey (1992), Santos (1995), Giddens (1991), Szamosi (1988) e Piaget (1946).

Alguns desses pensadores avaliam as relações tempo e espaço no seu exercício de compreender a modernidade e a pós-modernidade. Santos (1995) trabalha com a noção de constelações de relações sociais, que ele denomina espaços-tempos estruturais. Para esse autor, o espaço e o tempo estão profundamente relacionados e são constitutivos dos seres humanos. Ele afirma que hoje existem vários tipos de relações espaço-temporais: o espaço-tempo mundial, o espaço-tempo produtivo, o espaço-tempo doméstico e o espaço-tempo cidadão. Cada um desses espaços-tempos cria uma dimensão da subjetividade, e Santos vê tanto os sujeitos quanto os grupos sociais como constelações de subjetividade.

Durante muito tempo, tanto os conceitos de tempo como os de espaço foram vistos, conforme Kant, como formas *a priori* do modo humano de ver, conceber, pensar e compreender o mundo, ou seja, como categorias abstratas e a-históricas. Torna-se muito difícil, com todos os avanços científicos, continuar estudando esses temas a partir de tal perspectiva.

Szamosi (1988), em um interessante estudo sobre o tempo e o espaço, levanta uma série de informações sobre o modo como os seres humanos conseguiram formular, em suas mentes, essas duas noções. Ele analisa as duas dimensões, tanto a partir da evolução biológica humana – como, no processo de adaptação ao ambiente, os homens e as mulheres encontraram as propriedades de espaço e tempo – quanto da história sociocultural da espécie – como a linguagem permitiu a simbolização desses conceitos e possibilitou diferentes modos de compreendê-los. Esse autor demonstra de que forma, ao longo dessa trajetória, o conceito de tempo foi formulado e relacionado à construção do conhecimento matemático, musical e espacial simbólico, tendo as artes visuais como conhecimento de base.

Assim, pretendo analisar a organização do ambiente no trabalho com crianças tendo como base a concepção de que a noção do espaço é construída sócio-historicamente e constituída e constituidora dos seres humanos.

É em um espaço físico concreto que os bebês experimentam suas primeiras sensações.

> O espaço é o elemento material pelo qual a criança experimenta o calor, o frio, a luz, a cor, o som e, em uma medida, a segurança. (...) é em um espaço físico que a criança estabelece a relação com o mundo e com as pessoas; e, ao fazê-lo, esse espaço material se qualifica. (Lima, 1989, p. 13)

O ambiente é fundamental na constituição dos sujeitos, por ser um mediador cultural tanto da gênese como da formação dos "primeiros esquemas cognitivos e motores, ou seja, um elemento significativo do currículo, uma fonte de experiência e aprendizagem" (Frago e Escolano, 1998, p. 26). Nesse mesmo texto, os autores (1998, p. 64) lembram que, na educação das crianças pequenas, a concepção e os usos do ambiente são especialmente importantes:

> Quando se tem em conta que nele se permanece durante aqueles anos em que se formam as estruturas mentais básicas (...). Estruturas mentais conformadas por um espaço que, como todos, socializa e educa, mas que, diferentemente de outros, situa e ordena com essa finalidade específica tudo e todos quantos nele se encontram.

A importância do espaço na educação das crianças pequenas é ampliada quando se leva em consideração que a jornada diária nesses lugares é, muitas vezes, equivalente ao seu horário de vigília.

Diversos autores e correntes do pensamento social e psicológico têm refletido sobre o papel das estruturas espaciais. No campo da psicologia cognitiva e do desenvolvimento, podemos encontrar vários autores que procuraram compreender a relação entre sujeito e espaço. Para Piaget (1946), seguindo os princípios kantianos, a estruturação espacial corresponde à tomada de consciência do lugar de seu próprio corpo em relação ao ambiente. Para construir essa noção, a criança passa por diferentes estágios, nos quais vai tomando contato e transformando as suas relações com alguns dos constituintes espaciais, como vizinhança, separação, ordem e sucessão espacial, envolvimento e fronteiras.

Segundo Piaget, antes dos 3 anos, as crianças por ele pesquisadas não possuíam duas referências fundamentais, que são as de eixo e de distância. A partir dos espaços vividos, elas vão estruturando as relações topológicas, o espaço percebido, as relações projetivas e, finalmente, os espaços concebidos que levam às relações euclidianas. A epistemologia genética afirma que as noções de tempo, espaço, objeto e causalidade são simultâneas e constroem-se solidariamente nos primeiros anos de vida, mas para que isso ocorra, é necessário um ambiente que torne presentes esses aspectos e que os faça objeto de interesse e de necessidades das crianças. Tais noções terão seu engendramento comprometido, caso a cultura não as traga à presença do sujeito.

Outros estudos realizados no campo da psicologia confirmam a necessidade de um ambiente organizado para que o sujeito nele inserido possa adaptar-se e reconhecer-se. Após alguns anos de liberalidade excessiva, advinda de uma interpretação simplista da teoria do trauma, a psicanálise assinala a importância da castração e do exercício da função paterna para que o mundo simbólico se faça presente. E, no que concerne ao ato educativo, os psicanalistas afirmam que a delimitação de tempos e espaços é essencial, pois oferecer tudo é como nada dar. Assim, reafirma-se a legitimidade e a necessidade de uma rotina. Com sua constatação da atemporalidade do inconsciente, a psicanálise irá ater-se a essa tensão particular, que é produto de um desencontro entre o tempo subjetivo do sujeito psíquico e o tempo lógico e real vivido pelo conjunto das pessoas.

As pedagogias para a primeira infância têm na organização do ambiente uma parte constitutiva e irrenunciável de seu projeto educacional. A organização do ambiente traduz uma maneira de compreender a infância, de entender seu desenvolvimento e o papel da educação e do educador. As diferentes formas de organizar o ambiente para o desenvolvimento de atividades de cuidado e educação das crianças pequenas traduzem os objetivos, as concepções e as diretrizes que os adultos possuem com relação ao futuro das novas gerações e às suas ideias pedagógicas. Pensar no cenário onde as experiências físicas, sensoriais e relacionais acontecem é um importante ato para a construção de uma pedagogia da educação infantil. Refletir sobre a luz, a sombra, as cores, os materiais, o olfato, o sono e a temperatura é projetar um ambiente, interno e externo, que favoreça as relações entre as crianças, as crianças e os adultos e as crianças e a construção das estruturas de conhecimento.

Nos últimos séculos, as instituições de educação infantil criaram um espaço social específico, exclusivo e, de preferência, sem contato com o mundo externo. Esse espaço precisava ser diferenciado, então foi sendo construído um tipo de ambiente que hoje reconhecemos e denominamos específico para a educação infantil. Podemos citar como aspectos básicos desse tipo de ambiente o uso de muitas cores, as dimensões reduzidas de móveis e utensílios, a organização das salas em cantos, etc., os quais o diferenciam claramente das salas-padrão da escola fundamental.

É possível, sinteticamente, citar alguns grandes modelos de elaboração e uso do espaço físico na educação infantil. Os primeiros autores clássicos – Rousseau e Froebel – apresentavam um discurso idealista, romântico e naturalista, que trabalhava com a ideia de um espaço que integrasse as crianças pequenas à natureza, mantendo a mente e o corpo sadios. Rousseau criou um espaço virtual e Froebel, como já foi visto, um lugar pensado para as crianças, o jardim de infância. Essas ideias foram adotadas, ao longo da história da educação infantil, em vários projetos educacionais: as *Open Air Nursery Schools,* de Margaret McMillan, no Reino Unido, a experiência de *Loczy,* na Hungria, e os *Forest Kindergartens,* na Dinamarca.

Apesar disso, a tradição da organização do ambiente, em especial das creches, foi a de arranjar o espaço tendo como base o discurso higienista da puericultura. Criou-se, assim, uma creche que, em suas características internas, assemelhava-se muito mais a um hospital do que a uma instituição para crianças sadias. O padrão das creches apresenta, em geral, espaços bem-definidos e estanques, onde há uma intensa preocupação com o arejamento, o tipo de iluminação, o tamanho das salas, a relação do espaço com o número de crianças, a limpeza constante, a higiene, a saúde e o resguardo do corpo. Nessas propostas mais ligadas à puericultura encontramos, muitas vezes, um uso exacerbado do espaço interno em detrimento do externo, pois este significa a contaminação e a ausência de controle.

Na observação realizada na instituição A, foram encontrados berçários influenciados pelos modelos asilares e hospitalares. Berços individuais, altos do chão, com uma iluminação indireta, muitas vezes na penumbra, com venezianas e cortinas fechadas.

Já as pré-escolas, programadas para as crianças maiores e, com frequência, funcionando dentro de escolas, tiveram maior influência das salas de aula do ensino fundamental. Desse modo, podemos ver que os grandes modelos institucionais para a arquitetura da educação infantil foram a escola e os hospitais.

As pedagogias ativas do final do século XIX e início do XX, ao criticarem os modos de uso do espaço nas escolas tradicionais, ocuparam-se de propor, em detalhes, uma nova organização espacial. Pode-se observar nos livros de Montessori, Freinet e Decroly plantas baixas, indicando sugestões para a arrumação das salas.

As proposições das escolas ativas combinavam com o modelo emergente das sociedades industriais modernas, que tinham como base os princípios de uma racionalidade funcional. Foi construído um protótipo do que seria um espaço adequado para as crianças, que necessitariam de espaços amplos, iluminados, com materiais diversos, os quais podem ser usados de múltiplas maneiras. Isso significa espaços caros, complexos e muito elaborados. Em espaços onde não há controle do fluxo de pessoas, todos podem ir a todos os lugares. Se não há muros que tolhem determinado tipo de liberdade, também não há esconderijos, o que reduz a privacidade, o segredo, as pequenas realizações. A ideia central das pedagogias modernas é a de que *é* preciso juntar, trabalhar coletivamente.

Já nos modelos que emergem nas sociedades pós-industriais, a normatividade da organização do espaço não tem mais a força de um universal. Atualmente, encontramos a proposta de um espaço educacional para crianças que procura o conforto dos usuários, que demarca um estilo de vida, que faz arranjos espaciais baseados em estudos sobre as características do desenvolvimento infantil e que mantém grande semelhança com os novos espaços sociais urbanos. Em 1996, observei em São Paulo uma escola privada que se organizava como um *shopping center*. Nela havia lojas, praça de alimentação, etc., tudo em uma arquitetura hiperpós-moderna.

Como é possível concluir, a arquitetura é uma linguagem que expressa, para além das paredes concretas, uma ordem simbólica, valores e discursos. De acordo com Escolano (Frago e Escolano, 1998, p. 26), a arquitetura do espaço físico das instituições de cuidados e educação é a forma como esse espaço se apresenta para os seus usuários e é:

> Por si mesma, um programa, uma espécie de discurso que institui em sua materialidade um sistema de valores, como os de ordem, disciplina, vigilância, marcos para a aprendizagem sensorial e motora e toda uma semiologia que cobre diferentes símbolos estéticos, culturais e também ideológicos.

Resumidamente, o autor (p. 45) define a organização desse ambiente produzido pela arquitetura escolar como um "programa educador":

> Ou seja, como um elemento do currículo invisível ou silencioso, ainda que seja, por si mesmo, bem explícito ou manifesto. A localização da escola e suas relações com a ordem urbana das populações, o traçado arquitetônico do edifício, seus elementos simbólicos próprios ou incorporados e a decoração exterior ou interior respondem a padrões culturais e pedagógicos que a criança internaliza e aprende.

A organização dos ambientes de educação e cuidados coletivos tem sido tão valorizada que Gandini (1999) trabalha com a ideia de que o espaço é, na educação infantil, um elemento primordial, um outro educador. Quanto mais o espaço estiver organizado, estruturado em arranjos, mais ele será desafiador e auxiliará na autonomia das crianças.

Como foi visto anteriormente, os ambientes das instituições de educação infantil possuem algumas variantes e invariantes arquitetônicas. As variantes estão vinculadas às concepções pedagógicas escolhidas. Muitas vezes, a própria arquitetura é um marco fundamental para o reconhecimento da política de educação infantil proposta. Podem-se citar, por exemplo, as creches da LBA (Legião Brasileira de Assistência), que tinham um tipo peculiar de desenho, reproduzido em todo o Brasil, os parques infantis de São Paulo, os jardins das praças de Porto Alegre e outros projetos que mostram, com elementos peculiares de sua arquitetura, um modo de pensar e fazer a educação das crianças. Vale lembrar que duas experiências relacionadas à arquitetura do ensino fundamental marcam a paisagem do Rio Grande do Sul. As "brizoletas", escolas rurais de madeira criadas por Leonel Brizola no início da década de 1960, e os CIEPs (Centros Integrados de Educação Pública), criados nos anos de 1980 pelo PDT.

Geralmente, nesses projetos, por diferentes motivos, o estilo arquitetônico torna-se uniforme, isto é, não se pensa em posição solar, diferenças climáticas, tipo de terreno, faixa etária dos usuários, etc., havendo uma planta-padrão que é colocada no terreno independentemente das necessidades reais. O que importa é a referência simbólica que esse tipo de construção produz. Já as invariantes arquitetônicas apontam para uma série de características que se repetem e que podem ser encontradas em escolas das diversas partes do mundo; são aquelas características que dão às escolas infantis uma especificidade própria, fixa e estável.

Assim, a arquitetura de um prédio diz muito de seu projeto político e pedagógico, e, para procurar entendê-lo, é preciso refletir sobre alguns elementos que possam auxiliar na compreensão dos simbolismos usados.

Para entender melhor uma instituição, é importante saber um pouco acerca da história do prédio, do projeto inicial da construção, ou seja, quem o projetou, para que foi pensado, como foi construído, os materiais usados, etc. Também se deve verificar se foi um prédio desenhado para uma atividade específica ou se é um modelo pensado para toda uma região, quais as necessidades peculiares do grupo atendido e das comunidades, se o prédio já sofreu reformas, reinaugurações ou adaptações. Segundo Frago (1998), os prédios vão constituindo "capas arqueológicas", à medida que são adaptados, e essas capas falam da sua história concreta e simbólica.

Em minha pesquisa empírica no Brasil, dois dos prédios das instituições públicas observadas foram construídos especificamente para funcionar como creches. São prédios grandes, que obedecem a um modelo bastante convencional de construção: alvenaria com janelas metálicas.

Na entrada, estão situados um pequeno saguão e uma área para atendimento dos pais, ambos localizados nas proximidades da secretaria e da sala da direção. Após esse pequeno núcleo, surge um vão livre, grande e coberto. As salas organizam-se nos corredores com divisões entre a turma dos pequenos e a turma dos grandes. As cozinhas, as despensas e a lavanderia situam-se em um canto da escola. A escola A tem banheiros de uso coletivo junto ao vão livre, e a escola C tem banheiros dentro das próprias salas, com uso conjugado.

Encontrei, na pesquisa empírica que realizei, nas duas escolas infantis públicas (A e C) uma aparência de simplicidade, de modéstia. São estruturas organizadas em um padrão retilíneo, que não parece ter atendido às condições objetivas do terreno e em que não se encontra nenhum elemento novo.

> Estava procurando a creche que ficava no fundo do condomínio, olhei e de longe detectei o que poderia ser o prédio da creche. Era ele mesmo, tijolos à vista, janelinha de quadrinhos de vidro – este é o padrão atual das creches e escolas no Estado do Rio Grande do Sul (provavelmente, a construção mais barata). Também de longe dava para ver que o espaço físico era pequeno, pois o prédio estava

com um recuo de apenas um metro do muro. A construção horizontal, organizada em salas de aula e corredores, acabou por ocupar quase toda a área do terreno, sobrando apenas um pequeno espaço para o pátio. (*Diário de campo*)

Apesar de serem prédios construídos por arquitetos especializados, nota-se que não há, em nenhum deles, um estudo das necessidades concretas de uma escola infantil. Certamente, os usuários desse espaço – crianças, profissionais e pais – não foram consultados sobre as alternativas possíveis para o ambiente. O projeto pedagógico das escolas infantis é limitado pela estrutura material do prédio, isto é, se fosse possível a inter-relação entre educadores, arquitetos e engenheiros, provavelmente as escolas poderiam ter outras caras. Na França e na Itália, existem grupos de estudos interdisciplinares para pensar o espaço pedagógico.

A escola privada (B), ao contrário, era uma antiga residência transformada e adaptada para as funções pedagógicas. Tinha uma aparência de construção sólida, até mesmo elegante dentro de seu estilo.

> A casa é linda, tem um gramado grande que a circunda. De um lado, uma cancha de futebol e, na frente e atrás, dois espaços para brincadeira. Ao entrar na casa, agradava-me os olhos o que via. As crianças chegavam junto comigo e se dirigiam para uma sala que estava interligada com o pátio pela porta-janela dos fundos. A casa não era luxuosa, nem ostentava enfeites em demasia para o meu gosto, como havia visto em outras. Havia alguns quadros pela parede, avisos de eventos. (*Diário de campo*)

A escolha do terreno, as suas dimensões, sua geografia, a estrutura, a aparência da construção e, principalmente, o uso de materiais de qualidade diferenciada, evidenciam as diferenças das relações com as classes sociais que são atendidas e registra a desigualdade. Tal fato demonstra o que afirma Lima (1989, p. 37): "A lógica da sociedade montada sobre a desigualdade econômica e social está presente na organização dos usos do espaço e sua distribuição igualmente desigual dos meios educativos no território urbano".

Apesar de ser um prédio adaptado, vejo surgir tapetes, almofadas, desníveis, cortinas, biombos, que, sobretudo por serem diversificados e não padronizados, criam um clima propício à imaginação. A casa possui uma distribuição diferente, para a qual foi adaptada. A cozinha, por exemplo, em certos momentos do dia transforma-se em um local de passagem. Um dos quartos da casa, transformado em sala do grupo de crianças menores (1 ano e 6 meses a 3 anos), não tem mesas, e, quando elas são necessárias, ocupa-se uma sala de uso múltiplo. Cada sala tem um jeito, uma identidade, que, provavelmente, está ligada à história, às concepções, às possibilidades do grupo de educadores.

Retomando a questão da disposição do prédio e sua relação com a rotina, pode-se observar que o momento da chegada das crianças à escola, a recepção, pode ser diferente de acordo com o prédio, com as regras e com a rotina elaborada. Nas escolas A e C, os pais entram no prédio e deixam as crianças na portaria ou na porta da sala. Na outra escola:

> São 13 horas e as crianças estão chegando com os pais. Do portão de entrada, é possível enxergar as professoras e as demais crianças que estão na caixa de areia e no bosquinho. O dia é quente e ensolarado. O lado do pátio ocupado pelas pessoas é aquele que tem árvores e sombra. Os pais deixam as mochilas na sala das crianças, entregam a merenda para a servente que está na cozinha e encaminham-se com as crianças para dois ambientes ou para uma sala grande, com vários cestos de palha com um armário com jogos, com blocos e tábuas para a construção em madeira – onde alguns meninos brincam, fazendo caminhos e passeando com carrinhos – ou para a área sombreada do pátio. As crianças cumprimentam as professoras, e estas falam com as crianças e seus pais.
> Na caixa de areia, há um grupo grande brincando com materiais diversos: funis, formas de letras plásticas, coadores e outros. No bosque, um grupo está em volta de uma mesa de pedra e conversa. Outro brinca com pneus e anda de balanço. E um grupo está no matinho, procurando coisas no chão. As crianças falam rapidamente com os pais, que são tratados pelo próprio nome. Uma menina negra brinca com um bebê negro. Fazem churrasco de folhas. Um menino brinca com as meninas, e alguns meninos espiam atrás dos arbustos (brincam de faz-de-conta que estão na selva observando). (*Diário de campo*)

A própria arquitetura da escola, que tem um pátio mais aberto, por onde os pais passam quando chegam, com condições climáticas adequadas para o verão, grama e sombra, e uma proposta de trabalho coletiva na qual cada educador está em uma parte do pátio com grupos mistos de crianças de acordo com o interesse – e não por faixa etária – modificam o modo como as crianças são acolhidas na instituição, como as famílias são vistas e o tipo de relação família-escola que se estabelece. O fato de a escola ter um muro baixo, colorido, pelo qual é possível visualizar o mundo de fora, torna-o mais atraente que as cercas ou muros altos, com portões pequenos; vê-se, assim, como as características arquitetônicas influenciam as concepções pedagógicas.

O pátio, como comentei, é a zona externa mais visível das escolas de educação infantil. Grande parte das instituições é pintada com muitas cores, cores fortes, ou possui desenhos pintados em suas paredes, como grandes murais. No final de 1999, precisei fazer a divulgação de um evento em várias escolas privadas de educação infantil. Uma das formas de encontrar as instituições era observando os muros, pois quase todos eram muito coloridos.

Na escola A, esses murais têm desenhos de personagens que evidenciam a presença daquilo que é considerado como o mundo infantil.

> As paredes externas da creche são brancas, mas nelas estão pintadas figuras de situações com crianças brincando. Dentro há um mural com a Branca de Neve, na versão adaptada dos desenhos de Walt Disney. É interessante que os desenhos produzidos por esses estúdios nos últimos anos, como O rei Leão, Pocahontas e

outros, não estejam presentes, remetendo principalmente ao imaginário da infância dos pais e das educadoras. (*Diário de campo*)

Com relação aos pátios, é possível observar diferenças muito grandes entre eles. O pátio e o muro representam a zona de fronteira; simbolicamente, o muro é a linha que separa o mundo externo da cidade, das comunidades e das famílias da vida interna das instituições de educação infantil. Em instituições visitadas em outros países, observei tanto algumas cercas baixas, de madeira, que apenas "alertam" as crianças e os adultos do limite entre o dentro e o fora da instituição, como outras com muros altos, grades, porteiro eletrônico. Aquelas observadas no Brasil apresentam características semelhantes às do exterior, sendo encontrados os dois tipos de muro.

Os materiais usados na construção do muro também podem representar um tipo de relação com o mundo externo. Há muros de tijolos, que impedem a visão e evitam a entrada do barulho da rua e a saída do barulho das crianças, e existem as cercas de metal, que possibilitam uma relação de visibilidade, deixando um pouco mais próximos os dois universos, já que as crianças podem olhar e comunicar-se com o mundo de fora. Além de muros, outras estratégias encontradas foram coberturas vegetais, esteiras de palha, murais de madeira, muros de alvenaria com "vitrines" e outros.

A localização dos pátios também revela sua pedagogia. Localizam-se nos fundos, no meio ou atrás da área construída? Estão divididos entre o pátio dos pequenos e dos grandes? Existem ambientes diversificados para a exploração e a imaginação das crianças? Que tipos de paisagem estão presentes? Há elementos naturais, como área de gramado, de areia, de lajota, área com árvores, gramado, água, etc.? Que tipo de plantas e animais estão pelo pátio? Com que brinquedos se brinca no pátio?

Lima (1989, p. 70) faz uma séria crítica ao tipo de brinquedos que se encontram nas praças e nos pátios das instituições educacionais. Para ela, são:

> Sempre os mesmos aparelhos de estruturas metálicas, com as mesmas cores e o areião. São objetos que dão prazer, mas não estimulam a fantasia; trens de concreto, onde não se brinca de outra coisa – o trem não é presente, nem real para as crianças – e não se pode mudar, deslocar, pois é pesado.

Acrescenta que é preciso inventar outros tipos de materiais com os quais as crianças possam criar, divertir-se, como elementos naturais e mais flexíveis, por exemplo, as cordas, os troncos, os pneus, os cabos de vassoura. "Pontes suspensas, cabanas, passagens sobre a areia tornam-se, pela natureza do projeto e do espaço dele decorrente, rios com jacarés, castelos com fossos, morada do Tarzan e tudo o mais que a imaginação infantil pode criar" (Lima, 1989, p. 72). Os brinquedos para brincar no pátio não são em número suficiente para as crianças, fato que provoca muitas brigas na caixa de areia, como observei na escola C.

> Como o pátio é pequeno, ficam muitas crianças na caixa de areia e, para agravar a situação, o murinho da caixa é o único lugar onde se pode sentar no pátio. Desse modo, todos os educadores estão ali, e as crianças também. Na caixa, há poucos brinquedos, e fica um pega-lá-dá-cá danado. (*Diário de campo*)

Nas instituições observadas, predomina o pátio como um espaço vazio, com areião, algumas árvores nas quais as crianças não podem subir e algumas vezes uma área gramada. É um pátio descoberto e com problemas para o uso em dias de chuva e subsequentes, e também em dias de muito sol. Uma das reclamações mais ouvidas ao longo do inverno é sobre a impossibilidade de uso do pátio externo, pois a falta de drenagem da água da chuva faz com que, por muitos dias, ele não possa ser usado.

O muro e o pátio também definem quem pode entrar ou não na escola, como os pais, os amigos, os avós e os animais.

> Na Espanha chama-me a atenção de como os pais e os avós que, em geral, buscam as crianças na escola sentem-se à vontade no ambiente da creche. Quase sempre há bilhetes escritos em folhas de ofício, indicando o que foi realizado ao longo do dia (ou uma mensagem especial) para os pais lerem na porta da sala. Cada criança tem seu armário com objetos pessoais, que começam com as fraldas e mamadeiras e vão aos lápis e cadernos, e os pais é que são responsáveis pela sua organização e manutenção. Assim, todos os dias, olham e arrumam os armários juntamente com as crianças. Além disso, se as crianças pequenas estão com as fraldas sujas, os pais ou avós fazem a troca antes de ir para casa, usando as instalações da creche. Lembro-me de alguns lugares do Brasil onde não é permitido aos pais nem ir até a porta das salas, e as crianças são entregues, como pacotes, na portaria. (*Diário de viagem*)

Os pátios das escolas A e C eram planos, com areião, alguns equipamentos como balanços e trepa-trepa. Não havia brinquedos suficientes para o número de crianças, o que causava uma certa disputa entre elas. O da escola C, em especial, era muito pequeno. Uma alternativa que logo vislumbrei, ao ver o entorno da escola, foi utilizar alguns espaços exteriores que eram muito aprazíveis (pertenciam a um condomínio). Porém, o fato de as crianças que frequentam a creche não serem todas moradoras do condomínio fazia com que o uso do espaço, grande e sombreado, fosse proibido.

Comparando-as com as escolas brasileiras em relação a este aspecto, as escolas infantis de Granada, na Espanha, tinham um diferencial que me chamou muito a atenção.

> A organização do espaço externo é muito interessante, pois procura manter os vínculos socioculturais das comunidades. Em primeiro lugar, ela remete à arquitetura das casas e possui pratos de cerâmica pendurados do lado de fora. No pátio, estão plantadas laranjeiras, como na Alhambra (prédio construído durante o período dos mouros), para dar cheiro bom, e há uma fonte com água e um

tanque com peixes e plantas aquáticas para refrescar. Isto é, a história faz-se presente no prédio das creches e pré-escolas. (*Diário de viagem*)

O tipo de edificação, o tipo de pintura, a escolha do nome, a existência ou não de bandeiras ou placas de bronze, de cartazes e imagens presos na parede é todo um jogo de simbolismo que vincula a escola infantil a uma certa tradição cultural (Frago, 1998, p. 39). Os nomes das escolas infantis de Granada são escritos em azulejos, como os de grande parte das casas da cidade, que também têm nomes próprios.

Uma das partes centrais e mais interessantes de algumas das escolas infantis observadas na Espanha e na Itália são as *plazas* ou *piazzas*, isto é, os pátios internos cobertos, que representam os lugares públicos e coletivos das escolas infantis. O uso desse tipo de elemento arquitetônico remete a essa região mediterrânea, muito influenciada pela cultura grega e pelos pátios internos das construções árabes, e é um espaço de convívio social: o convívio de crianças de diferentes idades, o espaço para mostrar o que foi feito e que pode estar organizado em áreas de atividades diversas. Em uma das escolas, observei uma reunião rápida, no final da tarde, de pais que estavam mobilizando-se para ajudar os centros americanos que haviam ficado desabrigados após um furacão.

No Brasil, verifiquei a existência de pátio coberto nas duas escolas públicas. Em ambas, o que me chamou a atenção foi um certo abandono, a escuridão do ambiente, que, em uma escola, servia para o deslocamento e, em outra, como refeitório.

> A creche também tem uma área central coberta, que poderia ser usada com múltiplas funções, mas que está com muitas cadeirinhas e mesas, pois foi transformada em refeitório. Assim, não há lugar para atividades de grande grupo, nem espaço para brincar nos dias frios e chuvosos. (*Diário de campo*)

Mesmo quando as condições climáticas favoreceriam o seu uso – períodos de chuva, de estiagem ou de vento frio – não foi observada uma melhor ocupação desse espaço. Seu uso é feito pragmaticamente, sem maior reflexão. Além do pátio interno, outras áreas também podem ser vistas como zonas de transição entre os mundos externo e interno da escola infantil. Podemos pensar no pórtico, em uma área ou varanda, nos corredores abertos, na sala de visitas ou de amamentação e nos próprios corredores.

Em 1997, quando estava observando as escolas públicas brasileiras, uma das coisas que mais me intrigava era o fato de haver uma grande densidade de crianças e adultos por sala de aula. Os ambientes, apesar de amplos, não favoreciam o trabalho diversificado. Faltava espaço para organizar diferentes cantos nas salas; como havia muitas pessoas, os sons e as conversas que acompanham as brincadeiras acabavam criando um ambiente agitado. Perguntava-me como resolver esse problema.

Quando estava viajando, notei que o corredor, que para nós é apenas um local para deslocamentos, para os europeus é um ambiente rico em potencialidades e que pode ser muito explorado.

> A escola Navi, em Barcelona, tem um prédio surpreendente. Ele foi construído de dois lados de uma rua e tem uma ponte coberta, que liga as duas partes. É uma escola pública que também recebe recursos da própria comunidade. As salas são muito amplas, iluminadas, arejadas e os corredores têm cerca de 6 metros de largura. Na ala que atende à educação infantil, o corredor foi todo organizado em pequenos ambientes ou cantos, que são usados pelas crianças das três turmas em momentos conjuntos e separados. Há uma casinha, uma feira, um salão de beleza, um canto de construção e um de pinturas. Quando as professoras precisam fazer um trabalho mais dirigido, observar o desempenho das crianças em certas atividades, elas dividem o grupo em dois e um fica trabalhando no corredor e outro na sala. (*Diário de viagem*)

Aqui no Brasil, presenciei na creche A uma cena em que as crianças demonstravam o desejo de ir para o corredor: penduradas na cerca, olhavam o movimento da escola e das outras crianças, mas as profissionais fecharam a porta para não deixar as crianças olharem o corredor. Na mesma escola, o corredor era o depósito dos brinquedos que as professoras não queriam deixar acessíveis às crianças. Algumas vezes, os corredores são lugares vazios, com plantas, alguns cartazes – um espaço sem vida.

As zonas internas das creches e das pré-escolas públicas guardam uma semelhança bastante grande com as escolas. Geralmente, o espaço físico está dividido em unidades pequenas, as salas, que são os espaços que dão suporte à realização das atividades pedagógicas. As salas estão distribuídas nos corredores e divididas por faixas etárias, como o corredor dos berçários, o dos maternais, o dos jardins e o do pré.

As salas ficam distantes das áreas administrativas e de serviços (cozinha e lavanderia). Essa separação advém tanto das questões práticas, como a facilidade da presença de funcionários volantes, que atendem turmas aproximadas, quanto da legislação, que estimula cozinhas separadas das salas. Em uma escola infantil de Berlim, há uma pequena cozinha para fazer os alimentos, com fornos elétrico e de micro-ondas.

Nas observações das escolas públicas A e C, conforme comentei anteriormente, foram encontradas salas grandes, que poderiam ser subdivididas em diferentes ambientes.

> A sala é composta por três ambientes: o primeiro é uma sala com cerca de 20 m². Tem uma janela grande que dá para um pátio interno, que é utilizado pela cozinha e pela lavanderia. O chão tem um tapete grande e cinco almofadas. Não existem móveis. O segundo ambiente é um corredor com uma porta e uma salinha com trocador para as fraldas e uma banheira com chuveiro. O terceiro é uma sala anexa, com 9 m², que tem uma mesa grande e dois bancos que acompanham as

> laterais, um móvel com um toca-discos e uma pilha de colchonetes. (*Diário de campo*)

A escola privada B, por estar em um prédio adaptado, tem salas grandes e pequenas. Uma estratégia usada pela educadora da turma das crianças bem pequenas, que utiliza a sala menor, é a de ocupar vários ambientes de uso coletivo. Em uma tarde ela utilizou cinco ambientes diferentes: o pátio grande, o pátio pequeno, a sala de artes, a sala da turma e a sala de vídeo.

Em Barcelona, na Espanha, visitei uma escola que estava localizada em uma casa antiga, com peças pequenas, mas com um pé direito muito alto. As divisões espaciais eram feitas com elementos verticais, mezaninos, beliches, palcos, etc. Muitos são os modos de organizar as salas usando o chão, o teto, as paredes, o modo de iluminação, os móbiles, os toldos, as escadas e os biombos.

Na escola A, observei que o espaço era tão pouco estruturado – não contava com nenhum tipo de móvel – que as transformações aconteciam rapidamente.

> As salas sofrem transformações. A sala grande vira um dormitório, com todos os colchonetes organizados lado a lado e os lençóis arrumados, enquanto a sala anexa transforma-se em um refeitório. (*Diário de campo*)

Algumas questões podem ser colocadas em relação aos ambientes dos banheiros: é preciso subdividir o banheiro em pequenas áreas ou as crianças podem observar os colegas? Colocam-se portas ou não? Meninos e meninas devem usar o mesmo banheiro? Os banheiros podem localizar-se dentro das salas, com uso compartilhado entre duas delas, e, ainda, nos corredores, para as crianças maiores? O banheiro é apenas um lugar de passagem ou pode ser um ambiente para o convívio, para a aprendizagem social, para as relações de convivência, para o estudo dos fenômenos relacionados à água, às plantas e aos animais aquáticos, como laboratórios?

> Um dos lugares mais bonitos de uma escola situada no bairro de Kreutzberg, em Berlim, é o banheiro. Um banheiro grande, com brinquedos, com uma banheira coletiva, que lembra uma piscina, com calefação; é um lugar de brincadeira para as crianças. (*Diário de viagem*)

As crianças europeias aprendem desde cedo a cuidar da limpeza e do ambiente. Os serviços gerais são terceirizados, e as salas são limpas apenas uma vez por dia. Assim, as crianças organizam os pratos usados, varrem, passam um pano úmido nas mesas e limpam o chão – tarefas que também executam em casa. Esse comportamento reforça a questão da divisão do trabalho: a professora cuida da mente, enquanto a monitora e as serventes cuidam do corpo e dos ambientes. Organizar-se e utilizar seu ambiente coletivamente e com cuidado são aprendizagens da educação infantil. A cultura brasileira, com muitos vestígios escravocratas, faz com que se tenha sempre um adulto limpando as salas.

Existem muitos outros locais nas escolas infantis que podem ser pensados para que se possa receber e interagir com os familiares das crianças, como a sala de espera e de recepção de pais. Nas escolas espanholas, há uma poltrona, um espaço para a amamentação; nas salas, as educadoras têm cadeiras para receber os pais e existem sofás nos corredores para pequenas conversas. Esses móveis também são usados pelos educadores na hora de dar a mamadeira.

Quase todas as escolas infantis possuem uma sala-garagem para os carrinhos das crianças e os trenós nos tempos de neve, facilitando, assim, a locomoção daqueles que moram perto e dos que usam transportes públicos. O espaço da sala também pertence aos pais. Como a razão adulto-criança das instituições na Espanha é bem mais baixa que aqui no Brasil, observei muitos pais e avós fazendo a troca das fraldas dos bebês antes de irem para casa, além de terem a responsabilidade sobre o armário das crianças, com suas roupas, fraldas e mamadeiras. Havia um trânsito grande de outros adultos dentro da sala.

Outra característica diferenciada dos espaços de sala no Brasil e na Europa é que, em geral, lá as escolas se preocupam com a saúde dos educadores e colocam cadeiras e mesas adequadas à sua altura. Na Dinamarca, a bancada para a troca das fraldas e das roupas dos bebês funcionava como um elevador: as crianças podiam sentar-se sozinhas e as educadoras moviam a caminha até a altura que para elas era confortável. As salas dos educadores, professores e funcionários, os refeitórios dos adultos e crianças lembram que existem pessoas de diferentes tamanhos convivendo juntas, mas mantendo suas diferenças.

E onde se localiza a sala da direção? Nas observações realizadas, vi que, exceto em poucos casos, é um lugar central, próximo à entrada do prédio. Algumas, tanto aqui como no exterior, podem ter um uso privado, mas outras são também espaços de trabalho para os educadores. Nas três instituições brasileiras, são espaços pequenos, com disposição de móveis e organização que privilegiam a economia do tempo e o controle dos adultos. Em algumas escolas, há uma sala de espera para os pais ou demais visitantes e uma secretaria anexa.

Além dos ambientes funcionais, também fazem parte das instituições os elementos decorativos e estéticos. Nas escolas visitadas no exterior, observa-se um momento de transição de uma decoração fixa, muitas vezes pintada nas paredes, baseada em objetos e acessórios convencionais para as instituições educativas, para uma decoração mais próxima aos ambientes culturais das crianças, como as suas residências, os restaurantes, os clubes, etc.

Em muitas escolas, estão presentes armários, poltronas, sofás e mesas grandes – a escolha de móveis e acessórios está vinculada à organização dos ambientes da cultura na qual a criança vive. Na Itália, vê-se a toalha de mesa xadrez, a cristaleira, a réstia de cebola, pedaços de queijo e tomates como elementos decorativos dos refeitórios. As crianças dinamarquesas brindam seus sucos com gritos de "*Skol!*".

Nas escolas A e C, os espaços de alimentação lembram os restaurantes industriais: as crianças passam e pegam um prato com toda as variações de comida, e, muitas vezes, vi as educadoras misturarem todos os alimentos. Talvez elas façam isso por pensar que esse é o modo de comer das crianças nas suas famílias, porque provêm de classes populares, ou porque acreditam que as crianças gostam de alimentos misturados. Em várias escolas infantis do Município de Porto Alegre, as crianças selecionam a qualidade e a quantidade dos seus alimentos pelo sistema de bufê.

Em algumas escolas da Espanha e da Itália, vi os pratos virem servidos para as crianças, com porções previamente determinadas, e presenciei situações em que as crianças serviam-se a partir de um prato central. Porém, poderia ser pensado e possibilitado na creche ou pré-escola outro tipo de experiência, com maior autonomia e opções de escolha.

Em uma sala, o quadro pintado por um pintor conhecido da cidade está exposto, vejo também a introdução de elementos de qualificação dos ambientes trazidos de outras partes do mundo, como tapetes, quadros, velas, cestas com alimentos, incensos e flores perfumadas. Em várias escolas europeias, observei um pouco da cultura *new age* presente nas salas de educação infantil.

> Após 30 minutos durante os quais as crianças da turma brincavam livremente (o grupo era formado por crianças de 1 a 6 anos), os educadores chamaram-nas para fazer uma assembleia (rodinha). Na sala, havia uma tenda turca com tapetes e almofadas. Sentamos todos no chão e a educadora explicou para as crianças quem eu era e o que estava fazendo ali. Pediu a elas que me recebessem como se recebem os amigos na Turquia. Um menino buscou um vidro com perfume e colocou um pouco nas mãos de cada um de nós, e outro foi até a cozinha e pegou o bule de chá oferecendo uma xícara para quem estivesse com vontade. O fato de estarmos sentados nesse tipo de lugar e vivendo esse ritual levou-me imediatamente a uma viagem imaginária ao mundo maravilhoso dos contos do Oriente Médio. (*Diário de viagem*)

Os espaços são utilizados de acordo com as rotinas propostas. Muitas vezes, as crianças ficam durante todo o dia em um único espaço, que apenas se transforma ao longo do dia pela organização do tempo. Em outras instituições, a rotina, para se desenvolver, utiliza-se de diferentes ambientes, como refeitório, pátio, biblioteca, sala de artes (ateliês) e outros, estruturando-se com maior referência nas diferentes formas de ocupação do espaço.

O momento do descanso também mostra como os ambientes interferem nas práticas pedagógicas. Nas salas onde há um espaço auxiliar para as crianças, com camas baixas, tipo estrado, com móbiles de estrelas, lua, nuvens, cortinas, música suave, há uma maior autonomia e disponibilidade para escolher o momento de deitar e acordar. Nem todos precisam dormir ao mesmo tempo.

Os ambientes disponíveis criam variações nas rotinas, e as rotinas também marcam momentos de deslocamentos espaciais, isto é, da passagem de um ambiente para outro, da adaptação ao novo ambiente e da sua organização após o uso. Nesses momentos, são muito utilizadas pelos educadores as canções, as frases conhecidas e outros tipos de sinalização. Revah (1995, p. 58) comenta que, nas pré-escolas alternativas, havia uma ênfase "no uso de diferentes espaços em cada momento da rotina". Dessa forma, "o grupo trocava de espaço cada vez que mudava de atividade".

Bassedas e colaboradores (1999, p. 110) afirmam que em uma mesma sala é preciso que existam diferentes tipos de espaços "Lugares de encontro; lugares de ação individual ou coletiva, lugares amplos, locais para atividades em grande grupo, lugares para dormir ou descansar, lugar para trocar-se ou limpar-se, lugares de ação individual".

Cada vez que se muda o cenário, que se trabalha em um novo contexto, surgem novas respostas, novas alternativas de ação. Trabalhar com pintura em uma sala é um tipo de atividade, em um ateliê de pintura, é outro. Dançar na sala é de um jeito, em uma sala de espelhos, tudo muda. Os espaços criam novas formas de ação, de movimento, de experiência.

Nos últimos anos, foram realizadas muitas pesquisas sobre a importância do espaço físico na educação infantil, principalmente nos países da Comunidade Europeia e da América do Norte. Os primeiros estudos que conheci foram os produzidos e divulgados no Brasil pelo Cindedi (Centro de Investigações sobre Desenvolvimento Humano e Educação Infantil), da USP em Ribeirão Preto, e os textos de Lima (1989, p. 72) "Deixar o espaço suficientemente pensado para estimular a curiosidade e a imaginação da criança, mas incompleto o bastante para que ela se aproprie e transforme esse espaço pela sua atuação". O trabalho de Faria (1999) sobre o espaço abre algumas questões para a reflexão que podem ajudar no encaminhamento das práticas educativas realizadas nas creches e pré-escolas.

Certos referenciais podem auxiliar na construção dos espaços: ver com os olhos das crianças e as suas medidas, integrá-las ao espaço cultural circundante, mas não se restringir a ele; verificar a riqueza de possibilidades motoras, sensoriais, aquisitivas de conhecimento; construir o espaço junto com as crianças e mudá-lo ao longo do ano.

Como mencionei, o espaço físico opera favorecendo ou não a construção das estruturas cognitivas e subjetivas das crianças. Ao mesmo tempo, impõe limites ou abre espaço para a imaginação dos adultos que criam ambientes (com auxílio das crianças) ricos e desafiantes, onde todos tenham a possibilidade de ter vivências e experiências diferenciadas, ampliando suas capacidades de aprender, de expressar seus sentimentos e pensamentos. A disponibilidade de ambientes variados e a variação dentro de um mesmo ambiente ampliam o universo cultural e conceitual das crianças. As rotinas diversificam-se em espaços mais complexos.

8

Os usos do tempo

Nos últimos anos, as concepções que tínhamos sobre as questões relativas ao tempo e ao espaço foram discutidas em diferentes áreas de conhecimento, e a essas categorias agregaram-se novos significados.

Com as rotas marítimas traçadas no século XVI, a compreensão geográfica do mundo modificou-se; os espaços fragmentados da Idade Média, construídos em reinos, paulatinamente cederam lugar ao domínio centralizado das cidades, e as noções sobre o espaço sofreram uma profunda revolução. Os novos conhecimentos nesse campo possibilitaram a emergência de um modo inovador de ver o mundo e tornaram-se a expressão de novos modos de vida na organização dos espaços, tanto públicos como privados.

Com relação ao tempo, as mudanças não foram menores: passou-se do ritmo da natureza, cíclico, para o ritmo linear do relógio – o tempo que começa e termina – no "sentido do progresso" (Melucci, 1986). O homem começou a planejar o seu tempo junto com os demais; assim, o tempo pessoal e o tempo social passaram a se confundir.

Até o início do século XX, os conceitos de tempo e espaço, simbólicos na cultura ocidental, estavam completamente vinculados ao tempo e ao espaço absolutos, produzidos por Newton a partir da sua observação e do cálculo de fenômenos de baixas velocidades.

Para Gleiser (1997, p. 189):

> A mecânica newtoniana não pode lidar com movimentos em velocidades muito altas, comparáveis à velocidade da luz. Para isso, precisamos da teoria da relatividade de Einstein. Porém, para as baixas velocidades do nosso dia a dia, a mecânica newtoniana é a "teoria".

Gleiser (1997, p. 181) diz que os tempos e os espaços não têm outros lugares senão eles mesmos e são os lugares de todas as coisas: tudo no tempo, quanto à ordem de sucessão; tudo no espaço, quanto à ordem de situação:

Segundo Newton, o espaço absoluto é basicamente a arena geométrica onde os fenômenos físicos ocorrem, o "palco do teatro", que permanece indiferente aos fenômenos que tomam parte nele. O tempo absoluto flui de modo contínuo e sempre no mesmo ritmo, perfeitamente indiferente aos vários modos como nós, seres humanos, escolhemos marcá-lo.

Foi Einstein quem, em 1905, ao criar a Teoria Especial da Relatividade, conseguiu tornar obsoletos esses conceitos clássicos, substituindo-os por uma nova estrutura simbólica, que unificava o espaço, o tempo, a matéria e o movimento. Essa criação científica possibilitou que o século XX fosse um momento privilegiado para repensar tais conceitos em todos os campos do conhecimento. A ideia de que o universo havia surgido em um espaço que já continha seu tempo teve de ser abandonada e substituída por aquela que afirma que espaço e tempo são constitutivos do processo formativo do universo (Mires, 1996, p. 167).

Desse modo, a história dos conceitos de tempo, espaço e tempo-espaço na física foi marcada, na verdade, por fortes rupturas e reconstruções epistemológicas. Essa visão que dá plasticidade ao espaço e ao tempo é o fundamento da relatividade geral e expressa a superação da visão rígida da física clássica.

Fundamentando-se nesses estudos da física contemporânea, David Harvey (1992, p. 189), cientista social, afirma que as mudanças no nosso aparato conceitual, incluindo as representações do espaço e do tempo, acabaram tendo consequências materiais para a organização da vida diária. E prossegue:

> A conclusão a que deveríamos chegar é simplesmente de que nem o tempo nem o espaço podem ter atribuídos significados objetivos, sem levar em conta os processos materiais, e que somente pela investigação destes podemos fundamentar de maneira adequada os nossos conceitos daqueles.

Harvey (1992, p. 187), ao apresentar a principal tese de seu livro, *Condição pós-moderna* afirma que:

> Vem ocorrendo uma mudança abissal nas práticas culturais, bem como nas político-econômicas, desde mais ou menos 1972. Essa mudança abissal está vinculada à emergência de novas maneiras dominantes pelas quais experimentamos o tempo e o espaço. Embora a simultaneidade nas dimensões mutantes do tempo e do espaço não seja a prova de conexão necessária ou causal, podem-se aduzir bases *a priori* em favor da proposição de que há algum tipo de relação necessária entre a ascensão de formas culturais pós-modernas, a emergência de modos mais flexíveis de acumulação do capital e um novo ciclo de "compressão espaço-tempo" na organização do capitalismo. O espaço e o tempo são categorias básicas da existência humana. E, no entanto, raramente discutimos o seu sentido; tendemos a tê-los por certos e lhes damos atribuições do senso comum ou de autoevidência.

Ao refletir sobre tais noções, Harvey (p. 188) verifica que, em nossa sociedade, as dimensões temporais-espaciais estão entrecruzadas e, muitas vezes, parecem ainda naturalizadas.

> Os movimentos cíclicos e repetitivos (do café da manhã e ida ao trabalho a rituais sazonais, como festas populares, aniversários, férias, abertura das temporadas esportivas) oferecem uma sensação de segurança em um mundo em que o impulso geral do progresso parece ser sempre para a frente e para o alto – em direção ao firmamento e ao desconhecido.

Também o espaço é tratado como um fato da natureza pela:

> Atribuição de sentidos cotidianos e comuns. Sob certos aspectos mais complexos do que o tempo – tem direção, área, forma, padrão e volume como principais atributos, bem como distância –, o espaço é tratado tipicamente como um atributo objetivo das coisas, que pode ser medido e, portanto, apreendido. (p. 188)

Giddens (1991, p. 29), por meio de outro percurso, chega a uma mesma concepção de espaço e tempo. Inicia com a apresentação das concepções pré-modernas de calcular o tempo e demonstra, exemplificando com os instrumentos cotidianos de medidas do tempo da época, a imbricação das noções de tempo com as de espaço, na medida em que o tempo era medido em aparelhos situados geograficamente. Dessa forma, as duas noções eram coincidentes. Para esse autor, a invenção do relógio foi uma possibilidade de romper com tal relação. A uniformidade das medidas de tempo, por meio do relógio mecânico, causou uma homogeneização no modo de organizá-lo nas diversas regiões do mundo, extrapolando as dimensões do espaço. Assim, espaço e tempo foram esvaziados de sentido unívoco. Hoje, com o mapeamento do globo, o passado unitário é um passado mundial, e o tempo e o espaço "são recombinados para formar uma estrutura histórico-mundial genuína de ação e experiência". No prólogo do livro *Sobre o tempo* (1997), Norbert Elias faz uma interessante análise do surgimento e dos usos do relógio e da construção das noções atuais do tempo.

A regularidade dos ritmos, o ordenamento da vida e a temporalidade da modernidade fazem-se presentes a partir de um artefato central, o relógio. Ninguém pode negar o lugar de privilégio a esse objeto, que faz parte da vida cotidiana, marcando o ritmo da ação, medindo os rituais e ordenando os ciclos de existência. Ele é um símbolo cultural e, também, um mecanismo de controle social da duração do tempo. O relógio, ao ser incorporado ao edifício do colégio – podemos lembrar das muitas escolas que ostentam relógios, campanários e relógios de sol em suas fachadas – servem como:

> Um organizador da vida da comunidade e também da vida da infância. Ele marca as horas de entrada e de saída da escola, os tempos de recreio e todos os momen-

tos da vida da instituição. A ordem temporal se une, assim, à do espaço para regular a organização acadêmica e para pautar as coordenadas básicas das primeiras aprendizagens. (Escolano em Frago, 1998, p. 43-44)

O uso do relógio na escola infantil representa essa introdução ao mundo externo, ao mundo dos adultos. Bufalo (1997) encontrou em uma escola infantil de Campinas um artefato pedagógico que procurava controlar o tempo e o espaço da escola: eram como dois relógios de papelão, um indicando os horários e outro, os locais onde as atividades seriam realizadas.

Muitos outros relógios passam a fazer parte da vida das crianças na escola infantil: o relógio de papelão usado para aprender as horas, os relógios de pulso de plástico que estão presentes na casinha de bonecas, o relógio de sol no chão ou a parede que avisa a todos a hora do sol, a campainha ou o sino que demarca as horas de entrada e de saída.

O tempo e o espaço podem ser analisados como fontes de poder social. Nossos modos de pensar e de conceitualizar o mundo estão estruturados no contato ativo com as espacializações e as temporalizações da palavra escrita, do estudo e da produção de mapas, dos gráficos, dos diagramas, das fotografias, das imagens em movimento, dos modelos, dos quadros, dos símbolos matemáticos e assim por diante. Podemos, ao refletir sobre o espaço e o tempo, submeter-nos à autoridade e à tradição ou criar espaços particulares para a resistência e a liberdade diante de um mundo previamente medido e organizado.

De Certau (1994) fala dos espaços e dos tempos sociais como abertos à criatividade e à ação do homem, em que formas clandestinas são assumidas por intermédio de uma criatividade dispersa. O modo como experimentamos o espaço e o tempo é extremamente importante para a nossa constituição como sujeitos sociais e para a maneira como nos relacionamos com os demais. Harvey (1992, p. 218) acrescenta, em sua reflexão sobre o espaço e o tempo, que:

> As práticas temporais e espaciais nunca são neutras nos assuntos sociais; elas sempre exprimem alguns tipos de conteúdos de classe ou outro conteúdo social, sendo, muitas vezes, o foco de uma intensa luta social. Isso se torna duplamente óbvio quando consideramos os modos pelos quais o espaço e o tempo se vinculam com o dinheiro, e a maneira como esse vínculo se organiza de modo ainda mais estreito com o desenvolvimento do capitalismo.

Segundo Massey (1995), pode-se observar que as maneiras como as pessoas estão localizadas na compressão espaço-tempo são extremamente variadas e complexas. É claro que existem grupos que estão realmente, em certo sentido, no comando da compressão espaço-tempo, que podem realmente usá-la de modo vantajoso, grupos cujo poder e influência definitivamente aumentam tal compressão; porém, existem também grupos que estão produzindo muito movimento físico, como os refugiados, os migrantes ilegais e outros, com a ressalva de que não possuem o *domínio* do processo.

Vivemos uma época de aceleração permanente do tempo e, muitas vezes, não sabemos o exato sentido desse movimento. É o tempo do capital que assume sua prioridade, exercendo sua hegemonia sobre os distintos tempos, como o da família, das escolas, das crianças, provocando, assim, conflitos entre estes modos de ver e medir os tempos.

Melucci (1994, p. 20) assevera que o tempo do capitalismo não distingue a experiência individual do ritmo social. É o tempo da máquina, no qual "tudo pode ser igualmente medido, dividido, calculado, segundo a medida homogênea da quantidade", e da meta "que tem uma direção definida", uma seta rumo ao fim em que o processo não conta. Cada vez mais, pensa-se que o que conta, de fato, é o resultado final, a meta atingida; o percurso é somente um lugar e um tempo de passagem. Contudo, esse mesmo autor lembra que o tempo humano é diverso daquele do capital – é o tempo interior, biológico, do desejo, do sonho, da emoção. Assim, o tempo do processo cotidiano exige uma nova perspectiva.

O mesmo autor (1994, p. 11) prossegue dizendo que, se o caminho importa tanto quanto a chegada, se o *como* importa tanto quanto o que, pode-se buscar a pérola e sua concha, o cheio e o vazio, "colorindo de sentido o conteúdo da experiência cotidiana".

Os tempos de grande parte das instituições educacionais continuam, em sua maioria, sendo o tempo do início da modernidade, o tempo rígido, mecânico, absoluto. Entretanto, algumas instituições tentam aderir a um novo tipo de marcação do tempo e de inserção do tempo do capital no da vida das crianças, e um dos exemplos mais flagrantes na educação infantil pode ser visto com a antecipação, com a aceleração que incentiva as crianças pequenas a iniciar com determinadas atividades cada vez mais cedo, antes de e, se possível, cada vez mais rápido, para que adquiram um maior número de habilidades para competir no mercado. As escolas infantis submetem-se cada vez mais a uma agenda de atividades adultas: informática, inglês, judô, balé, horário de matemática, música, português, etc., pautadas pela competição, qualificação para o trabalho, etc.

A preocupação com os usos do tempo sempre se fez presente no universo da educação. Se procurarmos na história, encontraremos modos temporais de organização das atividades pedagógicas pensados a partir de uma teoria sobre a criança e sua educação e também exemplos de organização temporal com base nas necessidades orgânicas das crianças pequenas, quando pautados pela puericultura, ou nas necessidades psicológicas, quando inspirados por teorias do desenvolvimento.

Augustín Escolano, historiador espanhol já citado, tem feito estudos bastante significativos com relação ao tempo nas instituições educacionais. Ele levanta importantes aspectos sobre os cronossistemas utilizados pela escola fundamental. Para ele, ocorre a periodização das atividades educativas que são realizadas na vida cotidiana das instituições, sejam elas objetivadas nos horários semanais e diários, nas unidades fundamentais, como microtempos pedagógicos, ou nos macrotempos dos calendários escolares que formam cronossistemas.

Escolano (1993, p. 132) demonstra como a subdivisão dos tempos escolares não é uma decisão técnica de caráter neutro, pois nela está presente um conjunto de valores culturais e sociais que define e institui um determinado discurso pedagógico. Os horários diários das escolas fundamentais eram tão importantes que, desde 1825, havia um documento que fixava para todas as escolas do Reino da Espanha seu horário de funcionamento, sendo que: "Os horários de entrada e de saída eram fixados pelas juntas da Capital ou povoado segundo a variedade das estações, os climas e outras circunstâncias locais.

Para Escolano (1993, p. 55) "a ordem do tempo escolar é uma construção cultural e pedagógica cuja produção aparece sempre associada – também no passado – a determinados valores e cuja a concretização obedece a conceitualizações diferenciadas".

A ordem temporal é um sistema de poder, com os calendários, os relógios, as cisões temporais, diz esse autor (1993, p. 57):

> São estruturas que se internalizam a partir das primeiras aprendizagens, isto é, justamente desde as experiências que as crianças pequenas têm do tempo escolar que, nas sociedades dotadas de sistemas de educação formal, constitui um dos esquemas básicos destinado à regulação da vida e necessário, porquanto o homem é um "relógio biológico" que precisa de organização temporal.

A aprendizagem do tempo e de seus instrumentos não é feita rapidamente: são necessários muitos anos e uma série de experiências para poder constituí-la como um domínio pessoal (Elias, 1997). A escola e, atualmente, as creches e as pré-escolas, com suas repetições, com seus ritmos e durações, ensinam a todos "a aprendizagem da ordem do tempo" (Escolano, 1993, p. 131).

Pode-se estabelecer uma perfeita analogia entre os horários diários das escolas fundamentais e as rotinas diárias da educação infantil. Os exemplos trazidos por Escolano (1993, p. 129) lembram, em sua estrutura, em sua milimétrica ordenação das horas e das atividades, as rotinas estabelecidas para as instituições de cuidados e educação infantil e apontam para a ideia de que "Os quadros com horários semanais e os diários das instituições são algo mais que um sistema formal de organização da educação, toda vez que operam como mediadores de socialização entre a biologia e a cultura".

Vinculando os horários diários ao cristianismo e às campanhas das abadias, à *ratio studiorum* e seus tempos fragmentados em 30 ou 45 minutos, e aos tempos de trabalho tayloristas da revolução industrial, Escolano observa que a repetição da mesma pauta sequencial, durante todos os dias da semana, revela um sentido litúrgico reforçado pelos ritos de entrada e saída nos quais acontecem as orações, a revisão do asseio, o controle de frequência e a oração final. O que diferencia os tempos pré-escolares dos escolares é que os primeiros incluem o brinquedo, o descanso, as necessidades de cuidados e higiene pessoal, temas que não aparecem nos horários escolares. Mesmo os tempos livres, como os dos recreios, são atravessados por instrumentos de vigilância e de organização, que não os diferenciam substancialmente dos tempos institucionais.

Em certo sentido, é possível afirmar que o modo de usar o tempo nas instituições educativas não foi reformulado desde sua invenção, no século XIX. Para Husti (1992), há uma profunda contradição entre a cristalização do tempo escolar e a modificação permanente de outros tempos sociais.

Na literatura pedagógica brasileira sobre a educação infantil, encontram-se vários exemplos de preocupação com o uso do tempo. A princípio, pode-se afirmar que ela gira em torno de duas temáticas básicas, que podem ser vistas como concomitantes e complementares: por um lado, a concepção de que é na infância que as crianças constroem as noções temporais e, portanto, faz-se necessário criar circunstâncias ou situações em que elas possam estruturar tal noção, e, por outro, a necessidade de organizar o trabalho com as crianças de modo a harmonizar objetivos, situações, suas características, etc. Assim, a construção do tempo é vista como uma aquisição psicológica e sociocultural.

Essa noção de estruturação temporal das crianças em sua relação com o tempo das rotinas foi trabalhada por Ramos (1998, p. 83) em sua dissertação de mestrado. A autora procurou verificar como as rotinas pedagógicas, elaboradas pelos adultos e pela instituição, poderiam ou não apoiar a construção de noções temporais pelas crianças a partir da perspectiva da psicologia genética.

Ao longo das suas observações e entrevistas, constatou que:

> "Trabalhar a rotina", segundo essas profissionais, parece ser prioritariamente uma questão de formação de hábitos sociais, ao invés de algo relacionado à construção ativa da noção de tempo. A possibilidade de problematizar com as crianças aspectos relacionados à organização temporal, a partir das próprias atividades que desenvolvem no seu dia a dia escolar, é ignorada ou descartada, parecendo ser apreciado pelos professores tão somente o cumprimento à risca da sequência estabelecida.

Para essa pesquisadora, a rotina diária estava muito mais associada à arbitrariedade, ao autoritarismo e à disciplinarização do que à construção da noção de tempo. Não havia a participação ou a interação das crianças na construção e nas transformações das rotinas.

No trabalho de campo foram encontrados vários elementos temporais sendo utilizados como recursos para a elaboração da estrutura principal das rotinas. Entre eles, a periodicidade, a alternância, a sequência, a duração, os ritmos, as transições, a rigidez, a seriação e a repetição.

As rotinas podem variar sua duração no tempo, isto é, sua periodicidade. Existem rotinas nas instituições educativas que são anuais, como as datas comemorativas, o período inicial da adaptação, os períodos de entrega de avaliações, as férias, etc. Além dessas atividades anuais, podem ser encontradas atividades que acontecem de acordo com as estações do ano, como o uso da piscina, os horários de uso do pátio, a aprendizagem de canções e os conteúdos sociais que variam durante o ano. Outras são mensais, como a comemoração coletiva dos aniversariantes do mês, e também se pode verificar rotinas semanais, como aquelas das instituições que têm professores especializados na educação infantil, como "segunda-feira é dia de música", ou ainda o tão institucionalizado "dia de trazer o brinquedo de casa".

No Anexo, encontra-se uma proposta de horário diário elaborada em 1914 pela legislação italiana, na qual as diferenças de atividades desenvolvidas no inverno e no verão são evidentes. Nas instituições brasileiras visitadas, não foram feitos comentários acerca de mudanças nas rotinas diárias em função de outros marcadores temporais. "A rotina que está afixada na sala é igual para todos, não importando se faz sol, chove canivetes, é inverno, verão, se são crianças de 3 ou de 5 anos". (*Diário de campo*)

Não é comum falar-se de rotinas de médio e longo prazo, pois geralmente esta ideia está associada à de planejamento. Esse fato levanta uma outra questão que irei analisar adiante: a rotina é parte do planejamento?

Outra característica presente nas rotinas observadas e analisadas foi a da alternância. Alternam-se sempre os tipos de atividades: das dirigidas para as livres, dos momentos de cuidado corporal para os de trabalho intelectual, das atividades coletivas para as individuais, do pedagógico para a brincadeira. As rotinas normalmente repetem uma forma de organização das atividades que revezam momentos tranquilos e momentos de intensa atividade. Isso pode ser comprovado com a análise dos modelos de rotina do Anexo 5.

A ideia defendida por vários teóricos é a de que deve haver um equilíbrio entre momentos dirigidos e momentos livres, momentos de trabalho coletivo e momentos de trabalho individualizado, trabalho manual e trabalho intelectual, ao ar livre e no espaço interno. Essa alternância é pensada a partir de um mito pedagógico que afirma que as crianças têm uma atenção flutuante e pouco tempo de concentração nas atividades.

A existência de uma sequência temporal é outra característica das rotinas da educação infantil. Em geral há uma sequência entre as atividades, a qual está previamente estabelecida e segue um padrão. Essa sequência organiza-se inicialmente com as crianças pequenas a partir das suas necessidades orgânicas imediatas, como a satisfação do sono e da fome, e também das suas experiências afetivas:

> É em relação a estes ritmos temporais que o menino e a menina começam a diferenciar os diversos momentos no dia, o que, por sua vez, vai permitir tanto

lembrar o que se viveu como fazer antecipações sobre o que vai suceder. (Martín, 1996, p. 53)

A sequência pode ser sintetizada em dois grandes grupos, que se diferenciam, basicamente, pela extensão do tempo de presença das crianças. Quando frequentam um só turno, como na escola B, a rotina geralmente é composta pela entrada, o jogo livre, a rodinha, o trabalho dirigido, o banheiro, o lanche, o recreio, o trabalho diversificado, a organização final, a despedida e a saída. Essa pode ser considerada a estrutura básica da rotina de meio período.

Nas escolas infantis A e C, ambas de período integral, encontrei dois modelos. Em uma delas, a instituição A, é utilizada a sequência do turno parcial – rotina básica – apenas acrescentando-se o momento do almoço e do descanso e repetindo essa mesma sequência no outro turno. Somente nas últimas turmas, as do jardim e do pré, a rotina muda, pois durante a manhã a responsável é uma professora e durante a tarde, uma monitora.

Na escola infantil C, como todas as turmas têm professoras em um turno e monitores no outro, é utilizado um modelo em que há a sequência básica da rotina de meio período quando a professora está, o almoço e o descanso e, durante a tarde, a recreação (que também pode ser brincadeira livre ou oficinas). Como os adultos mudam e não têm nenhum tipo de comunicação formal sobre o realizado, cada um faz uma tarefa dissociada da do outro. Não se consideram a permanência e a repetição das atividades pelas crianças.

> Passei a manhã com as crianças e, entre as atividades desenvolvidas, recebemos a visita de uma nutricionista, que nos mostrou diferentes farinhas e seus usos. As crianças fizeram um cartaz e uma massa de brioche para assar e comer no dia seguinte. Quando as educadoras da tarde chegaram, elas não observaram o cartaz, não perguntaram nada sobre o que havia ocorrido pela manhã e nenhuma das crianças comentou. (*Diário de campo*)

O objetivo dessa sequência é que, na relação com as pautas temporais, mais ou menos estáveis, a criança comece a diferenciar o seu tempo interno do tempo exterior, a construir hábitos sociais coletivos e a diferenciar os momentos do dia.

> As crianças necessitam, portanto, de que os fatos se sucedam de uma forma mais ou menos estável, configurando um ciclo que lhes proporciona segurança e eficácia em suas ações (...) as percepções e sentimentos que configuram a vida cotidiana se organizam em torno de fatos passados (lembranças) e de predestinações futuras (espera) que se integram em esquemas de ação e estruturas mentais capazes de ir resolvendo os diferentes conflitos emocionais e de permitir a adaptação ao seu meio. (Martín, 1996, p. 53)

O tempo do relógio também influi na elaboração e na execução das rotinas. As rotinas podem ser classificadas quanto à sua abrangência de horário:

turno integral e turno parcial. As rotinas organizadas para o turno parcial apresentam, evidentemente, uma ênfase menor nas atividades ligadas à saúde, à higiene e à alimentação, pois o pressuposto assumido pelas instituições é que as tarefas sejam executadas nas residências das crianças; assim, a ênfase do projeto educacional centra-se em atividades cognitivas, lúdicas e de formação de hábitos e atitudes. Já o atendimento em período integral acontece de modo diverso: como as crianças passam um turno de 8 a 12 horas dentro das instituições, todas as áreas devem ser atendidas.

A sequência anteriormente apresentada é intercalada por tempos de transição entre atividades. Esses tempos também podem ter uma duração bastante diversa: às vezes, há uma pressa excessiva, fazendo com que uma atividade seja interrompida em função de outra, apesar de estar sendo muito apreciada; em outros momentos, as crianças esperam muito.

Na escola A, observei uma situação na qual as crianças estavam prontas para sair em um horário e somente duas horas depois é que realmente foram para casa: "Eram 16h30min e as crianças estavam prontas para ir para casa; a última saiu às 18h30min. Na sala, havia poucos brinquedos, e as crianças brigavam muito enquanto aguardavam". (*Diário de campo*)

Como recurso para fazer a transição entre determinadas atividades, observei o uso de gestos, símbolos e convenções. Existem muitas canções que separam as atividades: as canções que chamam o grupo para entrar na sala, as canções de bom-dia, as canções para iniciar as atividades do dia, para concluí-las, para guardar os materiais, para os momentos de higiene, etc.

Uma estratégia muito utilizada nas rotinas para fazer essas transições entre as atividades é a de utilizar as canções. De repente, a professora começa a cantar: *Tcheque, tcheque, vem chegando o trem*, ou *Cai a água na biquinha*, ou *A sineta já tocou* ou, ainda, *Vamos descansar*. As crianças sabem que é hora de interromper o que estão fazendo e mudar de atividade.

Há um extenso repertório de canções que são ensinadas às crianças e que marcam os momentos de transição. Muitas vezes, essas canções estão repletas de conteúdos morais, como comenta Maffioletti (1998, p. 111):

> E rapidamente vai aprender como deve se comportar quando ouvir: *Tchu tchu, tchu....* ou *guarda, guarda, guarda bem direitinho...* ou *pego a chavezinha tranco a boquinha...* Será como um toque de corneta, uma verdadeira ordem unida disfarçada em canção!

Ramos (1998) denominou estereotipias esses comportamentos dos educadores por ela observados nas turmas de educação infantil em que, após a enunciação do nome de uma nova atividade, ou o início de uma cantiga, ou a indicação da hora no relógio, as crianças imediatamente começavam a fazer novos movimentos.

Os tempos de transição são, normalmente, pouco pensados pelos educadores, embora eles contemplem uma questão muito importante, que é o atribuir uma significação aos acontecimentos, isto é, retirar as atividades de um rol de ações fragmentadas para um *continuum*. É preciso compreender como uma atividade se articula com a outra, como uma atividade iniciada hoje pode ser complementada amanhã se for necessário mais tempo para a sua execução do que fora anteriormente planejado.

A duração das atividades também está contemplada no esboço da rotina. É importante assinalar que a prática de cronometrar as atividades parece estar caindo em desuso, pois, nas instituições visitadas, o esquema da rotina não continha os horários e, nos exemplos apresentados no Anexo, somente as rotinas mais antigas têm um tempo de duração determinado para cada atividade.

Apesar de as atividades não terem horário explicitamente definido, encontrei nas observações um controle grande do relógio pelo adulto. Muitas das atividades, principalmente aquelas relacionadas ao uso de espaços coletivos, a horários determinados com antecedência, como as refeições, e que envolvem outros profissionais, acabam gerando esta relação com o horário.

As atividades de rotina sempre estão organizadas com uma duração no tempo. A variabilidade do tempo de duração de uma atividade é definida por vários critérios, mas, principalmente, a importância dada a elas pelos adultos e a faixa etária do grupo em questão. Algumas rotinas têm tempo cronometrado, definindo os limites precisos e externos ao grupo de crianças, ao educador e à atividade; outras apresentam uma maior flexibilidade, não cerceando diretamente o processo de desenvolvimento do trabalho.

Em muitas rotinas, encontramos horários definidos para certos procedimentos. Apesar disso, poucas vezes ouvimos os educadores estabelecerem a relação dos horários internos das atividades na instituição com o horário do mundo externo. Na educação infantil, não são 10 horas, é a hora do recreio, a hora do descanso ou do sono; não são 13 horas, é depois da hora do almoço. Constitui-se, assim, uma linguagem interna que acaba sendo padronizada também entre os adultos. Conversando com uma professora da escola C, ela comentou: "Resolvi deixar a hora do brinquedo livre maior" (*Diário de campo*).

Um dos fatos que me chamou bastante a atenção foi que o horário do relógio da instituição pertencia apenas ao adulto. Não presenciei nenhuma situação na qual as crianças discutiram os usos do tempo, a relação do seu tempo pessoal com o do grupo (a não ser quando eram chamadas de atrasadas), as horas do relógio e as horas das atividades. Esses tempos são pensados pelos profissionais, independentemente do momento de execução, das prioridades estabelecidas, dos tempos individuais.

Martín (1996, p. 54), criticando essa posição, lembra:

As crianças precisam de momentos fixos em sua sequência, mas não rígidos em sua duração, já que a obsessão por esta rigidez lhe prejudica tanto ou mais que a carência de sequências estáveis (em alguns dias as crianças tardarão para comer, em outros o banho será mais rápido...).

A fragmentação das atividades de rotina em uma sequência com várias atividades de pouco tempo de duração provém de um conceito sobre a atenção infantil sedimentado nos livros de didática e de psicologia, como Abi-Sáber (1963, p. 95), que afirma:

> *A capacidade de atenção* das crianças é muito reduzida nessa idade. Elas não agüentam ficar mais que uns 10 ou 15 minutos em atividades que requeiram muita concentração e, então, é preciso mudar de trabalho, dar um exercício respiratório ou qualquer outro que permita a distensão muscular e o descanso mental.

Esse mito da falta de atenção faz-me recordar imediatamente o tempo que as crianças ficam na areia durante o recreio, fazendo um castelo, o jogo de futebol que tem a duração de todo o recreio, a casinha que é interrompida para começar a rodinha, isto é, inúmeros exemplos que todos os que têm contato com as crianças pequenas em instituições de cuidados e educação conhecem. Quando as crianças gostam de uma atividade, dão significado a ela, são capazes de ficar muito tempo envolvidas.

Os ritmos também são considerados na organização das rotinas. As profissionais fazem referência aos ritmos biológicos das crianças e às suas relações com a rotina.

Uma monitora da escola A disse: "É que as crianças têm um ritmo mais lento pela manhã, o que possibilita realizar atividades com maior concentração, e de tarde, quando estão ativas, é melhor a recreação". (*Diário de campo*)

No entanto há uma contínua tensão entre o ritmo interno da criança e o ritmo externo da regulação social, tensão permanentemente observada nas turmas de educação infantil.

Os ritmos biológicos, que, em geral, são atendidos nas rotinas dos primeiros anos – as crianças dormem quando desejam, comem com os colegas, mas também podem comer fora do horário – são progressivamente abandonados por outras atitudes: não é hora de ir ao banheiro, não se pode tomar água, não se pode mexer na lancheira antes da hora da merenda, está na hora da sesta e tem que dormir obrigatoriamente.

A fixidez da sequência, da duração das atividades, de uma ordem predeterminada é uma das características das rotinas. Nas instituições brasileiras observadas, a sequência sempre foi fixa, excluindo um dia de passeio. As festas, a ausência de uma das profissionais e os dias de temporal na hora da entrada são as poucas escapatórias para a uniformidade do dia a dia. As rotinas asseguram essa ideia de ordem, certeza, racionalidade, regularidade e uniformidade.

É preciso lembrar que o dia a dia, como vimos anteriormente, é formado por uma ossatura de atividades que se repetem – recorrentes, como dizem os italianos, ou reincidentes, segundo os espanhóis. Sempre há a necessidade de repetir certos hábitos que são necessários à sobrevivência, como comer, ir ao banheiro, dormir, e também repetir determinadas ações que trazem prazer, conhecimentos; ao repetir, aprende-se a fazer algo que se sabe de um jeito diferente, qualificam-se habilidades que estão sendo desenvolvidas.

Ramos (1998, p. 87) observa que, apesar de algumas variações nos horários, "averiguou-se que a rotina se repete invariavelmente todos os dias, demonstrando ser uma sequência fixa, em que as mudanças não são facilmente assimiladas".

A repetição não é uma criação dos adultos; ela é algo observável nas brincadeiras infantis. Repete-se um jogo para aprender a fazê-lo, brinca-se na areia várias vezes para fazer um castelo cada vez maior. É na repetição que se constroem e consolidam determinadas estruturas mentais. É também repetindo situações, como no jogo do faz-de-conta, que se consegue desempenhar um papel diferente, ver o mundo com outros olhos, falar com outra voz e até, como afirmam muitos psicanalistas, criar momentos de resolução de conflitos psíquicos.

A repetição é um dos elementos constituintes do inconsciente. Ela foi abordada por Freud em 1893 e permaneceu sempre questionada ao longo de toda a sua obra. Em seu estudo clássico *Recordar, repetir, elaborar*, publicado em 1914, Freud observa a compulsão à repetição como um dos processos psíquicos imprescindíveis na transferência e na direção da cura. No estudo *Além do princípio do prazer*, de 1920, ele analisa o jogo de carretel (Fort-da) desenvolvido por seu neto quando a mãe saía para trabalhar, no qual a repetição de um mesmo ato possibilitava a simbolização de uma situação.

O paradoxo da repetição na compreensão da psicanálise é que, na verdade, nada se repete, isto é, nada é igual ao já vivido, feito ou sonhado. A experiência que se tem ao ler um livro nunca é a mesma que temos ao relê-lo. Por esse motivo a repetição está condenada ao fracasso, mas é preciso realizá-la na procura do objeto perdido.

A repetição do dia a dia, nas rotinas da educação infantil, pode dar às experiências das crianças o sentido de continuidade, de ser a chave do tempo que comporta a ideia de concluir amanhã algo iniciado hoje, porém, com frequência, esta não é a ideia que está presente nas rotinas.

A seriação é também uma função temporal observada nas instituições de educação e cuidado infantis. A questão da divisão das turmas em grupos etários – feita principalmente a partir da demarcação das diferenças das características das idades, muito mais do que os pontos em comum que elas possam ter – está relacionada a uma visão social de divisão de aspectos complexos para poder dominá-los.

As rotinas para a faixa etária de 0 a 3 anos, grupos comumente denominados berçário e maternal, têm como eixo central as atividades vinculadas aos cuidados corporais, sendo constituídas, principalmente, de momentos ligados à higiene, à alimentação e ao sono. Um padrão prioritariamente vinculado aos aspectos biológicos e às diferenças existentes aparece pelas tonalidades e ênfases que emergem a partir das leituras feitas da biologia pela psicologia, pediatria, puericultura, neonatologia, psicanálise e psiquiatria.

Nas observações das instituições brasileiras, está presente a tentativa de realizar a separação entre os atos biológicos e os culturais, sendo a troca das fraldas, a amamentação, o banho de água, o banho de sol, o almoço, o suco, o chá e o sono apresentados somente como práticas de cuidados, sem um enlace cultural. O padrão médico e higienista parece ser o mais valorizado, negando a ideia de que essas práticas sociais, apesar de atenderem ou responderem a uma demanda de sobrevivência biológica, também respondem a necessidades socioculturais e cognitivas e que, por isso, são profundamente pedagógicas. Essa divisão é tão forte que, muitas vezes, o profissional que cuida do corpo é diferente daquele que cuida da cabeça.

Além dos momentos de cuidados, que são os preponderantes nas rotinas de 0 a 3 anos, existe um momento de jogo, de brincadeira com materiais e com o corpo. E, algumas vezes, aparece também uma atividade dirigida ou de grupo (denominada atividade pedagógica).

As rotinas das crianças de 4 a 6 anos, ao contrário, de certa forma negam as necessidades corporais, pois procuram regulá-las de acordo com os padrões sociais. Há uma concentração nas atividades que socializam, que criam hábitos, que ensinam habilidades e que fixam conteúdos. As propostas de rotinas para as crianças maiores apresentam uma maior variabilidade nos momentos, nos tempos mais curtos de duração e na maior ênfase nos processos de transmissão de informações e preparação para a escola fundamental que as rotinas para as crianças bem pequenas.

A seriação é uma questão complexa a ser resolvida. Na escola infantil A, um menino do maternal 1 estava conseguindo caminhar sem apoio e, cada vez mais, fazia deslocamentos mais rápidos. Um comentário das monitoras é que já estava na hora de providenciar a sua mudança de turma, pois os demais não andavam ou apenas engatinhavam. Não importava o momento do ano, não importavam as relações afetivas com as demais crianças e com os adultos; o que tinha valor era o critério estabelecido para a passagem do maternal 1 para o maternal 2.

As propostas de rotinas geralmente procuram separar os horários de encontro entre maiores e menores, organizando espacialmente os corredores ou o recreio com horários distintos para evitar brigas ou empurrões.

Uma experiência interessante que tive, ao observar as classes de integração multiculturais em Berlim, é que, além das culturas diferenciadas, em cada turma havia crianças de idades diferentes, variando dos 6 meses até os 6 anos. As relações entre as crianças pareciam muito mais de cuidado, carinho, auxílio. Lembro-me de uma cena no pátio em que as crianças maiores organizavam brincadeiras com trenós e, com todo o cuidado, colocavam os pequenos na sua carona. Outra cena interessante foi a da rodinha, da qual todos participaram. Posteriormente, em um momento de jogo, uma das educadoras deslocou-se com os pequenos para uma sala com materiais apropriados para bebês: almofadas, bolas, legos de tamanho grande, etc. Tais fatos mostram que uma mesma turma pode ter momentos coletivos e momentos diversificados, assim como qualquer outra com crianças da mesma faixa etária.

Observei que a diferenciação por faixa etária é um dos critérios mais utilizados para a elaboração das rotinas, tanto que as separei em rotinas de creche e de pré-escola. Na escola A, o mesmo padrão de rotina, elaborado pela administração central, era usado para todas as turmas – do berçário até o jardim B, composto por crianças de 5 e 6 anos.

Procurando observar o ponto de vista das crianças, Ramos (1998) constatou que a supressão de um determinado tipo de ação da sequência habitualmente estabelecida (como, por exemplo, o sono) desorganiza as ações imediatamente próximas daquela que fora retirada, levando à perda dos referenciais temporais.

As crianças já internalizaram as rotinas: para poder merendar é preciso lavar as mãos, para ir ao pátio é preciso guardar todos os brinquedos ou materiais didáticos. Cada momento guarda uma ligação com o outro, principalmente como sequência, e não, como seria interessante, como significado. Quando Ramos (1998) solicitou às crianças que narrassem a sucessão dos eventos que aconteciam todos os dias na escola, observou que elas repetiam a sequência do início ao fim e, quando interrompidas ou questionadas sobre algum detalhe, muitas tinham que iniciar toda a rotina, como uma ladainha. Também quanto à duração dos eventos, Ramos observou que era definida subjetivamente e estava relacionada ao esforço realizado, ao prazer ou às dificuldades encontradas.

As rotinas da instituição A, além de não contarem com a participação das crianças na sua elaboração, não podem ser alteradas por elas. Apenas o adulto tem o controle do tempo. O poder sobre o modo de ver, usar, definir, escolher o tempo e seus usos pertence aos adultos, e o que, surpreendentemente, se observa é que eles, muitas vezes, designam essa autoria para outros adultos (hierarquicamente vistos como *maiores* e *melhores*). Se há falta de autonomia das crianças com relação ao tempo das rotinas, maior ainda é a dos adultos.

A quem pertence o tempo? Às instituições? Aos professores? Às crianças em grupo ou no singular? Um dos objetivos centrais da temporalização da vida das crianças está relacionado à estruturação do tempo coletivo, mas deve-se fazer isso sem deixar de respeitar os tempos pessoais.

É possível criar modos de organização do dia a dia com tempos multiformes e estruturas mais flexíveis? Husti (1992, p. 277) observa que a jornada escolar é apenas um sistema de justaposição de horas: uma hora após a outra. A jornada, apesar de constituir-se como unidade temporal, não é planejada assim. No início do ano letivo, fixa-se, de modo definitivo, uma jornada-padrão, que é repetida, invariavelmente, ao longo de todo o ano.

> Amontoar as horas para construir a jornada e repetir as semanas idênticas para organizar o ano escolar não são procedimentos adequados para criar esse todo novo, essas entidades específicas, desde o ponto de vista pedagógico, biológico, psicológico e social que a jornada e o ano escolar deveriam ser.

A possibilidade de sair do tempo da ordem para o da desordem, de passar de uma organização estática para outra, dinâmica, rompendo com a organização puramente burocrática, com o mito da imutabilidade e rompendo com a planilha horária uniforme e repetitiva que se instalou nas práticas e nas mentalidades é a sugestão de Husti para aderir-se a um planejamento móvel do tempo.

9

A seleção e a oferta de materiais

> E todos os brinquedos se transformam
> Em coisas vivas, e um cortejo formam:
> Cavalos e soldados e bonecas,
> Ursos e pretos, que vêm, vão e tornam,
> E palhaços que tocam em rabecas...
> E há figuras pequenas e engraçadas
> Que brincam e dão saltos e passadas...
> Mas vem o dia, e, leve e graciosa,
> Pé ante pé, volta a melhor das fadas
> Ao seu longínquo reino cor-de-rosa.
>
> Fernando Pessoa

Neste capítulo, quero abordar o tema dos materiais a partir de duas vias distintas. Por um lado, pretendo falar dos materiais que representam as rotinas e que estão presentes nas turmas de educação infantil e, por outro, da seleção e da construção de materiais que são oferecidos às crianças nas escolas de educação infantil.

Começarei pelo primeiro aspecto. Como já foi anteriormente discutido, as rotinas eram, até há pouco tempo, uma estrutura muito mais implícita do que explícita. Nas aulas de didática, aprendia-se como organizar o dia das crianças, mas não se fazia clara referência aos objetivos dessa organização, às decisões que envolvem os modos de fragmentar e de ordenar o tempo e o espaço das crianças.

Como uma marca da pedagogia ativa, o planejamento cooperativo ou democrático começou, de certo modo, a desvendar os rituais que não apareciam anteriormente. Abi-Sáber (1963) já comentava que o planejamento do dia deveria ser feito coletivamente, com a participação de todas as crianças, e escrito em um quadro de giz ou papel cartaz.

Ao longo dos anos, pude observar uma progressão nessas formas de exposição em relação aos atos diários. Surgiram, principalmente nas pré-escolas, alguns cartazes com uma estrutura a ser preenchida por cartões, nos quais estavam desenhadas as atividades a ser realizadas. E, de desenhos padronizados ou elaborados pelos educadores, passaram a ser usados cartões com desenhos elaborados pelas próprias crianças, ou, em outros casos, com fotos do grupo realizando as atividades. Havia um repertório pequeno de alternativas, seis ou sete atividades por dia, o que reduzia as possibilidades diárias para um conjunto bem maior de alternativas. Assim, passou-se de cartões que representavam as atividades básicas, como entrada, brinquedo livre, banheiro, merenda, jogo dirigido, recreio e saída para uma representação em que, por exemplo, o brinquedo livre simbolizado por um cartão foi substituído por vários cartões que indicavam sugestões do que se poderia fazer na hora do brinquedo livre.

Geralmente, próximos aos cartazes das rotinas, estão calendários com os meses do ano, os dias da semana e, em alguns, também são feitas referências aos horários. Nas três instituições brasileiras observadas, as formas de apresentação das rotinas eram feitas de modos diferentes.

Na escola infantil A, podia-se observar que a rotina funcionava, principalmente, para auxiliar os profissionais, não estando disponível para as crianças ou os pais. A rotina estava escrita em uma folha de ofício mimeografada colada na porta da sala, pelo lado de dentro. A mesma rotina estava afixada na porta do armário da sala de troca. Não ouvi nenhum tipo de referência das monitoras a esses materiais ao longo da jornada. Nem os pais, nem as crianças pareciam estar envolvidos ou conscientes de tais representações.

Na outra escola pública, a escola C, com uma proposta mais democrática, o eixo das rotinas era elaborado pela equipe de coordenação, professores, monitores e demais funcionários da escola infantil. Ramos (1998, p. 80), pesquisando uma escola do mesmo município, conta que "a rotina é estabelecida pela direção e pela coordenação do estabelecimento, em acordo com as professoras, não sofrendo alterações significativas no decorrer do período".

Na mesma escola, em uma sala de jardim, observei que a programação do dia era feita em conjunto com as crianças, durante a rodinha, e ficava exposta em um cartaz. As educadoras assinalavam, eventualmente, o momento de término ou antecipavam as atividades que seriam realizadas depois.

Na terceira instituição, a escola B, a programação era feita com muita flexibilidade. Não vi nenhuma forma de representação gráfica da rotina, mas encontrei um outro modo de apresentá-la. Uma das características dessa instituição é que o número de usuários era bem menor, cerca de 50 crianças, atendidas em meio período. Como já disse, não havia, em nenhum espaço das paredes, algum quadro que indicasse as atividades do dia, mas havia muita conversa sobre o que fazer naquele dia e nos próximos.

Essa escola, por suas características e pela formação dos educadores, não tinha maior rigidez nos horários. Vi merendas sendo feitas nas salas e na sala de artes. Também as atividades didáticas não apresentavam uma duração fixa.

> Um grupo de meninos (esta turma é daquelas que têm uma grande desproporção entre o número de meninos e de meninas) brincava com carrinhos sobre a mesa grande de trabalho. A professora observou esse ato, pegou um rolo de papel pardo e propôs ao grupo desenhar as estradas (copiando um tipo de atividade comum na caixa de areia). As crianças concordaram e começaram a trabalhar com pincéis atômicos, tesoura, cola, outros papéis, desenhando estradas, cuidando da largura dos automóveis, e logo passaram a construí-la em três dimensões. (*Diário de campo*)

Pelo que havia observado até então, o grupo possuía uma outra proposta de atividade, que foi abandonada quando uma nova situação, que também parecia interessante, foi construída e adotada por ele. É importante lembrar que os materiais para transformar a mesa em uma planta baixa estavam disponíveis para o grupo, apoiando a execução das atividades, e que havia uma educadora atenta, que soube reorganizar seu planejamento e criar uma situação de desafio. Penso como seria resolvida esta situação em uma sala na qual houvesse apenas folhas de tamanho ofício, lápis de cor pequenos... Desse modo, sem uma base material e sem educadores flexíveis, é bem difícil complexificar, recriar, ampliar o campo de experiências das crianças.

Um dos aspectos interessantes da exposição da programação diária, elaborada com as crianças nas paredes da sala, é que este é também um eficiente material para elas se situarem e para fazer a avaliação das atividades realizadas: o que fizemos do que tínhamos planejado? Foi tudo bem?

Outro ponto importante é que a referência visual facilita a participação das famílias no trabalho pedagógico desenvolvido em cada turma. Os pais ou os responsáveis podem saber o que aconteceu durante o dia, fazer perguntas para que as crianças possam narrar o seu dia e, via narrativa, ressignificar as suas ações. Na Espanha, observei uma prática relacionada ao dia a dia presente em muitas salas de educação infantil. Um pouco antes da saída, eram escritos pela educadora, com a participação das crianças na elaboração oral do texto, pequenos cartazes que contavam algum evento que houvesse ocorrido ao longo do dia. Por exemplo, em uma foto, encontrei um deles, que dizia:

> Hoje na rodinha vimos o conto do Pablo, *O rei Leão*. A maioria do grupo conhecia essa história e ia comentando coisas e dizendo os nomes dos animais. Pepe Serrano nos mostrou seu guarda-chuva de várias cores. Antônio e Manquille não vieram. É favor levar nossas toalhas de mãos. Bom final de semana.

Os exemplos de rotinas e as formas de representação das mesmas têm como objetivo permitir que as crianças possam compreender o tempo, tomando consciência da ordem das atividades do dia, da semana ou do mês, e saibam que podem organizar esse tempo para usufruí-lo naquilo que lhes parece o mais interessante. Servem também para criar consciência sobre o que acontecerá depois, convertendo-se em um participante ativo da sua vida pessoal e grupal. Assim, a apropriação das rotinas pelas crianças e pelas educadoras pode levar a um novo tipo de organização do cotidiano.

As representações visuais das rotinas, feitas em modalidade participativa, parecem contribuir para organizar o trabalho, favorecer as escolhas e dar uma dimensão mais ativa à construção das noções temporais.

A outra modalidade de construção coletiva de rotinas, encontrada nas atividades de campo, foi a rotina oral presente na escola de educação infantil B. É preciso lembrar que a modalidade oral, isto é, a conversa constante sobre o que foi feito e o que se pretende fazer, também pode ser um instrumento de organização e simbolização das rotinas.

No dia anterior ao episódio acima, o grupo de crianças havia ido à sala de vídeo para ver a fita e recontar o que havia acontecido no piquenique de aniversário da escola junto com os pequenos. Esta é uma outra alternativa, pois não é apenas a presença de um cartaz que assegura a construção da rotina no coletivo e, com ela, a formação das noções temporais, a organização coletiva dos usos do tempo, as escolhas pessoais para aprofundar-se em determinado evento. É, principalmente, a tomada de consciência de tal necessidade.

O segundo caminho para tratar a questão dos materiais e as suas relações com as rotinas é a possibilidade concreta que os materiais podem oferecer para influenciar os diversos modos de organização das rotinas. Como vimos anteriormente, a ideia de que as salas de educação infantil necessitam de diversos tipos de jogos e de materiais foi uma das grandes contribuições dos autores clássicos da educação infantil, como Froebel e Montessori.

Froebel foi um dos defensores da ideia de fabricar materiais concretos para desenvolver, pelo jogo, uma série de conceitos abstratos nas crianças. Sua preocupação com os materiais era tão grande que ele chegou a montar uma fábrica de jogos e brinquedos. Maria Montessori aproveitou para ampliar o repertório de materiais e jogos para as classes de educação infantil, com o objetivo de desenvolver tanto os sentidos quanto a realização das atividades da vida prática.

Os materiais considerados apropriados para organizar os espaços educativos para as crianças pequenas foram transformando-se ao longo dos anos. Na Lei de Instrução, Programa e Horários para os Asilos Infantis e Jardins de Infância, publicada em 1914, na Itália, eram considerados básicos os seguintes materiais:

DECORAÇÃO E MATERIAL DIDÁTICO PARA OS ASILOS INFANTIS

Decoração

1. Crucifixo.
2. Retrato do rei.
3. Mesa e cadeira para a professora.
4. Banco para os alunos (preferível os banquinhos de dois lugares, ou mesinhas e cadeirinhas independentes, um para cada aluno, que, em sala, são colocados dois a dois, ocupados, respectivamente, por um menino e uma menina).
5. Lousa quadriculada com cavalete.
6. Armário para colocar o material didático e outros.
7. Cabide para a professora.
8. Tinteiro para a professora.
9. Plantas ornamentais em vasos.
10. Quadro que contenha as normas para a prevenção de doenças infectocontagiosas na escola.

No vestiário (que deverá ser em um lugar próximo à sala)

1. Cabides para as crianças (um para cada criança, no qual elas possam colocar a cesta para a refeição; estará bem se sobre cada cabide houver, para cada uma das crianças, uma prateleira plana para colocar o cesto).
2. Alguns banquinhos (nos quais as crianças possam sentar-se para tirar e colocar as meias e os sapatos).
3. Avental-uniforme.
4. Tamanco ou sapato e calça para trocar.

No lavatório

1. Bacia para lavar o rosto, o colo e as mãos.
2. Lugar para lavar os pés.
3. Toalhas (toda criança deve ter duas toalhas de qualidades diferentes, uma para o rosto e outra para os pés).
4. Esponja, sabão, etc.
5. Banheira para o banho.
6. Ducha (para usar quando houver prescrição do médico, em local e data reservados).

No refeitório:

1. Mesas e bancos, adaptados para a altura das crianças e em número suficiente.
2. Prato fundo, pratos, colheres e garfos em número suficiente.
3. Guardanapo (dois para cada criança).
4. Copo (para cada criança).
5. Jarra de água (uma ao menos para cada quatro crianças).

Material didático

1. Antropômetro[1].
2. Espirômetro.
3. Dinamômetro.
4. Báscula.
5. Mesa optométrica de Snellen (ou análoga) para medir a acuidade visual.
6. Caixeta Del Delhez (ou análoga) para a educação dos sentidos.
7. Local e instrumentos adaptados para a criação de animais domésticos: galinhas e similares, coelhos, bicho da seda (e, quando não for possível a criação destes animais, uma gaiola com um ou mais passarinhos).
8. Utensílios de jardinagem (carrinho, pás,..).
9. Utensílios de jogos.
10. Dons froebelianos.
11. Lousinha para as crianças.
12. Pequena coleta de objetos naturais (feita especialmente no jardim ou durante os passeios) ou de objetos artificiais que sirvam para exercícios de ordem, de observação, de conversação.
13. Mural representando animais e plantas ou cenas da natureza e da vida doméstica e social.
14. Material de consumo, em quantidade suficiente, para os trabalhos das crianças (papéis, argila, etc.).

Hoje, esses materiais nos parecem inapropriados para uma sala de creche ou pré-escola. De qualquer forma, os quase 100 anos de distância entre a lei italiana, e mesmo a fundação dos primeiros jardins de infância brasileiros, poderiam ao menos ter instigado nos educadores questionamentos sobre a necessidade de possuir materiais nas salas e sobre as funções pedagógicas destes.

Durante as observações das escolas infantis brasileiras, uma questão chamou-me muito a atenção: as diferenças em termos de materiais disponíveis para as crianças nas três instituições observadas. Foi possível verificar como os materiais falam sobre a proposta pedagógica das creches e pré-escolas e também levantar a hipótese da relação entre as classes sociais atendidas e o tipo de material oferecido.

No *Diário de campo*, inicio o período de observação da escola infantil A constatando que:

> Eu já havia passado na frente desta creche várias vezes e surpreendi-me quando soube que nela havia bebês. Nunca tinha visto aí vestígios da existência de crianças bem pequenas. Soube neste dia que havia várias turmas: B1, B2, M1, M2. (*Diário de campo*)

Quando entrei nas salas, descobri uma ausência de materiais muito grande. Existiam poucos móveis, quase não havia materiais de uso comum, nem brinquedos, nem jogos. A seguir, cito alguns fragmentos do *Diário de campo* que podem mostrar o quadro que estou procurando descrever:

> A creche está aberta desde às 6h. A sala está com a luz acesa, pois ainda é escuro – o dia apenas amanhece. Na sala do B1, estão dois bebês maiores e está chegando um pequenininho. Um dos bebês está no berço móvel (feito de vime) e brinca com o cabo de pendurar o mosquiteiro. (...) Outra está sentada no chão e engatinha lateralmente, apoiada na mão (...) A engatinhadora pega o bico do berço onde está o bebê e fica por volta. Olha para o acolchoado com os brinquedos no chão, mas não se aproxima dele.
>
> O... é o maior e o que mais conversa. Ele tenta empurrar o berço de vime com rodas no qual está uma criança. Ele tenta, tenta, mas não consegue. (...) Agora ele surfa com o berço móvel.
>
> ... aproveitou que uma das educadoras levantou da cadeirinha e vai correndo para subir nela. A monitora pega-o, tira-o da cadeirinha e o coloca em um berço vazio. Ela começa uma brincadeira de esconde-esconde com uma fralda. Ela coloca a fralda no rosto dele e ele fica parado, não a tira, fica esperando que ela venha tirá-la. Quando a educadora cobre seu próprio rosto, ele se estica para tirar. Agora ele pegou a fralda e, com ajuda, sai do berço e vai caminhando com a mesma na cabeça por toda a sala. (...) Agora ele pega a fralda e limpa as botinhas.
>
> Um bebê está sentado em uma cadeirinha em forma de cavalinho de balanço e me observa constantemente. Ele está há horas nesse lugar.
>
> A sala do berçário é grande e com muitos materiais: 18 berços fixos, três berços de vime móveis, um cavalinho/cadeira de balanço, um acolchoado dobrado fazendo o papel de tapete sob um espelho com alguns brinquedos, como bichinhos de plástico – velhos e sujos – e algumas peças de madeira para montar. A sala tem dois móbiles velhos, quase sem cor, que ficam pendurados bem no meio da sala, e dos berços os bebês não podem vê-los.
>
> Uma criança chegou de chapéu, é uma menina. Sentam-na no tapete, e um menino se aproxima, tira o chapéu dela e tenta colocar na sua cabeça. É interessante ver como as roupas das crianças com seu colorido, detalhes, enfeites e aberturas são um prato cheio para os pequenos. Eles brincam de tocar, pôr na boca a roupa do outro, puxar botões, etc. Os bicos são como uma continuação das roupas dos outros.

Uma das monitoras foi buscar o rádio e colocou em uma emissora com músicas de carnaval. As crianças dançam, batem palmas acompanhando. Depois, as demais monitoras dizem que é melhor, para não agitar as crianças, colocar música sertaneja.

Por meio de tais fragmentos, pode-se ter uma ideia geral da sala, dos brinquedos e das brincadeiras que acontecem na sala do berçário 1. Organizada dentro de uma visão higienista, nela estão presentes berços para todas as crianças, com o objetivo de que estas não fiquem no chão. Ao mesmo tempo, podemos vê-las manuseando brinquedos velhos, quebrados e sujos, que passam de boca em boca, da boca ao chão, o tempo todo. Quais os critérios higiênicos? Qual o peso da tradição?

Ao longo do dia, as crianças fizeram várias tentativas de brincar com os materiais que estavam na sala e que eram vistos como "não apropriados" para elas, como os berços e as quatro cadeirinhas de uso das monitoras. Quando alguma estava desocupada, as monitoras colocavam-na dentro de algum berço que não estava em uso, para que a cadeirinha não fosse usada pelas crianças como brinquedo, para subir, para empurrar.

O dia passava com as crianças fazendo as mesmas coisas o tempo todo. Os bem pequenininhos, de 4 e 5 meses, ficavam nos berços, e o argumento para deixá-los lá era o de protegê-los dos maiores. Os únicos momentos de contato com os adultos ou com outros iguais era na hora da troca, da mamadeira e quando ficavam no colo de alguma monitora.

Os maiores variavam do berço, sem nenhum brinquedo, para o acolchoado com brinquedos e outras crianças. Os que já se locomoviam engatinhando ou andando tinham uma gama maior de alternativas para tentar fazer algo. Tentavam brincar com os grandes objetos da sala (berços, cadeiras, fraldas) e os pequenos (o chapéu de um, o enfeite da roupa do outro, o bico, os cabelos...).

Parecia que grande parte dos materiais era proveniente de doações. Muitos deles estavam quebrados, perigosos, velhos e sujos. Os cuidados com a manutenção não são frequentes e, dificilmente, retiram-se os estragados, pois, entre ter estragados e não ter nada, parece que a primeira alternativa prevalece. A falta de materiais era tão grande em uma das salas da escola A que, um dia, de manhã cedo:

> Entra na sala uma menina com um abrigo colorido. As crianças se aproximam e exploram com os dedos as figuras aplicadas no tecido. (*Diário de campo*)

O corpo do outro vira o material de brinquedo. O que me pareceria muito interessante, se naquele mesmo dia eu não tivesse visto a seguinte sequência.

Às 15h10min, as monitoras convidaram as crianças a guardar todos os materiais.

16h: algumas monitoras saem para o lanche da tarde e as duas que chegaram cedo vão embora. Começa a troca de fraldas. Uma educadora está na sala com as crianças, enquanto a outra muda as fraldas. Algumas crianças correm de um lado ao outro, outras observam sentadas, encostadas na parede, algumas começam a bater nas outras.

16h40min: Estão na sala 14 crianças. Os pais começam a vir buscá-las. As monitoras fazem propostas de brincadeira de roda. Algumas crianças aderem e outras não.... bate em..., que começa a chorar.

17h50min: Duas crianças estão na sala. As monitoras varrem e limpam a sala. (*Diário de campo*)

O que eu gostaria de retomar, com essas duas etapas do dia, é que, pela manhã, brincar com a roupa da colega era uma brincadeira tranquila, carinhosa. Porém, durante a tarde, o fato de 20 crianças de 1 a 2 anos ficarem das 16 às 18 horas em uma sala sem nenhum material disponível para brincar, tendo como único brinquedo o corpo do outro, fez com que ocorressem muitas brigas, puxões de cabelo, empurrões, mordidas e outras agressões.

A rotina da sala era basicamente marcada pelos atos de mamar, trocar as fraldas, dormir e, algumas vezes, brincar. Em um período de observação de seis horas, durante um dos dias, a única intervenção "pedagógica" realizada foi a de trazer o rádio para ouvir música, o que fez grande sucesso entre as crianças, sendo logo cortado para não agitá-las. Quais as concepções de bebês que têm as educadoras? O que pensam as autoridades quando não dão verbas para os materiais de consumo e para os jogos didáticos?

Goldschmied (1998) diz que as crianças bem pequenas são uma nova pessoa em formação e que, portanto, necessitam não somente atenção física, mas, também, relações humanas e estímulos materiais que ativem, desde os primeiros meses, a sua grande capacidade de desenvolvimento mental. A autora lembra que, do mesmo modo que estamos atentos à dieta alimentar para que seja variada, é preciso cuidar da dieta mental e assegurar à criança uma boa qualidade e a continuidade das experiências e das descobertas do mundo à sua volta.

Outra questão que me chamou a atenção foi a falta de necessidade que os educadores sentem de mais materiais. Nessa escola, em nenhum momento as educadoras falaram no desejo de ter outros brinquedos, giz de cera, papéis. Na outra sala que também observei, uma delas desculpou-se pela sujeira de um mural que estava na parede. Ao tentar retirá-lo, a poeira ficou tão visível que ela ficou sem graça. Somente uma educadora, da escola pública C, reclamou do fato de o município não ter mandado brinquedos novos naquele ano.

Nessa escola, encontrei um ambiente com vários materiais, em geral padronizados, isto é, comprados nas grandes lojas, como dominós, quebra-cabeças, etc. Seu estado de conservação não era dos melhores, pois faltavam peças em jogos, havia canetinhas sem tampa e outros problemas semelhantes.

Há uma tolerância bastante grande com relação a essa situação de falta de materiais. Procuro levantar as razões de tal tolerância: seria a falta de referenciais teóricos, de reflexão, de experiências pessoais, de repertório sobre o que é educar crianças e as possibilidades de usar materiais para realizar uma educação de qualidade?

É claro que as crianças pequenas conseguem divertir-se e aprender com os poucos materiais existentes na sala; afinal, o mundo parece sempre um lugar excitante para as crianças pequenas. Contudo, se, hoje, por meio das pesquisas (Goldschmied, 1998; Bruner, 1996, 1997), sabe-se que a educação, nessa faixa etária, ocorre, principalmente, pelo tipo de experiências que as crianças realizam, pelo tipo de relação que estabelecem com outras crianças e adultos, pela diversidade do ambiente e dos materiais disponíveis, não deixa de ser uma questão para a reflexão dos formadores os motivos que levam alguns educadores infantis a pensar que os materiais não fazem falta.

Um dos fatores importantes com relação à aquisição dos materiais é o preço destes e a penúria permanente das escolas infantis. O fato de alguns serem materiais de consumo não duráveis e precisarem ser constantemente repostos talvez seja a causa da pequena diversidade de oferta de brinquedos, jogos e materiais variados, como cola, tesoura, lápis, diferentes tipos de papéis, plásticos, tecidos, revistas, etc. Quanto à oferta, é possível dizer que, nos últimos anos, a indústria brasileira ampliou a produção de jogos e equipamentos educativos e os governos incentivaram a importação de brinquedos, o que facilitou o acesso a estes.

Os materiais não industrializados também têm sido uma alternativa, principalmente aqueles denominados de sucata. É preciso lembrar, como afirma Goldschmied (1998), que as crianças bem pequenas podem construir suas brincadeiras a partir de suportes muito simples. Em suas sugestões sobre os materiais e os jogos para essas crianças, a pesquisadora inglesa sugere cubos de madeira, livros com ilustrações, bolas, tampas de potes, ou seja, materiais que se encontram com facilidade. Incentiva também o uso de objetos naturais manufaturados, como bolas de lã, anéis de osso, objetos feitos de madeira, de metal, de borracha, de tecido, de pele e de papel.

O desenvolvimento motor, das habilidades de locomoção e de destreza motora têm sido negligenciados em muitas escolas infantis. Depois da febre da psicomotricidade, nas décadas de 1970 e de 1980, os ambientes educativos observados nas escolas não parecem corporalmente desafiadores para as crianças pequenas. Há uma preocupação especial no que tange à questão da segurança e, com isso, não se criam desafios. A experiência de Emii Pikler (1985), em Lóczy, na Hungria, demonstra o quanto ambientes com materiais variados podem ser extremamente educativos. Nessa instituição, durante o verão, os grupos de crianças passavam grande parte de suas jornadas educativas na parte externa da escola e o pátio era organizado para funcionar como uma sala com equipamentos, móveis e brinquedos. Além disso, havia terrenos irregulares, cheios de desafios.

De acordo com a minha observação, no que se refere à escola infantil A, a ideia de passividade, de cuidado para não se machucar, é a que prevalece e, quanto aos materiais do pátio e da sala, parece que qualquer coisa para brincar já é suficiente. Na C, já havia o desejo de mudar, de ter novos materiais, materiais mais complexos, variados, mas as condições não favoreciam isso.

A riqueza ambiental e material da escola B, em termos de materiais para consumo e atividades de artes plásticas, foi impactante frente às demais. Os instrumentos usados pelas crianças nas suas tarefas deixava claro o quanto a possibilidade de gastar os materiais, sem desperdício, e de repetir atividades continuamente para adquirir maestria necessita de uma base concreta.

Além das diferenças entre as escolas brasileiras, nas quais observei, com relação à questão dos materiais, um profundo diferencial, também as diferenças entre as escolas europeias e as brasileiras são bastante grandes. Algumas escolas pareciam exagerar na quantidade de materiais, assemelhando-se a um depósito, principalmente aquelas que funcionavam em espaços pequenos; outras eram mais vazias, mas, em quase todas as salas visitadas, os materiais pareciam ter um significado muito grande para o trabalho do grupo.

> Esta escola dinamarquesa é demais! Não que ela tenha uma quantidade de materiais excessivos, como vi em outras escolas aqui na Europa. Ao contrário, a decoração é bastante *clean*. O que encanta é que, juntamente com uma variedade grande de pequenos espaços, isto é, além das salas de grande grupo, existem pequenas salas anexas que, segundo as educadoras, vão sendo usadas por vários grupos no decorrer do período de trabalho. Havia um pequeno ateliê com diferentes materiais e instrumentos de trabalho, outra sala cor-de-rosa, com coisas para brincar de casinha e um salão de beleza; havia também uma salinha pintada como os uniformes militares de camuflagem, cheia de homenzinhos para brincar de selva. Esta sala ainda possuía um buraco, ou seja, uma passagem secreta que levava à sala grande de teatro, com fantasias, pinturas e marionetes. Ufa! (*Diário de viagem*)

Além da quantidade de materiais presentes no ambiente, é preciso lembrar que esses materiais foram organizados conjuntamente pelos adultos e pelas crianças, estando acessíveis a todos os usuários.

> Na sala dos bebês, observei uma variedade de materiais simples, organizados em cestos, como lenços coloridos, caixas transparentes com materiais dentro, como palitos, pedras, contas coloridas, móbiles sonoros e visuais próximos à altura das crianças, papéis coloridos fazendo um sombreamento nas salas, pôsteres coloridos na altura dos olhos das crianças, instrumentos musicais industrializados e artesanais. (*Diário de viagem*)

Além dos materiais, permanentemente expostos na sala, observei que havia um grupo de materiais transitórios, vinculados a momentos do ano, a projetos de trabalho desenvolvidos, a necessidades específicas das crianças.

> Como agora está começando o outono, as ruas de Barcelona se enchem de *castanheiras*, que assam as castanhas nas ruas. Nas escolas infantis, acontece o mesmo, todas têm *castanheiras* (bonecas, figuras gigantes, de acordo com as tradições) com cestas com os frutos do outono: abóboras, nozes e castanhas. (*Diário de viagem*)

Ao visitar, na mesma época, escolas infantis de Granada, também na Espanha, não encontrei as castanheiras, nem referências tão fortes ao outono, afinal Granada é uma cidade mais ao sul e esta não é uma tradição local. Outra ideia presente é a de mobilidade. Alguns materiais transformam-se ao longo do ano dentro da sala; outros permanecem e recebem novos usos; outros, depois de bem-explorados, passam para outros grupos. O acesso aos materiais também é um dado importante:

> A sala era pequena, e os materiais estavam guardados em uma estante metálica de cerca de 2m de altura. Apenas as três primeiras prateleiras eram acessíveis às crianças. Para terem acesso às demais, a educadora tinha de auxiliá-las. (*Diário de viagem*)

Os materiais, portanto, são elementos essenciais na organização das rotinas. Sua existência, sua variedade e sua exploração são fatos que levam a criar alternativas em termos de atividades para os grupos. Como variar as formas de simbolização pictórica se apenas existem giz de cera e canetas hidrográficas na sala? Como se pode fazer uma escultura grande, com papelão, e pintá-la com pequenos vidros de tinta têmpera e pincéis pequenos e redondos?

A existência de um amplo repertório de materiais escolhidos pelos educadores, adequados às crianças, é um elemento que pode ampliar a variedade das atividades das rotinas, dar tranquilidade ao educador para poder criar novas ações e não repeti-las, fazer com que as crianças possam estar mais envolvidas nas suas ações, realizando brincadeiras coletivas e individuais.

Um dos aspectos favoráveis a Lóczy, descrito no livro de David e Appel (1986, p. 128) é que:

> Devido ao espaço disponível, à variedade e à quantidade de materiais ao alcance da mão (...) e provavelmente também por causa do estilo educativo dado a eles, jogam sem molestar uns aos outros e sem desejar realmente o que tem o vizinho. Graças à maior autonomia das crianças, os adultos se veem menos esgotados, e isto facilita o estabelecimento de relações serenas e equilibradas.

Os materiais, assim como foi visto em relação ao ambiente, construem modos de ser, modos de se identificar socialmente, modos de pensar, de solucionar problemas. Dessa forma, de acordo com os materiais oferecidos às crianças, pode-se construir diferentes tipos de rotinas. A seleção, a construção e a oferta de materiais são elementos de uma educação indireta.

NOTA

1. Instrumento utilizado para fazer medidas antropométricas.

10
A seleção e a proposta de atividades

> Depois de acordar, mamar. Depois de mamar, sorrir.
> Depois de sorrir, cantar. Depois de cantar, comer.
> Depois de comer, brincar. Depois de brincar, pular.
> Depois de pular, cair. Depois de cair, chorar.
> Depois de chorar, falar. Depois de falar, correr.
> Depois de correr, parar. Depois de parar, ninar.
> Depois de ninar, dormir. Depois de dormir, sonhar.
> Sandra Peres, Paulo Tatit e Edit Deardyk

A letra da canção citada na epígrafe, *Depois de..*, de Sandra Peres, Paulo Tatit e Edit Deardyk, pode ser vista como uma síntese do modo como as atividades são vistas e trabalhadas na educação infantil. Nas escolas infantis, como foi visto anteriormente, existe uma sequência fixa de atividades que ocorrem no decorrer da jornada. Nas instituições, da maneira que remete à música, as atividades são associadas à expressão "hora de". As horas de realizar atividades são cronometradas, mas, na verdade, não são horas; em algumas pedagogias são minutos, que se justificam em sua rapidez pelo fato de as crianças não se concentrarem, e em outras chegam a ser turnos, porque a hora exata da próxima atividade ainda não chegou.

Pode-se observar, tanto a partir das canções como dos modelos pedagógicos presentes no Anexo e da pesquisa de campo realizada nas instituições brasileiras, que aparecem basicamente dois grandes grupos de atividades. Em um deles, estão aquelas práticas que se constituem em rituais de socialização e de cuidados e que utilizam parte expressiva do tempo da jornada na educação infantil, como os momentos da entrada, do recreio, da alimentação e do sono. Em outro grupo, estão as atividades consideradas pedagógicas.

Normalmente, as atividades de socialização são as demarcadoras das subdivisões dos tempos institucionais. São elas que pautam o início, o meio e o fim do turno de trabalho dos educadores e do tempo de atendimento às crianças. Em geral, esse tipo de atividade precisa estar sincronizado com todas as demais da instituição, pois de sua execução por um grupo depende a execução por outro.

O uso do refeitório pode ser um exemplo dessa situação. Verifiquei que as instituições públicas observadas no Brasil possuíam um espaço fora da sala de aula para a realização das refeições das crianças a partir dos 3 anos. Essas instituições atendem a um número expressivo de crianças – em torno de 300 – e possuem um grupo de profissionais que realiza várias atividades de auxílio na escola, sendo que em ambas havia duas pessoas adultas disponíveis para auxiliar nessa tarefa. O objetivo da existência de um número maior de adultos é auxiliar as crianças na hora da alimentação. Pergunto-me se é realmente necessário ou se é apenas para garantir que os padrões organizacionais – tempo, limpeza e outros – definidos pela escola sejam mantidos:

> É necessário que os relógios das educadoras estejam bem-sincronizados para que todas as turmas sejam atendidas em seu devido tempo. A expectativa é que, ao sair um grupo, o outro já esteja pronto para usar a sala e que não aconteçam momentos de ociosidade nem de superlotação, que gerariam distúrbios. Tudo deve funcionar a contento dos responsáveis. (*Diário de campo*)

Em outra experiência de alimentação com crianças pequenas na própria sala, isto é, em um ambiente que não vai ser usado por outro grupo, a pressa é a mesma:

> Hora da comida! Duas monitoras vêm ajudar as quatro permanentes da sala nesta tarefa (são 20 bebês). O almoço vem servido em pequenas bacias, as crianças não enxergam os alimentos, que estão lá no fundo. Algumas monitoras, enquanto dão o almoço, conversam com as crianças em voz baixa, outras não. O almoço é uma situação de malabarismo das educadoras, pois elas dão comida a três crianças ao mesmo tempo. (*Diário de campo*)

O outro grupo é aquele considerado das atividades pedagógicas, que podem ser livres ou dirigidas pelos educadores. Nesse grupo, vamos encontrar uma variabilidade de atividades, como música, desenho, leitura e brincadeiras.

Um modo diferente de subdividir as atividades de rotina é diferenciando-as entre as de cuidados e as de educação. A ênfase em um ou outro polo se dá, principalmente, pela faixa etária, pela origem social das crianças e pelo tipo de organização institucional, ou seja, pela formação dos educadores, pelas propostas curriculares, etc.

A discussão acerca desse tipo de divisão de atividade na educação infantil não se restringe ao Brasil. Na Itália, Bondioli e colaboradores (s.d.) demonstram que, em uma situação de pesquisa das atividades das escolas da infância para registro em instrumento de observação, estas foram divididas inicialmente nas atividades de *routine,* de didática e de poliatividades (várias atividades que acontecem ao mesmo tempo, as nossas atividades diversificadas).

Essa discussão vem sendo realizada por diversos educadores brasileiros, procurando passar a limpo as controvérsias sobre esse tema na área da educação infantil. Vale citar os trabalhos de Barreto (1995), Campos (1994) e Kuhlmann Jr. (1998), que procuraram dirimir o preconceito de que as instituições assistenciais apenas cuidam das crianças e as escolas é que educam. Ambos os autores, por caminhos e com objetivos diferenciados, demonstram a indissociabilidade entre esses dois tipos de atividades na vida institucional e nas políticas públicas.

Lembro ainda que essa questão não se refere apenas à existência de dois tipos de atividades no mesmo local, em momentos alternados, mas ao quanto hoje, com a experiência acumulada na área, pode-se perceber que, sob uma ação de cuidado, há um projeto educativo e que todas as propostas pedagógicas precisam avaliar a dimensão dos cuidados necessários para sua plena realização.

Os modelos de atividades de rotina para as creches geralmente centram sua atenção no corpo das crianças e em seus aspectos biológicos. Há uma ênfase grande nos cuidados, na higiene, na alimentação e na saúde. As "horas de" são peculiares – fralda, mamadeira, banho de sol, sesta, suco, banho – e aparecem também alguns momentos de brincadeira e de atividades pedagógicas que, em geral, abrigam as atividades lúdicas e expressivas.

A questão da divisão entre atividades biológicas e culturais é importante para a educação infantil. Os atos relacionados aos cuidados das crianças, apesar de estarem determinados pela natureza, também estão impregnados de sentidos socioculturais. Um interessante exemplo disso tem sido trabalhado pelas pesquisas multiculturais.

Em várias delas, como as de Favaro (1995), na Itália, ou de Frangos (1996), na Grécia, observa-se que as crianças estrangeiras recebem dos seus países de origem, por intermédio de suas relações familiares, um modo de perceber o corpo, de falar, de comer e de aprender que estão presentes em todas as suas relações com o entorno, nas suas relações sociais, nos encontros com os outros e que estabelecem *as fronteiras da intimidade.*

Conforme Favaro (1995), cada cultura tem um jeito próprio, de acordo com suas regras, de estabelecer relações entre as gerações, os sexos, que se concretizam nos modos de cumprimentar, de conversar e de exprimir as emoções. Desse modo, podemos ver como as relações de cuidados com as crianças, apesar de acontecerem no contato físico do corpo, parecendo restritas aos aspectos biológicos, estão permeadas por relações socioculturais. Essas atividades de cuidado são bem mais complexas do que ensinavam as teorias homogeneizantes da puericultura ou dos movimentos sociais higienistas. A execução dos cuidados em contexto extrafamiliar, se não for refletida sob o ponto de vista sociocultural, pode causar conflitos e desadaptação ao novo ambiente.

Observando um *kindergarten*, em Kreutzberg, um bairro berlinense onde vivem pessoas de cerca de 200 nacionalidades distintas, verifiquei as tentativas de uma instituição de fazer a integração entre crianças de cultura alemã e turca e, ao mesmo tempo, respeitar tais diferenças. Tratava-se de um *kindergarten* experimental, pois também havia professoras das duas nacionalidades, quando em toda a rede de pré-escola de Berlim apenas 10% dos professores não são de etnia alemã.

> As salas da escola são lindas, têm muitos materiais e uma arquitetura cheia de degraus, dividindo os ambientes, e uma pequena cozinha em um canto. As roupas são variadas e todas as turmas têm educadoras das duas nacionalidades (turca e alemã). Fala-se em ambas as línguas e são realizadas atividades conhecidas tanto de um como do outro grupo. Há pela sala móveis, brinquedos, livros de história e outros materiais referentes às duas culturas. (*Diário de viagem*)

Assim, nas atividades relacionadas aos cuidados, como nas demais, havia uma preocupação com a possibilidade de comunicar-se por meio de uma linguagem comum, em um ambiente onde hábitos sociais eram compartilháveis e as tradições podiam ser respeitadas. Essas questões, que estão sendo analisadas por estudos multiculturais, são perfeitamente adaptadas para as questões de classes sociais, étnicas, religiosas, sexuais e relativas a outras variáveis presentes na sociedade brasileira. Isto remete a uma situação vivenciada por mim durante a observação das escolas infantis brasileiras.

> Hoje, uma das monitoras passou dos limites, e eu me senti muito mal por não ter feito nem falado nada. No meio da manhã, ela me explicou que uma menina negra deveria tomar um banho, pois tinha piolho e a família não estava cuidando. No princípio, até concordei, afinal piolhos incomodam, machucam o couro cabeludo, coçam e, se a família não consegue cuidar, no extremo, a escola infantil pode ajudar. Enquanto ela dava o banho na sala anexa àquela em que o grupo estava brincando, eu fiquei pensando na discriminação a que essa criança estava sendo submetida, pois não era segredo nenhum o motivo do seu banho, mas o pior foi quando a monitora, ao penteá-la, gritou: "Que cabelo ruim!". (*Diário de campo*)

Bruno Latour (1997, p. 12) demonstra, em seus ensaios de antropologia simétrica, que a cultura e a natureza estão cada vez mais imbricadas, cada vez mais tramadas, são como redes. Para esse autor, o tecido social não é mais inteiriço, não sendo possível vê-lo como uno. "Será nossa culpa se as redes são ao mesmo tempo reais como a natureza, narradas como discurso, coletivas como a sociedade".

As atividades de cuidado nas creches e nas pré-escolas não são apenas fatos sociais ou fenômenos biológicos; são, antes de tudo, como afirma Almeida (1999, p. 23), "híbridos construídos", com características, propriedades e atributos definidos tanto pela natureza como pela cultura". Ele considera a amamentação, por exemplo, um híbrido entre natureza e cultura. Para ele, é necessário rever os conhecimentos sobre a biologia desenhados socialmente pelos higienistas no século XIX e seguir em direção a uma social-biologia, entendendo como sociais todas as questões relacionais que permeiam esse ato.

Constatei, ao longo do trabalho, que, para os pequenos, há uma maior atenção e uma derivação direta das necessidades naturais nas propostas pedagógicas. Existe uma menor variabilidade na sequência de atividades propostas, sua execução é rígida, tendo em vista a satisfação das necessidades corporais. Vemos a sequência sono, troca e alimentação repetir-se várias vezes ao longo do dia. Uma característica das rotinas dessa faixa etária é que as atividades são mais lentas, o tempo exigido para sua realização é mais amplo e não há a exigência de que as crianças cumpram os tempos previamente definidos.

Em uma turma de berçário da escola pública A, foi possível encontrar algumas crianças dormindo, enquanto outras se alimentavam com uma das monitoras e outra, ainda, estava tendo as fraldas trocadas. Isso acontecia apesar de o espaço não privilegiar o sono, pois todas estas atividades ocorriam na mesma sala. A diversificação é uma atitude necessária, porque, por mais que os adultos pretendam realizar atividades unitárias, os pequenininhos tomam suas próprias decisões quanto aos seus tempos.

Já nos modelos para a pré-escola, acontece uma mudança, e a atenção da rotina passa do corpo para a mente das crianças. As rotinas tornam-se mais próximas ao modelo escolar, cada vez há uma menor preocupação com a pedagogia das situações de cuidados. Mesmo assim, continuam as atividades de socialização das rotinas e uma menor parcela do tempo é usada nas atividades de cuidado pessoal.

Se a rotina das atividades das crianças dos 0 aos 3 anos pende para a repetição para que haja a aquisição de certas destrezas motoras, de certos hábitos sociais, as rotinas das de 4 aos 6 anos parece trabalhar mais com a diferença, decidir o modo como aquele grupo faz tal coisa e como cada criança pode fazer do seu próprio jeito. É o momento de aprender variações sobre o mesmo tema, como comer com *hashi*, como os japoneses, e não com talheres, etc. Isto é, assumir a possibilidade de controlar a sua própria rotina pessoal, automatizá-la de acordo com escolhas, e não com imposições sociais.

Na pré-escola, as "horas de" privilegiam o jogo, as atividades diversificadas, como casinha, marcenaria, marionetes, biblioteca, música, estudos da natureza, experiências, teatro, calendário, etc. Existe uma variedade de atividades pedagógicas a ser desenvolvida com as crianças.

Entre as crianças maiores, há uma diversificação da sequência temporal das atividades; a duração dessas é menor, havendo também uma menor tolerância à diversidade das atividades, mas uma maior rigidez nos tempos de execução das tarefas.

Verificando e comparando as três rotinas históricas presentes no Anexo – na Itália, em 1914; no Brasil, em 1896 e na Argentina, em 1920 – vamos observar que houve poucas alterações nas atividades programadas, que estas seguem uma estrutura e um repertório de atividades que é muito semelhante àquele encontrado nas creches e nas pré-escolas que observamos e nos textos teóricos analisados. Pode-se afirmar que essas atividades é que formam o núcleo daquilo que podemos chamar de pedagogias da educação infantil.

Entrada, higiene, atividades dirigidas (intelectuais), refeições, jogo livre e jogo dirigido, trabalhos manuais, saída, jardinagem, ginástica, cantos, desenho, atividades que formam o repertório do jardim da infância do século XIX brasileiro aparecem no elenco de atividades que até hoje são conhecidas, denominadas e significadas de modo diferente, mas que seguem um padrão de atos conhecidos no âmbito da educação infantil.

Ainda hoje há, como vimos anteriormente, uma coluna vertebral das rotinas pedagógicas da educação infantil formada por algumas atividades fixas, que constituem o eixo no qual todas as demais atividades circulam. Basicamente, são elas: hora da entrada, jogo livre, rodinha, hora do banheiro, hora da merenda, hora do pátio, atividade dirigida, hora do almoço, hora da higiene, hora do descanso, atividades diversificadas.

Quase todas as instituições dão os mesmos títulos às "horas de", mas é importante ter em conta que, por exemplo, quando o item hora do recreio está assinalado, aparece, por um lado, um horário (o início e o término das atividades), algumas vezes, o local para a sua execução, mas deixa-se em aberto o que vai acontecer durante o recreio. Qual a concepção de recreio que há sob tal proposta? Serão brincadeiras dirigidas? Jogos recreativos? Que proposta está presente na atividade e não fica explicitada nas rotinas?

Cada item da rotina, apesar de ter a mesma denominação, possui uma extensa gama de possibilidades de interpretação. A entrada é, geralmente, um momento livre, no qual as crianças vão chegando e brincando com outras crianças em apenas uma sala ou em um *hall* de entrada, mas pode-se fazer a entrada de diversas maneiras. Como o nome do momento – entrada – não tem uma significação, lembrei-me de duas situações, uma observada e uma descrita por outra profissional.

Na pesquisa de campo, vi crianças chegando desde às 6 horas e ficando com profissionais que não eram os responsáveis pela sua turma. Algumas mães diziam algo para as monitoras e as crianças aproveitavam para interagir com outros colegas, maiores e menores, em um ambiente organizado para essa recepção. A forma de organizar a entrada pareceu-me bastante interessante, pois as crianças chegavam, em sua maioria, perto das 8 horas, quando havia educadoras em todas as salas.

Batista (1998), ao descrever a entrada em uma outra escola infantil com uma estratégia aproximada, considera-a um modo inapropriado de receber as crianças. A grande diferença entre as duas estratégias, no entanto, é que em uma das escolas esse horário era pensado por todos e o ambiente era organizado, e na outra não. O item da rotina recebia o mesmo nome, as atividades eram parecidas e, no entanto, os resultados levavam a análises tão diferenciadas.

O discurso de que todas as atividades realizadas nesses ambientes de educação coletiva são ao mesmo tempo de cuidados e de educação acaba enfrentando o impasse da divisão de tarefas, das responsabilidades, das atribuições e das disposições internas. Lembro-me daquela clássica frase, que não sei se alguém realmente disse, mas tenho certeza de que muitos já pensaram: "Eu não estudei tanto para trocar fraldas".

Juntamente com a problemática da divisão das atividades nas de cuidados e nas pedagógicas, pode-se encontrar uma outra questão, a da divisão do trabalho, referida anteriormente. Dentro das salas da educação infantil, estão vários adultos com formações diferenciadas, que, em geral, reproduzem a divisão do trabalho feita na nossa sociedade. Dutoit (1995) também encontra uma postura diferenciada dos educadores frente às atividades de higiene e saúde e às de ordem pedagógica. A esta questão da divisão entre atividades de cuidado e atividades educativas, a autora atribui uma nova dimensão, que é a discussão de um problema de ordem técnica e administrativa. Dentro de grande parte das creches, sejam elas públicas ou privadas, aparecem no mínimo dois grupos de profissionais: os professores, com formação acadêmica, e o profissional sem formação específica, com baixa escolaridade, que recebe diferentes nomes, como recreacionista, monitor, pajem. Estes trabalhadores têm contratos de trabalho diferenciados, que envolvem o número de horas de trabalho, salário e funções. O discurso de que as atividades desenvolvidas na rotina são de cuidado e educação e podem ser realizadas por ambos os profissionais, sem distinções, cria problemas administrativos, isto é, se duas pessoas realizam a mesma tarefa, obviamente, deveriam perceber os mesmos salários.

> O que mais me surpreendeu na conversa com a diretora foi que ela me disse que as atividades "assim, humm, as mais pedagógicas" eram desenvolvidas pelas professoras no turno da manhã e apenas com as crianças do jardim. O berçário e o maternal não tinham "atividades pedagógicas" porque não tinham professores. Perguntei-me: o que ela queria dizer com pedagógicas? Folhas mimeografadas? Ensinar a escrever o nome? Para essa diretora, educativo é só a transmissão de informações? Lembrei-me da Ana Lúcia, quando discutia a questão do educativo e do cognitivo. É como se o conhecimento, a inteligência fossem acionados somente no horário desejado e depois desligados para se viver a vida comum. (*Diário de campo*)

Outra questão que também envolve os profissionais da educação infantil são os saberes especializados. Como já mencionei, a ciência moderna constituiu um *corpus* de ideias que poderia ser aquele que dá conta do saber sobre as crianças pequenas. Esse corpo estava dividido entre os diferentes campos de conhecimentos, sendo que cada campo possuía os seus especialistas.

Penso em nossas alunas, na universidade, que se formam em pedagogia da educação infantil sem ter uma disciplina que fale de questões relacionadas à saúde e à higiene infantil. Remédios, doenças contagiosas e estratégias de introdução de alimentos são temas relativos apenas à formação dos monitores e ocupantes de cargos técnicos. É preciso ultrapassar esse tipo de formação e criar conhecimentos híbridos. Um assunto é a nutrição infantil, e quem entende disso é a nutricionista; outro é a introdução dos alimentos sólidos no grupo do berçário, a refeição em ambiente coletivo, etc. Quem deve ter o conhecimento sobre esses temas é a educadora infantil.

Os temas da ciência contemporânea podem ser tratados antropofagicamente pelos educadores da infância, não assumindo esses conhecimentos por inteiro, acriticamente, nem os considerando apenas como uma forma de governo sobre o *corpus*. É preciso tomá-los tanto como regras que conformam e normalizam as subjetividades como também lembrar que estes mesmos conhecimentos salvam vidas. O saber especializado tem um lugar importante na vida contemporânea, e é a partir do acesso a ele que muitas mães, instituições e educadores vão ter parâmetros para decidir sobre a sua ação. Penso que o importante seria não se colocar em um lugar de subordinação ao saber, mas reconhecer a diversidade dos saberes científicos e populares, as suas contraposições e complementaridades, pois a diversidade das produções científicas é grande, mesmo havendo uma hegemonia.

Outro aspecto que também relaciona as rotinas às atividades é sua distribuição ao longo do dia. Nas escolas A e C, como já mencionei, havia uma professora que vinha no turno da manhã para trabalhar com as crianças mais velhas, o que fazia com que houvesse uma marcante diferença entre a rotina da manhã e a da tarde, uma ruptura. Não havia uma adaptação dos adultos ao processo temporal das crianças – a jornada – pois havia uma dissociação das atividades, demonstrando o profundo adultocentrismo da instituição.

Na Espanha, um dos diferenciais das escolas após as crianças completarem 3 anos é que há a permanência do profissional durante todo o dia com as crianças, exceto nas refeições e na hora do sono, que também servem como horário de descanso e almoço para os adultos. Isso faz com que haja uma continuidade entre as tarefas iniciadas pela manhã e as realizadas durante a tarde. O lado negativo é que os educadores não estão presentes na hora das refeições e do descanso, quando as crianças ficam sob o cuidado de monitores.

Além de pensar as atividades da educação infantil dos modos relacionados, penso que elas podem ser refletidas também pelo tipo de organização dos participantes: as atividades individuais, em pequenos e grandes grupos, isto é, como os participantes das atividades interagem entre si. E outro modo de pensá-las é pelo tipo de gerenciamento, isto é, se são dirigidas pelos adultos ou se são de livre escolha. A priorização de um tipo de atividade em relação às demais depende das possibilidades concretas do grupo – número de crianças, materiais disponíveis – e também da formação do educador e da sua proposta pedagógica.

As rotinas impõem às atividades um ritmo, um tipo de inter-relacionamento, um tempo de duração, modos de diversas atividades conectarem-se umas às outras, modos de fazer transições de uma situação a outra. Também as possibilidades dos ambientes, o tempo dispensado para realizar as atividades e os materiais oferecidos são decisivos para haver maior ou menor grau de variabilidade na proposição de atividades.

Uma das grandes questões em relação às atividades rotineiras é o quanto elas permitem flexibilidade e o quanto são compatíveis com planejamentos globalizados, não fragmentados, como sob a forma de projetos ou de temas geradores. Como é possível combinar e estipular os tempos e espaços para cumprir todas as atividades de rotina e, ao mesmo tempo, fazer um planejamento flexível, coerente com as necessidades do grupo?

Se o planejamento da educação infantil for feito a partir de um plano de curso, com muitos conteúdos, divididos em subconteúdos, esmiuçados, torna-se difícil flexibilizar as rotinas diárias, pois todas as atividades já estão com o seu tempo programado.

A escola C estava procurando implementar uma proposta pedagógica em que o planejamento global, isto é, o projeto político-pedagógico da escola fosse feito a partir da leitura e problematização da realidade da comunidade. Uma das muitas questões que se colocava era como relacionar a programação feita coletivamente pela escola com a de cada classe. Como atender aos conhecimentos disciplinares em uma abordagem interdisciplinar? Como atender aos tempos das rotinas e das atividades significativas das crianças? Como considerar a idade das crianças e o tipo de organização mental que exige que considere os tempos do grupo, os espaços para atuação, os imprevistos, as eventualidades, o extraordinário?

Assim, fica visível como é possível verificar qual é o currículo da instituição a partir da análise das atividades de rotina propostas e da sua frequência. Segundo Moreira (1995), existem diversos modos de pensar o currículo. Para esse autor, os currículos são sempre recortes culturais, instrumentos utilizados pelas sociedades para desenvolver tanto processos de conservação, transformação e renovação dos conhecimentos como de socialização dos mais jovens, de acordo com aquilo que desejam as gerações e o poder dos mais velhos.

Contudo, esse mesmo autor fala da existência de diferentes tipos de currículo: o currículo formal, que seria os planos e/ou as propostas pedagógicas de modo aberto, vago, para ser complementado a partir das diferenças e das discussões locais; o currículo oculto, que é o implicitamente transmitido, e o currículo em ação, que é o que de fato acontece nas salas.

O planejamento do ensino fundamental preocupa-se com os objetivos, os conteúdos, as estratégias, os recursos, as atividades de ensino, a avaliação e fragmenta o tempo, para poder controlá-lo e executar o que foi previamente planejado. Na educação infantil, a rotina, muitas vezes, acaba tornando-se uma camisa de força para a execução de planejamentos mais flexíveis.

Geralmente, como afirma Batista (1998), as atividades são definidas pelo tempo, e não o contrário. O que importa é cumprir o previsto, a rotina e os horários. As aprendizagens, as vivências grupais, a repetição ou as variações sobre o mesmo tema são parcialmente proibidas pela exigência de terminar tudo em tempos curtos.

De acordo com Bruner (apud Bondioli et al., 1995, p. 38), o que parece perigoso não é tanto a pluralidade das experiências e das relações, mas a fragmentação e a falta de conexão entre as atividades realizadas ao longo do dia. As atividades de rotina são reiterativas ou recorrentes na vida cotidiana, isto é, aquelas que acontecem todos os dias, como acordar, alimentar-se, tomar banho, vestir roupas e dormir. No entanto, as atividades rotineiras têm um componente especial na faixa etária dos 0 aos 6 anos: além de ser a estrutura na qual se apóia a organização do cotidiano, elas são também o conteúdo pedagógico dessa faixa etária.

Para as crianças da creche, aprender a escovar os dentes, a usar o banheiro adequadamente, a deslocar-se até o pátio são conteúdos concretos da vida e também das aprendizagens selecionadas para este nível de ensino. Tais conteúdos vão variando na sua complexidade. Comer com colher, comer com garfo, usar o copo de vidro são todas experiências que as crianças desenvolvem nesses primeiros anos. Os temas relacionados às rotinas são, ao mesmo tempo, forma e conteúdo da educação infantil.

Esses conteúdos são também aprendidos na esfera privada, dentro das casas, mas, nos contextos educativos para as crianças pequenas, podemos encontrar um diferencial: esses conhecimentos e atitudes são levados da esfera privada para a pública e ressignificados por experiências transculturais e pelas intenções pedagógicas.

11

Padronização

Em sua função como organizadora e modeladora dos sujeitos, a rotina diária na educação infantil segue um padrão fixo e universal na sua formulação, na sua estrutura e no modo de ser representada. Como foi possível observar até agora, sob essa estratégia de organização da vida cotidiana das instituições de educação infantil subjazem concepções de naturalização, homogeneização, moralização e controle social.

A questão da universalização de uma rotina pedagógica para as diferentes instituições de cuidado e educação para crianças pequenas não é nem recente nem uma invenção nacional. As rotinas estão presentes em quase todas as propostas pedagógicas para a educação infantil. Não só existem em quase todas as instituições, como também são muito parecidas, independentemente do lugar e do momento histórico em que sejam executadas. Tal efeito pode ser constatado tanto pelas observações realizadas nas visitas a diferentes países, como na análise de várias publicações pedagógicas atuais da Itália, da Suécia, dos Estados Unidos e da Espanha, e ainda no cotejo das publicações recentes com algumas mais antigas.

Nas rotinas universalizantes, esquece-se de que as crianças são diferentes, nascem e crescem em profundo diálogo com uma cultura específica. Quando falo na cultura das crianças bem pequenas, refiro-me aos gostos, às ações, aos toques, aos sons, às palavras, às canções, às luzes, às cores, aos cheiros, às mobílias, aos brinquedos que as circundam, bem como às formas como as diferentes culturas são significadas socialmente, passando a constituir o próprio modo de ser de cada uma dessas crianças. É no contato, nas experiências que realizam com e nessas culturas que as crianças vão criando suas ações, conceitos e ideias sobre sua identidade pessoal, sobre o mundo em que vivem e sobre seu lugar nele. Isso não quer dizer, contudo, que elas não possam, posteriormente, criticar e transformar a si mesmas e às culturas nas quais foram educadas.

Esse modo padronizado de elaborar as rotinas procura dissimular as diferenças, criando um discurso único, que não considera questões como gênero, idade, classe social e culturas. Entretanto, esse discurso, mesmo quando aponta para uma unicidade, está permeado por diferenças que se expressam de modo peculiar nas diferentes práticas.

Há nas instituições um discurso dominante sobre a educação das crianças, socialmente aceito e apresentado como verdadeiro. Porém, nas intervenções, observo que tal discurso diferencia-se e dirige-se especificamente a cada pequeno subgrupo de crianças, obedecendo, principalmente, ao modo de inserção destas como sujeitos em uma sociedade na qual essas diferenças são marcadas. Nas rotinas que observei, apareceram meandros, matizes, não ditos que levam a tratar meninos e meninas, brancos e negros, pobres e ricos de maneira diferenciada. Para cada tipo de subgrupo há um discurso diverso, e sabe-se que esses discursos constituem, disciplinam e realizam a manutenção da formação social em que se originam.

Por exemplo, as meninas são socializadas de maneira diferente dos meninos em função do seu gênero e das metas políticas e morais que a sociedade e as profissionais dão a elas: "A monitora comentava que a hora do banheiro era complicada, principalmente por causa dos meninos. Sabe, as meninas são muito mais comportadas, mas os meninos são muito bagunceiros". (*Diário de campo*)

Nas observações efetuadas, surgiram diferentes formas de intervenção frente a situações que envolviam questões de sexualidade. Em uma turma de berçário 2 da escola A, com crianças de 1 a 2 anos, estas estavam brincando no chão quando:

> O... abaixa as fraldas e mostra a bunda, as crianças olham e algumas começam a rir. Imediatamente, as monitoras pedem para ele puxar as fraldas para cima. Como ele não consegue colocá-las no lugar sozinho, uma monitora aproxima-se e o ajuda, afirmando que é feio mostrar o bumbum. (*Diário de campo*)

A intervenção da monitora foi rápida e bastante direta, demonstrando que certos valores morais e sociais precisam ser preservados. Em outra turma de maternal, com crianças de 2 e 3 anos, também surgiu uma situação desse tipo, na qual a educadora fez outro tipo de intervenção:

> As crianças entram na sala e recebem papéis e pincéis atômicos para desenhar. O... logo grita para uma colega: "Me dá a canetinha rosa!" e vai pegando a caneta. A educadora intervém, dizendo para ele esperar um pouco, pois a colega vai usá-la primeiro e logo vai emprestá-la. As crianças desenham em papel grande no chão, escolhem os pincéis e a cor rosa está em alta cotação, pois novas disputas surgem entre as crianças. As educadoras identificam os trabalhos colocando o nome e a data; fazem algumas perguntas sobre o desenho e incentivam a trocar as cores das canetinhas. (*Diário de campo*)

Vivemos em um mundo onde convivem diferentes alteridades, com enquadramentos culturais diversos. As ações humanas, mesmo aquelas mais simples e cotidianas, como tomar banho, alimentar-se e brincar, não acontecem da mesma maneira em todas as culturas, nem com todos os sujeitos dentro de uma mesma cultura.

Cito como exemplo uma pesquisa intercultural sobre a educação de bebês (Stork, Ly e Mota, em Busnel,1997) que compara os modos de cuidar das crianças pequenas em diferentes culturas – regiões da África, América Latina e Europa. No momento do banho, por exemplo, as autoras descrevem os atos e gestos feitos pelo adulto responsável: o modo de segurar o bebê, a escolha do momento do dia e do lugar ideal, o uso do sabonete, o modo de secar. Com isso, vemos o quanto o banho (que parece ser um universal de caráter biológico) pode ser dado com procedimentos distintos e, muitas vezes, antagônicos. Mas o mundo das rotinas das creches e pré-escolas é um mundo de socialização que procura fazer com que crianças diferentes criem hábitos, procedimentos, gostos e desejos iguais.

Também os modos de interação das crianças com os adultos e o mundo social são diversos em culturas diferentes. Em alguns grupos, começa-se muito cedo a participar da grande comunidade, como, por exemplo, em uma comunidade indígena. Baldus (1978), em um artigo clássico sobre o ciclo de vida dos índios tapirapés, mostra que as crianças aprendem brincando aquilo que é o trabalho dos adultos. O menino de 3 anos já tem um pequeno arco com flechas e a menina já possui uma peneira, cujos tamanhos correspondem à estatura dos donos. Além de possuir os instrumentos de trabalho adaptados ao seu tamanho, as crianças indígenas estão em permanente interação com os adultos em seus períodos de trabalho, lazer, diversão, não havendo uma divisão tão acentuada quanto a existente nas sociedades ocidentais contemporâneas, nas quais se estimula a criação de um mundo à parte para as crianças.

Esse fato demonstra que não há uma única e melhor forma de inserir uma criança em seu grupo social, o importante é compreender como cada grupo faz essa integração e questionar a modalidade, desafiando o mundo normativo, controlador e previsível. Lyotard, em uma entrevista (Kechikian, 1993, p. 50), comenta:

> Se eu tivesse de atribuir uma finalidade à educação – é uma pura hipótese da minha parte –, seria a de tornar as pessoas mais sensíveis às diferenças, de fazê-las sair do pensamento massificante. É preciso educar, instruir, nutrir o espírito de discernimento, formar para a complexidade.

O horário de abertura e de encerramento das creches e pré-escolas pode ser um exemplo da uniformização, pois a norma geral no Brasil é única: ou meio período ou turno integral. A definição desse período é feita independentemente das necessidades das crianças, dos educadores e das famílias. Do ponto de vista dos pais, os horários são comunicados e pode-se observar que eles aprendem, com rapidez, se podem ou não buscar ou levar seus filhos antes ou após o horário preestabelecido e qual é a necessidade de adaptar-se ao horário, apesar de suas reais possibilidades.

As crianças, por sua vez, não têm contemplados os hábitos familiares, tendo de obedecer a um horário que nem sempre está em consonância com as suas necessidades. Por ficarem fora de casa por um longo tempo, de até 12 horas, elas muitas vezes ficam acordadas até mais tarde para participar da vida familiar. Por causa disso, se chegam mais tarde ou têm sono no início da manhã, são chamadas pejorativamente de dorminhocas, preguiçosas. O nascimento de um bebê ou alguma alteração no contexto familiar, fazendo com que haja maior necessidade de contato da criança com os pais, de sair mais cedo, assim como ficar com familiares na época das férias do pai ou da mãe (que nem sempre coincidem com as da instituição) podem ser malvistos pelos educadores, como se os pais não valorizassem o trabalho destes.

Os educadores não são consultados e, muitas vezes, não promovem alternativas de funcionamento para adequar-se às necessidades da comunidade, em função do seu próprio interesse. É preciso dizer que essa adaptação ao horário social das crianças não significa abrir mão de uma identidade própria, mas procurar conjugar os horários institucionais aos da família e da comunidade.

Lembro-me de um episódio que aconteceu em uma das instituições:

> O almoço era servido às 10h50min para dar tempo de todos almoçarem e a cozinha prestar bem o serviço. Mas a turma que eu observava apresentava uma característica de inapetência generalizada, então me perguntei: o grande problema não seria oferecer comida para quem não está com fome? (*Diário de campo*)

Nas observações feitas em outros países, também encontrei tal polêmica relativa ao horário de funcionamento das instituições, que propunham um atendimento em um horário diferente daquele da sociedade em geral, acarretando um certo conflito:

> Uma das muitas perguntas que me faço é: como os pais podem vir buscar as crianças às 15 ou 16 horas, isto é, no meio da tarde? Observei, ao longo da viagem, algumas estratégias: certos pais podem fazer horários alternativos em seus locais de trabalho e há também uma tradição nos países nórdicos de entrar cedo e sair cedo do trabalho. Os avós são pessoas importantíssimas para buscar as crianças na escola e ficar com elas até os pais chegarem, e existem muitas moças que buscam as crianças na escola e ficam com elas até os pais voltarem para casa. Além dessas estratégias privadas, alguns órgãos públicos proveem serviços sociais nos bairros, que atendem às crianças maiores com ludotecas, parques com atividades físicas e pagam pessoal com menos recursos profissionais (estudantes ou pessoas com baixa escolaridade) que ficam nas instituições com as crianças até o horário de os pais chegarem na escola (muitas vezes, esse serviço é remunerado pelos pais). (*Diário de viagem*)

Geralmente, as rotinas das instituições não levam em consideração os horários de alimentação e sono familiares e os hábitos de lazer das crianças, criando uma ruptura nas aprendizagens desenvolvidas no meio familiar. Há um profundo desconhecimento desse universo. É importante ressaltar que esta ruptura pode ser vista como uma oportunidade: na escola B observada, por exemplo, existe o hábito de comer frutas como merenda, o que permite que as crianças que não têm acesso a elas em casa possam aprender a comer esse tipo de alimento. Entretanto, isso também pode ser uma restrição, quando a escola obriga a criança a se alimentar na hora da merenda, mesmo quando não tem fome.

Em uma escola observada na Dinamarca, as crianças podiam alimentar-se no horário desejado, apesar de haver um momento ritual para isso. O argumento para a ação é que nunca se sabe se a criança tomou café da manhã antes de vir à escola ou não, se está ou não com fome.

Na escola infantil C, ouvi o relato, feito pela direção, acerca de uma mãe que frequentemente trazia seu filho atrasado. As educadoras acreditavam que a sua impontualidade era uma atitude irresponsável e tinham com ela uma atitude pouco receptiva. Tudo mudou quando, na realização de uma pesquisa do universo das famílias, algumas profissionais foram conhecer a residência da família e descobriram alguns motivos que justificavam o atraso. Essa mãe precisava levar os irmãos mais velhos à escola e, somente após a entrada dos outros filhos, dirigia-se à creche, percorrendo uma considerável distância à pé.

As rotinas pedagógicas geralmente se constituem em uma listagem de momentos de atividades consideradas como as universalmente adequadas e necessárias para o atendimento de um grupo de crianças. As medidas de adequação e necessidade são estipuladas principalmente pelo senso comum, pela tradição constituída ao longo da história da pedagogia da educação infantil e/ou por ideias encontradas nos livros de psicologia do desenvolvimento, isto é, referentes externos e padronizados. Os contextos concretos das instituições, as características do grupo de crianças atendido e outros elementos que poderiam situar as escolhas para a organização das rotinas dificilmente são mencionados ou servem de referentes para a organização das rotinas. É importante não esquecer o papel que as creches e as pré-escolas tiveram como auxiliares aos pesquisadores da área da psicologia evolutiva, que podiam encontrar em um mesmo lugar crianças que conviviam juntas, agrupadas de acordo com suas idades e em condições ambientais bastante controladas, o que favorece a padronização e a normalização.

Burman (1998), ao fazer uma longa discussão sobre a desconstrução da psicologia, reconhece e procura demonstrar como a psicologia evolutiva, estabelecendo-se como científica, pelo uso de uma metodologia de pesquisa com base nas ciências experimentais e tendo como substrato a teoria da evolução, conseguiu, ao longo deste século, com o uso contínuo de suas tecnologias de medidas, descrever normativamente a normalidade e estabelecer padrões de desenvolvimento que separam o normal do patológico, acabando por segregar ou marginalizar todo o comportamento que se diferencia do padrão. Vale lembrar que as medidas da psicologia evolutiva foram, muitas vezes, elaboradas pela observação dos momentos de aquisição de destrezas fragmentadas e descontextualizadas e, por terem sido produzidas, basicamente, por pesquisadores dos países europeus e da América do Norte, possuem uma visão etnocêntrica que passa por universal.

Além das questões acima levantadas, a autora aborda a profunda relação que se estabeleceu entre as pautas evolutivas da psicologia, as formas de intervenção estatal, por meio de políticas sociais de proteção e atenção e, ainda, a prescrição de modos de avaliação e atendimento das crianças nas famílias, nas instituições e na sociedade em geral, demonstrando como uma ciência tem o poder de intervir tanto no campo macro como microestrutural da sociedade.

Para discutir a padronização das rotinas pedagógicas na educação infantil, voltarei a recorrer ao quadro comparativo de modelos ou sugestões de propostas de rotinas feitas para a educação infantil (ver Anexo). Esses modelos ou sínteses de propostas pedagógicas foram retirados de livros, revistas, documentos oficiais e/ou outras publicações da área de educação infantil e representam propostas elaboradas em lugares e em momentos históricos diversos, tendo referenciais teóricos diferenciados. Por meio de sua observação atenta, verificamos que os momentos são padronizados e mantêm uma constância, independentemente da época de sua elaboração ou do lugar onde foram aplicados. Dificilmente encontrei nas rotinas das escolas infantis observadas momentos de organização das atividades pedagógicas que fossem muito diferenciados das propostas acima apresentadas, isto é, do senso comum instituído acerca do que é fazer educação infantil.

Tanto a existência das rotinas como o seu conteúdo são apresentados como se fossem únicos, naturais e indiscutíveis. O uso constante das rotinas acabou por torná-las um esquema padronizado de organização da educação institucional para as novas gerações, naturalizando um dos muitos modos de entender as crianças e procedendo a partir disso uma normalização da infância.

Uma característica constantemente encontrada nos poucos textos que tratam das rotinas é a de que, apesar de estas se constituírem em prescrições detalhadas, geralmente em sua apresentação reside a ideia de flexibilidade. Argumenta-se que as rotinas não devem ser monótonas e repetitivas, que devem contar com a participação das crianças, aceitar imprevistos e respeitar os tempos necessários ao andamento do trabalho.

Foi bastante difícil encontrar espaço para o inusitado na realidade presente na escola A. O único contraponto encontrado às atividades dirigidas foi o de um espontaneísmo acrítico, e não o espontâneo considerado como o acaso, o imprevisto.

> Hoje de manhã, a creche estava em polvorosa. Haviam encontrado vestígios de um animal no forro. Ninguém sabia se era um gato, um rato ou um gambá. As educadoras só falavam nisso: no nojo, no medo, nos transtornos que um animal desses traria à saúde das crianças. Além disso, citavam o nome de um homem, o Sr. João, que resolveria o problema. Nada foi comentado com as crianças, apesar de elas notarem que havia algo "no ar". Se eu notei, por que elas não observariam? Por que deixá-las excluídas? (*Diário de campo*)

Essa poderia ser uma boa oportunidade de encarar o inusitado, o novo como uma possibilidade de abrir, ampliar o trabalho já pensado. O imaginário das crianças sobre os seres que vivem no sótão poderia ser desafiado, as diferenças entre os animais que podem viver no forro poderiam ter sido discutidas, imaginar o que esse animal estaria fazendo no sótão, desenhar esses bichos: os reais e os imaginários, envolver os conhecimentos dos familiares sobre as histórias da família e o sótão, todas essas abordagens poderiam ter sido feitas se o padrão da rotina não fosse tão rígido. Chama atenção o deslocamento feito pelas profissionais da escola infantil da responsabilidade sobre o tratamento dessa questão para um homem. Em outras palavras, animais no sótão não é assunto para mulheres e crianças.

Quanto à flexibilidade, fica a questão: já que ela existe, para que serve? Para potencializar os tempos da criação ou os tempos da eficácia e da eficiência? Pelo que foi observado, em geral, é a favor dos últimos, é para o lado das necessidades dos adultos e das instituições que tende o pêndulo do tempo.

As rotinas servem como parâmetros para o controle social. Quando existe uma rotina previamente combinada a ser seguida, os instrumentos de controle podem ser mais bem definidos e a averiguação dos critérios de execução melhor observada. A rotina é uma prática que tem colaborado com a constituição da avaliação, tanto da qualidade do atendimento dado às crianças como na avaliação e na classificação das crianças na educação infantil. Participar ou não das atividades de rotina, ter ou não sucesso em tais práticas classifica as crianças entre as adaptadas e as não adaptadas, as que vão bem ou as que precisam de algum tipo de atenção especial do educador. Esta atenção pode variar do encaminhamento a algum tipo de clínica à conversa com os responsáveis ou até a exclusão.

Todos na instituição conhecem as rotinas e, com isso, controlam a vida de todos. Um educador não apenas sabe sobre qual o seu horário de ir ao pátio, como também o dos colegas e, muitas vezes, age no sentido de fiscalizá-los, denunciando quando tudo não está funcionando de acordo com o combinado. Por exemplo:

> Depois de uma semana de chuva, tem-se um belo dia de sol. A monitora deixa as crianças saírem da sala 15 minutos antes da hora (definida pela rotina), as crianças vão se aproximando da caixa de areia. Então, um monitor grita: "Ei! Ei! Va-

mos voltar para sala. Não tá na hora!". As crianças retornam e a monitora lança um olhar fulminante para o monitor. (*Diário de campo*)

Além do controle social feito explicitamente, as práticas de moralização também permeiam as rotinas, pois elas constituem, nas sociedades contemporâneas, um dos objetivos primordiais para essa faixa etária. As ações rotineiramente realizadas nas creches e nas pré-escolas abrangem atividades que estão intrinsecamente ligadas aos valores sociais e aos hábitos culturais dominantes. Tem sido delegado às instituições de educação infantil o poder de socializar as crianças pequenas por meio da transmissão dos valores, e essa tarefa moral é realizada quase sem nenhum questionamento, nem quanto ao conteúdo do que está sendo transmitido, nem quanto à forma como isso é feito. Segue-se utilizando com grande frequência os critérios de feio ou bonito, bom ou ruim, bem ou mal-educado, entre outros, para avaliar o comportamento das crianças.

Segundo Bondioli (s.d., 23), nas instituições de cuidado e educação de crianças pequenas na Itália:

> As crianças aprendem como devem comportar-se nas ocasiões sociais, interiorizando regras mais ou menos explícitas (normas de comportamento à mesa ou no banheiro), adquirindo "bons" hábitos (não falar com a boca cheia, não comer apressado), hábitos culturais (comer a uma certa hora uma refeição caracterizada por uma sequência de pratos) e regras de comportamento social (esperar a sua vez, não atrapalhar os companheiros, não fazer coisas proibidas).

Se essa socialização fosse realizada respeitando as diferentes formas de sociabilidade, tal questão poderia ter outro encaminhamento. As rotinas, quando vistas como rituais, como formas que cada grupo social institui para criar uma identidade social, podem ser ressignificadas, deixando de ser vistas apenas como atividades repetitivas, sem valor e monótonas e retomando a sua ordem simbólica. A potencialidade dos mitos e também dos rituais, tão importantes para as formações grupais e individuais, acaba sendo banalizada nas rotinas.

André Comte-Sponville (1996, p. 15) reconhece que, anterior à construção moral dos sujeitos, existe a prática da polidez. A polidez é uma virtude formal, um pressuposto necessário à formação moral, e é realizada com as crianças pequenas. A polidez é construída pela coerção externa e pela disciplina normativa, que fará a criança praticar ações mesmo quando não as domina ou reconhece. Ser polido é ser bem-educado, obediente, ter boas maneiras; é a forma como cada um se apresenta socialmente.

> O recém-nascido não tem moral, nem pode ter. Tampouco o bebê e, por um bom tempo, a criança. O que esta descobre, em compensação, e bem cedo, são as proibições.(...) Há o que é permitido e o que é proibido, o que se faz e o que não se faz. Bem? Mal? A regra basta, ela precede o julgamento e o funda.

Para o autor, nas sociedades ocidentais, todos os conceitos morais são constituídos a partir dessa estrutura básica, que é a polidez. As rotinas são estruturas que operam a partir dos hábitos, dos costumes e das tradições que constituem a polidez; é preciso não apenas reproduzir tais atos, que são a base das rotinas, mas refletir sobre sua procedência e sua adequação atual.

Bauman (1997), ao refletir sobre a ética na contemporaneidade, na pós-modernidade, afirma que as grandes questões e conflitos ligados à moral e à ética modernas não estão nem resolvidas, nem fora de discussão. Lembra, ainda, que um grande número de autores tem considerado que toda a formação moral é desnecessária, pois esta é uma época em que os comportamentos prevalecentes não são morais e em que não há lugar para nenhum tipo de sujeição.

Segundo Bauman, a saída não está nas práticas de educação moral tradicional ou em rotinas que definam com clareza como devem ser as relações sociais entre as crianças e entre elas e os adultos, ou quais os limites entre os valores certos e errados, ou os modos como se realizam determinadas atividades. Tais questões merecem ter uma nova elaboração, que ultrapasse os deveres socialmente aceitos, as obrigações, as normas coercitivas e universais, que foram, até agora, a forma mais usada para resolvê-las.

É preciso que se procure ver e tratar essas questões de maneira nova, saindo da polaridade certo/errado. Bauman afirma que os códigos morais preconizados ao longo dos últimos séculos pelas religiões e pelas filosofias visaram a subtituir o pluralismo e a ambivalência moral vivida no cotidiano por uma perspectiva monolítica, unitária, linear e universal. Já a ética visualiza a pluralidade de caminhos e de ideais humanos como um desafio, confiando nas possibilidades da intuição moral e na capacidade humana de negociar os modos e os usos de convivência, chegando a consensos possíveis.

Nas últimas décadas do século XX, conseguiu-se romper socialmente com uma padronização dos comportamentos fundamentados apenas nos hábitos, na moral dominante e nas tradições, tendo havido uma mudança nos modos de constituição dos homens e das mulheres, que passaram a ser vistos como seres dotados de identidades não dadas aprioristicamente, mas apenas esquematicamente enunciadas, confrontando-se com a necessidade de construí-las por meio de escolhas e realizando experiências.

> A novidade da abordagem pós-moderna da ética consiste primeiro e acima de tudo não no abandono de conceitos morais caracteristicamente modernos, mas na rejeição de maneiras tipicamente modernas de tratar seus problemas morais (ou seja, respondendo a desafios morais com regulamentação normativa coercitiva na prática política e com busca filosófica de absolutos, universais e fundamentações na teoria). Os grandes temas da ética – como direitos humanos, justiça social, equilíbrio entre cooperação pacífica e autoafirmação pessoal, sincronização da conduta individual e do bem-estar coletivos – não perderam nada de sua atualidade. Apenas precisam ser vistos e tratados de uma nova maneira. (Bauman, 1997, p. 8)

Na educação infantil, é preciso também poder contemporizar essas novas noções. Fugindo das asserções sobre a boa ou a má essência humana, sobre a universalidade da moral, chega-se à execução de um único código de conduta, com regras heterônomas, reconhecendo que "o eu moral move-se, sente e age em contexto de ambivalência e é acometido pela incerteza" (Bauman, 1997, p. 17). Portanto, as regras devem ser construídas, compartilhadas e reconstruídas continuamente.

Com sua tendência à homogeneização, a rotina não tem respeitado a riqueza da diversidade, da coexistência de diversos modos de ser e de agir. Tal homogeneização, que nasceu com a produção em massa, procurou separar os indivíduos das suas identidades locais, da sua tradição e da sua própria forma de ser e viver a vida. É vital que voltemos a pensar nessas diferenças não como dificuldades para a construção de relações, mas, segundo Kristeva (1994, p. 205), como a nossa única saída.

> Está surgindo uma comunidade paradoxal feita de estrangeiros, que necessitam aceitar-se à medida que também se reconhecem como estrangeiros. Isso ocorre porque, diante da ausência de um novo laço comunitário, pela primeira vez na história somos levados a viver com seres diferentes, apostando em nossos códigos morais pessoais, sem que nenhum conjunto que englobe as nossas particularidades possa transcendê-los.

É assim que as relações humanas se estruturam em um certo espaço e em um determinado tempo. Apagar as diferenças entre elas é uma forma de não entendê-las. Conforme Eagleton (1993), reconhecer alguém como sujeito é colocá-lo (a) no mesmo plano hierárquico que a si mesmo e reconhecer nele ou nela a sua alteridade e a sua autonomia.

As rotinas são, portanto, as estruturas que operam em direção à padronização, em direção ao comum. E, como vimos anteriormente, esta é uma das funções das instituições criadas na modernidade. É possível pensar em rotinas executadas de modos diferenciados?

12

Pedagogias da educação infantil: dos binarismos à complexidade

Nos capítulos anteriores, tratei da importância dos séculos XIX e XX para o estabelecimento de um corpo de saberes e fazeres que possibilitaram tanto a construção social do conceito de infância quanto a constituição de instituições de educação infantil e de pedagogias para educá-la e cuidá-la. A categoria rotina emerge como o núcleo central em que operam essas pedagogias.

É possível afirmar que os grandes temas em torno dos quais se sustentam os discursos políticos e técnicos sobre as pedagogias da educação infantil podem ser resumidamente definidos como:

- a existência de um discurso que institui um estatuto para a infância;
- a organização de espaços sociais adequados para a educação e cuidado das crianças;
- o nascimento de um profissional para atuar na educação infantil;
- a definição de valores para a socialização das crianças derivados de algum tipo de compreensão sobre a educação;
- a criação de instrumentos de trabalho e alternativas de intervenções;
- a seleção de metodologias e conteúdos;
- a produção de materiais e equipamentos educacionais;
- as decisões sobre a organização espacial;
- as discussões sobre os usos do tempo;
- a organização da vida cotidiana das instituições e das pessoas sob a forma de rotina.

Para Gagnebin (1996, p. 85), a reflexão sobre a pedagogia nasceu conjuntamente com a reflexão filosófica no pensamento de Platão. A partir dos escritos desse filósofo, emergiram as duas grandes correntes que, ao longo dos séculos, nortearam as discussões sobre a educação. Apesar de à primeira vista parecerem contraditórias, "essas duas linhas podem conduzir, em contextos diferentes, o discurso pedagógico de um mesmo pensador".

Conforme a mesma autora, nas *Leis* e em várias partes da *República,* Platão trata a infância como um mal necessário, uma condição para tornar-se um cidadão, e, para ter sucesso nessa transformação, é preciso que a criança seja corrigida, guiada do abandono das paixões e encaminhada para a razão. Por outro lado, na alegoria da caverna, presente na *República*, ele fala da capacidade inata de aprender, na capacidade de conversão da alma humana.

Essa divisão dicotômica dos conceitos sobre as capacidades de aprendizagem humanas é a base sobre a qual foram constituídas as pedagogias situadas em dois polos opostos, com sentidos contrários e antagônicos, que foram mantidas, ao longo dos anos, nos discursos relativos à educação. Pode-se afirmar que, desde o século XVIII, as disputas engendradas entre os pensadores iluministas e os filósofos românticos pautaram e acabaram produzindo visões de mundo, de infância e de educação representadas por conceitos organizados em polaridades.

A linguagem e o discurso pedagógicos, ao serem constituídos por um repertório de palavras e ideias em oposição, provocavam uma visão das pedagogias como absolutamente livres ou absolutamente autoritárias. E, mesmo quando os autores clássicos demonstram uma escrita com contradições e conflitos, esses não foram muito analisados nem divulgados, procurando-se criar um discurso harmônico e homogêneo. As práticas pedagógicas organizadas por esses autores provavelmente também teriam as suas diferenças das teorias, como até hoje vemos, mas esta é apenas uma suposição.

Esses diferentes discursos deram origem às propostas pedagógicas que articularam essas ideias de diferentes modos. Eles não são unívocos e são concretizados pelas práticas pedagógicas. Esses diferentes discursos vêm, ao longo dos anos, disputando no espaço social o seu lugar como verdade absoluta, como compreensão real da natureza dos sujeitos infantis e sobre a forma como estes deviam ser cuidados e educados.

Wallon (1981) afirma que essa contradição pesa sobre a cabeça dos educadores. Por um lado, eles defendem a concepção de que é preciso assumir, por sua condição, o papel de exercer sobre as crianças e os jovens a transmissão das ideias, dos usos e dos costumes que lhes permitam adaptar-se melhor à sociedade e, por outro, a ideia de que é melhor desenvolver as potencialidades e as aptidões dos indivíduos para que eles tenham êxito no seu futuro, desenvolvendo-se pessoalmente e criativamente. De cada uma dessas concepções vão surgir diferentes projetos pedagógicos.

Esses discursos antagônicos e apresentados em oposição recíproca enfatizam prioritariamente um dos aspectos de duplas como a natureza e a cultura, o espírito e o corpo, o intelectual e o manual, a passividade e a atividade, a liberdade e a submissão, a iniciativa e a disciplina, a dependência e a autonomia, a teoria e a prática, o sujeito e o objeto, entre outros.

Tais polaridades, que, inicialmente, estavam estabelecidas como antagônicas, acabaram sendo redimensionadas ao longo da elaboração deste estudo, tanto no que diz respeito à análise dos textos pedagógicos dos autores fundadores das pedagogias da educação infantil quanto às observações realizadas na pesquisa de campo, pois, em ambas as fontes, deparei-me muito mais com a constante emergência das contradições do que com uma coerência interna dentro de cada uma delas.

A partir dessa constatação verifiquei que as antinomias necessitavam ser problematizadas e historicizadas para dar visibilidade a cada um dos polos e permitir verificar, assim, o poder que está presente em cada uma delas e as suas possibilidades pedagógicas. Procurando sintetizar e atualizar tais antinomias, que estão profundamente arraigadas nos discursos e nas práticas pedagógicas, escolhi trabalhar a partir das pesquisas realizadas por Basil Bernstein, nas quais esse autor redimensiona a discussão acerca da polarização das pedagogias. Vários outros autores trabalham com a perspectiva de dividir as escolas infantis em modelos educativos para compreendê-las. Plaisance (apud Frangos, 1996) distingue os modelos expressivos dos modelos produtivos a partir da origem de classe dos alunos e Tonucci (1986) divide as escolas infantis nas das lições, das atividades e da investigação.

PEDAGOGIAS ANTINÔMICAS

Nas décadas de 1960 e de 1970, Basil Bernstein realizou vários estudos sobre a socialização das crianças na escola, sendo algumas dessas pesquisas realizadas em pré-escolas. Bernstein concluiu que existem duas importantes concepções de pedagogias, a partir do ponto de vista da criança ou do aluno, as quais denominou de visíveis e invisíveis. Para exemplificar essas pedagogias, ele descreve a execução de uma atividade pedagógica com denominação semelhante – a pintura – em duas pré-escolas com propostas pedagógicas diferenciadas. Em uma delas, as crianças sentam-se em filas, o professor distribui desenhos padronizados, dá seis lápis de cor e pede a elas para pintarem as figuras. O professor interfere, perguntando: de que cor é mesmo tal coisa? O professor exerce sua função explicitamente, o lugar que as crianças ocupam já está previamente definido, a sequência da atividade já é conhecida e as crianças sabem quais são seus limites e possibilidades.

Em outra pré-escola, mais parecida com as idealizadas e preconizadas nos nossos dias, a situação é diferente: as crianças têm folhas grandes de papel, escolhem as cores, o professor as apoia e age de modo indireto, realizando uma pedagogia invisível, que é criada "por uma hierarquia implícita, por regras de sequência implícitas e critérios implícitos, múltiplos e difusos" (Bernstein,

1986, p. 184). Nas pedagogias invisíveis, o controle dos professores não está claro; eles criam um ambiente, diz Bernstein (1986, p. 185):

> Que a criança irá recriar, tendo, aparentemente, largos poderes sobre o que seleciona e como o estrutura, bem como sobre a escala de tempo das suas atividades; a criança, aparentemente, regula os movimentos e suas relações sociais; a ênfase sobre a transmissão dos conhecimentos e a aquisição de aptidões é reduzida, ou melhor, a ênfase é posta sobre as inter-relações, tem classificações e enquadramentos relativamente fracos; os critérios de avaliação pedagógica são múltiplos e difusos e, por isso, dificilmente mensuráveis.

O autor continua seu artigo demonstrando como as pedagogias invisíveis centram sua atenção no conhecimento do educador em relação aos estágios do desenvolvimento das crianças, na sua prontidão, nas atividades e nos jogos. O professor observa as ações das crianças, reflete sobre isso e propõe novas atividades. Segundo o autor, a criança é "filtrada" por esta vigilância e, assim, é implicitamente moldada de acordo com a interpretação, avaliação e diagnóstico. Aos poucos, as crianças vão introjetando o código sem perceber. Bernstein afirma que as ideias de Piaget, Freud e Chomsky, apesar das suas incompatibilidades internas, tornam-se uma teologia da educação pré-primária e dão o suporte para a criação das pedagogias invisíveis.

Para Bernstein, tanto as pedagogias visíveis como as invisíveis operam com conceitos como tempo, espaço e controle social. Nas pedagogias visíveis, a progressão das transmissões está ordenada no tempo e por regras explícitas. O currículo regula a seleção das disciplinas, seus conteúdos e sua adequação ao grupo etário. Nas invisíveis, as progressões temporais dependem das teorias de desenvolvimento interno, dos campos cognitivo, motor e afetivo, e os conteúdos são decididos coletivamente. Em uma as crianças sabem o que se espera delas, na outra, não.

Quanto ao controle social nas pedagogias visíveis, a hierarquia é explícita, as regras são apresentadas e, com elas, as punições. Os princípios da ordem devem ser aceitos, não sendo necessário compreendê-los. Nas invisíveis, o controle é inerente a uma elaborada comunicação interpessoal, o contexto é de vigilância e a criança fica exposta em sua subjetividade, sendo, muitas vezes, maior o poder e o controle.

Apesar de as rotinas pedagógicas parecerem encaixar-se com maior facilidade nas pedagogias visíveis, elas também estão presentes nas propostas pedagógicas das invisíveis. Isso acontece porque as instituições educacionais, como um corpo social delimitado, com uma ordem social e moral, necessitam assegurar a sua continuidade por meio de rituais bem-definidos. De acordo com Bernstein (1986), a convivência na escola pode: modificar a identidade de muitas crianças e os seus modos de pensar e sentir; transformar a natureza de suas relações com a família e com a comunidade e possibilitar o acesso a outros estilos de vida e a outros modos de relações sociais. Domingos (1986, p. 117), interpretando esses conceitos de Bernstein, diz que:

A escola, em sua prática educativa, transmite dois complexos de pensamento distintos e interligados; um deles refere-se à formação do caráter e outro às aprendizagens formais. Portanto, há duas estruturas de relações sociais (que se inter-relacionam profundamente): uma que controla a transmissão de ordem moral, que o autor denomina ordem expressiva, e outra que controla o currículo e a pedagogia, denominada ordem instrumental.

Essa separação é controversa quando falamos de crianças tão pequenas na creche e na pré-escola. As crianças são um todo no qual as duas ordens estão presentes, mas a instituição separa essas ordens, tanto na constituição da sua pedagogia como na divisão do trabalho entre profissionais (monitor, atendente e professor).

Pelo que verifiquei, em relação à execução das rotinas, as instituições observadas trabalham com o objetivo de estruturar, organizar e sistematizar as ordens moral e formal, acentuando seus esforços na ordem moral. Afinal, um dos principais papéis da escolarização inicial é transformar as crianças em alunos. Apesar de existir uma discussão sobre se a creche e a pré-escola são instituições escolares ou não escolares, em minha opinião, estamos vivendo no Brasil um período de transição, no qual se está passando de uma perspectiva de educação para uma de escolarização.

Para desempenhar esse papel de transformar as crianças em alunos, as escolas infantis utilizam-se de rituais – cerimônias, castigos, imagem de condutas, caráter, modos valorizados de ser e proceder – que relacionam os indivíduos com a ordem social do grupo, criando um repertório de ações compartilhadas com todos, que dá o sentimento de pertencimento e de coesão ao grupo. A rotina desempenha um papel estruturante na construção da subjetividade de todos que estão submetidos a ela.

Em geral, esses rituais são decididos pelos adultos, mas também as crianças os estabelecem. As rotinas pedagógicas da educação infantil agem sobre a mente, as emoções e o corpo das crianças e dos adultos. É importante que as conheçamos e saibamos como operam, para que possamos estar atentos às questões que envolvem nossas próprias crenças e ações. Afinal, reconhecer limites pode ajudar a enfrentá-los.

> Aceitar o tédio e declará-lo com consciência pode ser uma ótima premissa para aproximar-se da novidade. Vivê-lo em silêncio, quase envergonhando-se da repetição que se faz cotidianamente, é um modo de conferir-lhe, nem sempre conscientemente, a dignidade de um modelo cognitivo, transmitindo-o às crianças e aos colegas com os quais trabalhamos. (Scchetto apud Mongay e Cunill, 1995, p. XII)

PEDAGOGIAS IMPLÍCITAS E PEDAGOGIAS EXPLÍCITAS

A rotina pedagógica é uma prática educacional constituída com base em uma política social e cultural que está profundamente vinculada à emergência e à vida concreta das instituições da modernidade. As sociedades modernas ocidentais caracterizam-se, prioritariamente, por ser disciplinadoras e normalizadoras (Foucault, 1987, 1991), usando, para atingir esses objetivos, tanto instrumentos ligados à violência como à coerção. Contudo, isso não significa que elas também não contenham movimentos de ruptura com o estabelecido, de diferenciações em que os usuários não são apenas consumidores passivos das normas, mas interagem, interferem e usam aquilo que lhes é fornecido de modo diferente (De Certau, 1994; Santos, 1995).

Levando-se em consideração as transformações realizadas no contexto social contemporâneo, observa-se que este passa a ter exigências cada vez mais fortes de um predomínio do autocontrole e da interiorização das normas, muito mais do que a coerção externa. Para que o mundo funcione de modo eficaz, diminui-se o uso da força explícita, mas isso não significa que ela tenha sido definitivamente suprimida.

Correspondendo a esse movimento da sociedade, passou-se de uma pedagogia visível, relativa às necessidades do capitalismo do início do século, à produção de discursos pedagógicos novos. Esse processo desencadeou mudanças também nas práticas pedagógicas, sendo possível observar tal evidência nas propostas da educação infantil.

As pedagogias do final do século XIX e do início do século XX colocaram em evidência as ideias de criatividade, de livre expressão, de oficinas e laboratórios, de trabalhos em grupo, de atividades variadas, isto é, são pedagogias do fazer rápido, em que as atividades são desarticuladas e pobres em significados. Nelas não existem desafios, e os educadores não intervêm no sentido de ampliar o campo de experiência das crianças. Tonucci (1986, p. 24) sugere que há "Uma hiperestimulação da criança, que produzirá muito, mas de maneira estéril. Os resultados são muitos e vistosos, mas os processos são pobres, pontuais, duram o tempo da realização, e muitas vezes esta é repetitiva".

Do ponto de vista dessa reflexão, é preciso considerar que tal perspectiva trouxe para as crianças e os adultos um novo modo de vida nas escolas infantis. Apesar de as diversas mudanças pedagógicas apontarem para uma maior democratização dos espaços educativos, observa-se que neles continua havendo uma falta de politização, com crianças e adultos não se apoderando da gestão do seu conhecimento e não vivenciando suas experiências de modo consciente. Conforme Tonucci (1986), quando o aluno examinar novamente, na escola, as suas experiências, conhecerá seu ambiente e recuperará a sua história, tudo isso em contato com o ambiente social de outras crianças e de adultos, rica e articulada, significada, dando-lhe poder sobre as situações.

Como referem os autores suecos Dahlemberg e Asen (1994, p. 165):

> Em tal sociedade mutante, onde se podem apenas ter pistas dos contornos do futuro, as crianças devem ser preparadas para tomar parte ativa e construtiva no desenvolvimento e mutação da sociedade. A pedagogia na sociedade complexa e

invisível de hoje deve considerar a ideia de tornar visível o invisível para as crianças e os jovens. Em uma sociedade moderna, onde o conhecimento e a informação estão ligados não apenas à produção de bens, mas também à comunicação, símbolos e relacionamentos, tornar-se-á crescentemente importante desenvolver não apenas habilidades básicas tradicionais, mas também criatividade, competência comunicativa e capacidade de solucionar problemas.

O Quadro 12.1 apresenta algumas características das duas pedagogias antinômicas que foram mostradas anteriormente. Na coluna da esquerda, observa-se um padrão de formação vinculado às ideias de manutenção e na coluna da direita, ideias de transformação social, em um típico movimento polarizador. Não utilizei a denominação de Bernstein, pois acrescentei alguns elementos novos aos elementos por ele apresentados originalmente.

QUADRO 12.1 Características das pedagogias explícitas e implícitas

Pedagogias explícitas	Pedagogias implícitas
Rigidez na execução das sequências previamente propostas.	Flexibilidade para atender ao imprevisto, ao novo, ao inesperado.
Padronizadas, estandardizadas.	Diferenciadas, atendendo às necessidades individuais e contextuais.
Baseadas no poder adulto, em propostas pedagógicas fechadas e na submissão infantil.	Baseadas no encaminhamento efetuado pelos adultos, mas respeitando e incentivando a iniciativa e a participação infantis. Construídas com a cooperação entre todos.
Visam ao pensamento e às atitudes heterônomas.	Visam à possibilidade de um permanente pensamento e comportamento autônomos.
Apresentam a sociedade como algo ao qual se conformar e se adaptar.	Pensamento reflexivo, possibilidade de criar, de atuar.
Poder centralizado.	Poder descentralizado, poderes dispersos e ativos.
Reguladoras, com controle externo.	Autorreguladoras, com controle interno
Ritualizadas.	Enfraquecimento do ritual ou dos rituais construídos.
Sanções expiatórias.	Sanções de reciprocidade.
Burocráticas.	Psicologizadoras, terapêuticas.
Disciplina moralizadora.	Disciplina ativa.
Hierarquia.	Participação.
Limites marcados.	Limites tênues, discutidos com o grupo.

A princípio, poder-se-ia pensar que as rotinas estão representadas principalmente pelo lado esquerdo do quadro e que elas, em geral, têm servido mais para a manutenção do que para a criação, mais para a regulação do que para a emancipação das pessoas que a elas estão subordinadas.

Essa divisão, que sempre me pareceu adequada, passou a ser contestável ou insuficiente para abrigar o que foi encontrado na literatura sobre o tema e na pesquisa de campo realizada.

> Até bem pouco tempo – para não dizer até hoje – era o que vulgarmente conhecíamos como "pedagogia tradicional" e "pedagogia nova" – os universos dos nossos programas de ensino e da nossa didática, ainda que, há muito, nossa educação não se sustentasse em nada disso. (Ghiraldelli Jr., 1996, p. 124)

Uma das maiores dificuldades foi classificar as atitudes, os comentários e as propostas das professoras nessas duas polaridades. Não foi encontrada uma pureza na prática pedagógica; o que se verificou foi uma tensão permanente entre esses elementos, acrescida da dicotomia encontrada entre o ser e o dever ser, entre a intenção e a realização. A complexidade da vida, em um contexto educacional, demonstra que a polarização pode ser um instrumento analítico importante, mas ele não consegue dar conta da amplitude de elementos que funcionam conjuntamente.

Além disso, era possível observar que, mais do que produzir conhecimentos, procurava-se produzir, nas salas, nas relações entre os adultos e as crianças, sujeitos com características muito semelhantes. É importante aprofundar essa questão para que se possa ter um pouco mais de clareza a respeito de como se produz liberdade e não se deixar cair naquilo que é apenas uma estratégia para a manutenção do *status quo*.

Em meados do século XX, a coluna do lado direito do quadro era aquela que encerrava as proposições mais de acordo com as teorias pedagógicas para a construção de uma sociedade igualitária (política) e que levava em consideração a ideia da construção do conhecimento (epistemologia). As classificações das pedagogias em grandes grupos serviram tanto para a classificação dos projetos pedagógicos existentes como para os educadores exercitarem um exame de consciência e uma autoavaliação classificatória com questões como: em que estágio do desenvolvimento educacional me encontro? Sou reprodutivista ou revolucionário? Isso contribuiu muito mais para a estigmatização do que para a mudança pedagógica.

É possível observar que essa coluna não é um bloco, ela efervesce, tem uma energia em movimento. Para exemplificar, pode-se tomar o item participação. Em princípio, a ideia da participação de todos nas decisões é o caminho considerado mais democrático, mas, se observarmos certos modelos de gestão escolar, muitas vezes a participação de todos é mais uma forma de controle do que de democratização.

É preciso reconsiderar essa divisão, não para voltar às pedagogias explícitas, mas para poder reconsiderar as pedagogias implícitas e verificar suas contradições internas. Também é preciso pensar com cuidado nessas proposições, pois elas encerram ambiguidades que devem estar presentes nas reflexões acerca de toda a educação e, neste caso, especificamente da educação infantil. Como avalia Bruner (1996, 1997), os estudos feitos nos últimos anos sobre a educação das crianças pequenas levantaram várias antinomias e hoje, "graças a uma maior lucidez", é possível tirar lições para o futuro a partir delas.

> As antinomias não são apenas fonte de confusão, mas também de reflexão fecunda, pois nos lembram que as verdades não existem independentemente dos pontos de vista daqueles que as proclamam. (Bruner, 1996, p. 125)

Para esse autor, desde os anos de 1960 as pesquisas indicavam que as crianças pequenas eram seres muito mais ativos do que reativos, do ponto de vista cognitivo, muito mais atentas ao mundo social em que se situam; tinham movimentos muito mais de interação do que de passividade, isto é, eram muito mais inteligentes do que se tinha suposto anteriormente. E, com toda a certeza, elas não habitavam um mundo onde apenas reinava a confusão e a falta de sentido; era possível observar que elas pareciam em busca de uma estabilidade previsível. Segundo Bruner (1996, p. 142), o conhecimento humano "se desenvolve melhor quando é participativo, proativo, comunitário, cooperativo e quando há o esforço para construir significações mais do que para recebê-las".

Para ele, três desconcertantes dicotomias têm sido mantidas nas pesquisas e nas práticas da educação infantil: a dicotomia entre o desenvolvimento do potencial de cada um dos seres humanos e a preservação da cultura estabelecida; os talentos individuais inatos e as possibilidades e o direito de ter acesso aos instrumentos da cultura; o saber local e o saber universal.

As pedagogias das instituições de cuidado e educação das crianças pequenas devem observar que tais espaços de educação coletiva também são lugares para formular pedagogias onde se pode criar e recriar, "reinventar, polir, refrescar a cultura de cada geração" (1996, p. 137). De acordo com Bruner, as escolas podem elaborar novas culturas, pois, sendo espaços para a atividade comum, podem ser portadoras de uma contracultura. Elas podem aprender a utilizar de outra maneira as ordens impostas, usá-las de forma astuta, pirata, clandestina (De Certau, 1994,1997).

Ao longo das observações realizadas no trabalho de campo e das leituras feitas durante a elaboração da tese que deu origem a este livro, encontrei uma série de antinomias, compreendendo situações de conflito em que se encontram duas proposições contraditórias, que podem ser separadas e justificadas com argumentos de igual força e rigor, as quais permeiam as práticas discursivas da educação infantil, conforme apresentadas no Quadro 12.2.

QUADRO 12.2 Antinomias encontradas nas instituições de educação infantil

Segurança x Imposição
Cuidado x Educação
Coletivo x Individual
Trabalho x Brincadeira
Criança x Aluno
Iniciativa x Obstáculos
Fixo x Transformável
Homogêneo x Heterogêneo
Ação x Contenção
Separação x Encontro
Livre x Dirigido
Atenção x Controle
Imposição x Proposição
Cultura da infância x Cultura infantil
Prazer x Desprazer
Repressão x Resistência
Apoio em uma pedagogia x Submissão a uma pedagogia
Igualdade x Diversidade
Código forte x Código fraco
Confiança x Risco
Mantenedora x Inovadora
Adultos x Crianças
Dependente x Independente
Socialização x Sociabilidade
Institucional x Doméstico
Público x Privado
Símbolos x Alegorias
Mesma idade x Idade diferente
Variação x Repetição
Masculino x Feminino
Exterior x Interior
Poder centralizado x Poder capilar
Ocupado x Ocioso
Ensino x Aprendizagem
Autonomia x Heteronomia
Conhecimento cotidiano x Conhecimento científico
Famílias incluídas x Famílias excluídas
Disciplina imposta x Organização espontânea
Inovação x Tradição
Resistência x Conformismo
Coadjuvante x Protagonista
Espontâneo x Dirigido

(Continua)

QUADRO 12.2 (Continuação)

Coesão do grupo x Autonomia individual
Massificada x Individualizada
Fechada à comunidade x Aberta à comunidade
Esperado x Inusitado
Diferente x Habitual
Conteúdo x Expressão
Solitário x Solidário
Cooperativo x Competitivo
Liberdade x Norma
Particular x Universal
Mostrar x Esconder
Privacidade x Plubicização
Convicção x Tolerância
Natural x Cultural
Aceitação x Recusa
Criação x Tradição
Obrigatório x Suplementar

Na perspectiva de tais polarizações, como pode ser visto no Quadro 12.2, as pedagogias caracterizam-se como saberes antinômicos, atravessados constitutivamente por oposições não removíveis como as apontadas. Isso ocorre porque a pedagogia é um saber historicamente situado e integrado aos processos sociais, culturais e econômicos.

> A tarefa do Iluminismo é limitada pelo reconhecimento de que existem múltiplas reivindicações e estas estão historicamente delimitadas e emergem das lutas e tensões sociais do mundo em que vivemos, e de que a produção das possibilidades humanas sempre contém contradições. (Popkewitz apud Dahlembreg e Asen, 1994, p. 170)

Se na modernidade essas ambivalências eram consideradas irredutíveis, é possível pensar que na contemporaneidade é possível dar um passo além. Jameson (1994, p. 95), ao discutir os dualismos constituidores da modernidade, afirma que alguma coisa aconteceu com eles, pois:

> Sempre constituíam, no período moderno, uma ocasião para uma brilhante e nova visão do mundo, enquanto que, no período pós-moderno, o máximo que oferecem é o material para uma ginástica mental de sofismas e paradoxos, para voltar, assim, à vocação arcaica do primeiro ou primordial de todos os dualismos:

a oposição mítica entre identidade e diferença. Mas isso ocorre somente quando a luta entre as ideias do velho e do novo já foram abandonadas pelo terceiro termo de práxis política ou projeto coletivo.

Para o mesmo autor (1994, p. 95), se não é possível resolver as contradições para chegar a esse novo termo, o fundamental é tentar pensar os dois lados da contradição ao mesmo tempo, procurar usá-la ativamente, produtivamente, denunciando os julgamentos absolutos e as afirmações totalizantes:

> As contradições de nossas contradições não se transformam necessariamente em nossas aliadas, mas alteram as regras do jogo de maneira tão certa como o próprio tempo, quando ele faz os problemas que enfrentamos se empinarem como flamingos de Alice e tomarem uma forma inesperada.

Talvez a atitude pedagogicamente mais fecunda, como afirmam Bertolini (1996) e Cambi (1995) seja a de trabalhar com a aproximação das polaridades, vendo-as não como oposições, mas como antinomias pedagógicas – situações de conflito aberto em que duas proposições contraditórias procuram justificar-se com argumentos de igual força e rigor –, procurando:

> Admitir tais antinomias como expressão da intrínseca complexidade e problematicidade do fato educativo e afirmar a necessidade de proceder não à escolha de um dos dois termos antinômicos (o que conduziria a uma posição unilateral e, portanto, desequilibrada), mas a um esforço de síntese dinâmica. (Bertolini, 1996, p. 23)

As pedagogias passam a ser vistas, assim, como uma atividade social complexa, que deve ser pensada sem a perspectiva da manutenção ou da ênfase em apenas um lado da dicotomia, mas procurando encontrar estratégias e caminhos que reconheçam as ambiguidades – ativando-as, criando espaços comuns, pontos de cruzamento, pondo-as em confronto, jogando com a sua polivalência, com seu jogo de sentidos. Pode-se estabelecer como imagem dessa concepção a das estrelas binárias, que são estrelas duplas, constituídas de dois corpos, que rotam incessantemente em torno uma da outra.

As pedagogias não podem continuar excluindo as tensões, pois estas são parte constitutiva das identidades de crianças e adultos no mundo atual. Viver é dramático, conflitivo, tenso. As sociedades globalizadas também.

O italiano Gianni Rodari (1982), em seu belíssimo livro *A gramática da fantasia*, sugere um jogo para construir com as crianças: os binômios fantásticos. Nesse jogo, o autor propõe que o educador liste dois grupos de palavras diferentes, estranhas, substantivos e adjetivos, e que posteriormente tais palavras sejam transcritas em pequenos papéis, que serão colocados em dois recipientes. Cada criança retira de cada recipiente uma palavra e procura, por meio de uma relação insólita, fazer que sua imaginação crie, produza uma frase. Será uma frase sem um sentido usual e que dá um novo sentido a palavras até há pouco restritas.

A discussão que pretendi levantar neste capítulo refere-se a tentar encontrar "o avesso do avesso", isto é, juntar palavras que parecem conter contradições, que parecem ser uma a negação da outra, e uni-las, instituindo, assim, o fantástico. A criação, seja pedagógica ou não, ocorre quando se tenta aproximar ideias que não eram, a princípio, conciliáveis, mas que explodem ao ser articuladas, fazendo surgir o que não estava dado.

13

Conclusões: as certezas da dúvida

O objetivo central de minha pesquisa era indagar de onde vieram as rotinas, como elas chegaram às instituições de cuidados e de educação de crianças pequenas, qual a sua função nas pedagogias da educação infantil e também como operam no dia a dia das crianças e dos adultos. À medida que essas perguntas foram sendo respondidas, ao longo deste estudo, agregaram-se novas questões, como se o seu papel era realmente o de instrumento para a organização institucional da pedagogia ou de regulação das subjetividades e, posteriormente, qual a vinculação das rotinas com o processo polarizador de regulação e de emancipação da modernidade.

É próprio da pedagogia, como uma ciência prática, ter um caráter de prescrição. E, considerando a "respeitosa prudência", aconselhada por Giroux, que quero levantar agora algumas ideias que acredito que necessitam ser discutidas, tanto para poder dar a este trabalho um "fechamento", como também para sentir que este estudo poderá contribuir com o compromisso social que tenho, como professora, com a universidade pública e com os alunos e alunas, assim como com muitos dos demais adultos e crianças das creches e pré-escolas. Apesar de este ser um estudo de reflexão e de descrição, pretendo que ele aponte algumas questões para novas pesquisas e dê alguns encaminhamentos para as práticas. Não me furtarei, para o bem e para o mal, de fazer algumas considerações, que entendo serem necessárias para auxiliar os educadores infantis a ressignificar as rotinas.

Atualmente, a rotina é compreendida como uma categoria pedagógica da educação infantil que opera como a estrutura básica organizadora da vida coletiva diária em um certo tipo de espaço social, creches ou pré-escolas. Fazem parte das rotinas todas aquelas atividades que são recorrentes ou reiterativas na vida cotidiana coletiva, mas que, nem por isso, precisariam ser repetitivas, isto é, feitas da mesma forma todos os dias. Além de fornecer a sequência das atividades diárias, a rotina, na sua constituição, utiliza-se de elementos que possibilitam a sua manifestação, como a organização do ambiente, os usos do tempo, a seleção e a proposição de atividades e a seleção e a construção dos materiais. Além desses aspectos mais visíveis, percebe-se também a ação das rotinas como constituidoras de subjetividades.

As rotinas, como as encontrei nas observações, são formas intencionais de controle e regulação, tendo como base uma seleção feita a partir dos discursos sobre as crianças e sobre a função social da educação infantil. Como uma categoria pedagógica, a rotina tem sido constituidora dos sujeitos, dando a todos aqueles que a (re)conhecem referenciais de comportamento social e padrões culturais, pela maneira como divide os tempos, seleciona as atividades, organiza os espaços, propõe os usos dos materiais, etc.

As rotinas dão formalidade à prática pedagógica do dia a dia das instituições. Para alguns profissionais, ser educador infantil é saber o que fazer, como fazer e a que horas fazer, isto é, ter domínio das rotinas instituídas.

Quanto ao uso da palavra rotina, conforme se foi apurando o seu significado social, em especial na educação infantil, observei que existe uma imensa flexibilidade. Encontrei instituições nas quais o que se fazia era mesmo a "rotina rotineira", a repetição quase igual das mesmas atividades, do mesmo jeito, todos os dias. O que, efetivamente, é apenas rotina. Porém, em outros casos, o que encontrei, sob forma de rotinas, foi a vida cotidiana das crianças e dos adultos em instituições de educação coletiva, isto é, o cotidiano com um pouco de repetição e um pouco de variação.

Nas rotinas, como as compreendemos atualmente no Brasil, estão presentes ações de cuidado, de educação e de socialização. Alguns autores italianos acrescentam a esses três elementos a animação, isto é, a promoção do imaginário, do humor, do ficar à toa. Todos esses campos possuem atos que são culturalmente aprendidos pelos seres humanos quando pequenos e que, com o seu uso, acabam automatizados, como, por exemplo, escovar os dentes depois das refeições, ter boas maneiras e aprender a ler e a escrever, todos eles adquiridos com esforço e com prazer. O domínio, a automatização desse funcionamento, é que possibilita as aquisições mais complexas.

A ideia acima apresentada lembra que os conteúdos das rotinas na educação infantil são conteúdos pedagógicos carregados de simbologia sociocultural, mesmo aqueles considerados apenas biológicos. Aprende-se a chegar a um lugar, a conviver com outras pessoas, a cuidar do próprio corpo, a recortar e colar. Ensinar tais conteúdos é um profundo desafio para o profissional que não quer somente manter as tradições e estimular a cultura de apenas um grupo, mas que pretende que a estas se aliem novas tradições, contraculturas.

Mesmo as atividades rotineiras, como dormir, conversar com os colegas, escrever o nome no desenho feito são atos que, no decorrer do tempo, vão mudando. A melhor hora para brincar no pátio é diferente no inverno e no verão; organizar os jogos em suas caixas é diferente quando se tem 1 ano e 6 meses e quando se tem 5 anos; conversar com os amigos é diferente no primeiro encontro com a turma e depois de seis meses de convívio. É preciso que o educador esteja atento a esses fatos e faça novas proposições para as atividades cotidianas, pois elas, apesar de necessitarem de certa invariabilidade, não podem ser vistas como imutáveis.

As rotinas trazem as situações da vida privada, da intimidade pessoal para um contexto de vida pública, isto é, ressignificam modos privados de vida para modos públicos, de acordo com as culturas e com as orientações pedagógicas. Nesse sentido, estabelecer relações entre as rotinas familiares e as rotinas das instituições, fazendo o movimento de aproximar e afastar a vida pública da vida privada, pode contribuir para a construção de um cotidiano pessoal dentro do espaço público.

Nas instituições para a educação e o cuidado da pequena infância, as rotinas passam de um comportamento que começa sendo prioritariamente regulado por fatores externos, na creche, para um modelo mais autorregulado, na pré-escola. A rotina cria essa passagem do externo para o interno.

As rotinas são dispositivos espaço-temporais e podem, quando ativamente discutidas, elaboradas e criadas por todos os interlocutores envolvidos na sua execução, facilitar a construção das categorias de tempo e espaço. A regularidade auxilia a construir as referências, mas ela não pode ser rígida, pois as relações de tempo e espaço não são *a priori* nem únicas, sendo preciso construir relações espaço-temporais diversas.

Isso leva a perceber que é preciso refletir e planejar as atividades cotidianas, dar-se conta do que há de educativo, de cuidados e de socialização nas atividades, nas conversas, nos atos que são realizados com as crianças, ver e escutar o que há de alegre, de imprevisto, de inusitado, de animado no convívio cotidiano, saber um pouco mais sobre o que se está realmente fazendo quando se organiza o ambiente de certa maneira, quando se solicita certa atividade, se demandam certos comportamentos e se oferece determinado tipo de material.

A distribuição das atividades durante a jornada, priorizando-se determinados aspectos e definindo-se os tempos atribuídos a cada tipo de ação pedagógica, acaba por caracterizar um determinado tipo de currículo. Assim, as rotinas são os filtros curriculares, porque podem efetivar o currículo, ou constituir-se no empecilho para a sua execução.

As rotinas nas escolas infantis também são rituais, que foram empobrecidos, banalizados. Ressignificar as ritualizações presentes nas rotinas, considerando o seu importante conteúdo simbólico para as formações grupais e para a estruturação subjetiva, é um desafio que se coloca aos educadores infantis.

Redescrever as rotinas, criar novas narrativas para situar o seu fazer cotidiano e poder contar e recontar seu dia a dia é um dos meios para aprender a rotina e dar a ela uma nova configuração, um novo significado.

Como foi visto, os sujeitos modernos são o resultado de um longo percurso civilizatório, de uma fabricação. Cada sujeito é aquilo que pode ser, de acordo com as influências e as possibilidades oferecidas, bem como com o tipo de resposta que consegue dar às situações contingentes. Como os educadores fazem tal regulação? Eles sabem que a estão fazendo? Que valores e conceitos estão em jogo nestas práticas?

As rotinas, como as encontrei nas observações, são prioritariamente formas intencionais de controle e regulação, tendo como base uma seleção feita a partir dos discursos "científicos" sobre as crianças e sobre a função social da educação infantil. Como categoria pedagógica, a rotina tem sido constituidora dos sujeitos, dando a todos aqueles que a (re)conhecem referenciais de comportamento social e padrões culturais pela forma como ela divide os tempos, seleciona as atividades, organiza os espaços, propõe os usos dos materiais, etc.

A (re)invenção do cotidiano na escola infantil depende das possibilidades de os adultos responsabilizarem-se pelo seu próprio tempo, romperem com o tédio da repetição, diminuírem o estresse de fazer tudo igual, criando um tempo diverso e diversificado, um tempo que dê espaço às crianças e aos próprios educadores, dando ouvidos a tudo o que eles têm de inovador, de criativo, permitindo usar o tempo com a clareza possível a respeito dos fatores que nos fazem realizar as coisas de um modo ou de outro.

É necessário fazer uma contínua crítica radical aos processos sociais de regulação, duvidando dos saberes instituídos, tentando pensar algo que não se pensava antes e perceber de modo diferente o que se vê como algo natural. É preciso, como dizem alguns antropólogos, estranhar o conhecido e conhecer o estranho. É esta a atitude que pretendo que os educadores, após terem lido este estudo, possam ter com relação às rotinas.

Depois de tudo o que aprendemos nas ciências sociais do século XX, é preciso que os educadores aceitem que os seres humanos constituem um campo onde agem distintas forças e que nós, os educadores, não somos nada mais do que aquilo que os outros fizeram ou fazem de nós, e o que nós fizemos dessas influências.

Resta saber que educar é uma atividade prática, produtora dos sujeitos, que nós, que educamos, fazemos parte da rede de relações de poder que constitui a subjetividade infantil, e que a ação pedagógica exerce influência, intencional ou não, sobre as crianças. É preciso procurar compreender, na medida do possível, o papel do educador, com algumas certezas (nem que sejam as das dúvidas que se têm) parciais, contextuais, temporais, e recuperar, nos adultos, a capacidade de espanto e indignação, orientando-a para a formação de subjetividades inconformistas e rebeldes (Santos, 1996b).

Pode-se ver que este estudo se filia a uma tradição das pedagogias críticas. Vários autores antes de mim já haviam feito estudos nas escolas de ensino fundamental e médio, mostrando, em alguns momentos, o seu caráter reprodutivo, em outros, o seu caráter de resistência, mas sempre a ambivalência entre reprodução e emancipação. Em geral, eles acabam aqui, mostrando um polo a ser escolhido e outro a ser negado. Creio que a diferença deste trabalho é tentar não negar a existência de um dos polos, mas procurar resgatar, na tensão das polaridades, a produção de sentidos novos, sentidos que somente podem ser dados na vivência cotidiana, na conversa demorada sobre os assuntos, no estudo sério, que ajude tanto as crianças como os adultos a encontrar significados no seu encontro com o mundo e com as outras pessoas.

A crítica feita às rotinas até aqui não pretende constituir-se em um novo discurso verdadeiro, universal, centralizador, mas aponta para a criação de pedagogias parciais, com elementos locais, indeterminados, híbridos; para a possibilidade de pensar as rotinas como práticas educacionais que também podem ser variáveis, múltiplas, mesmo quando recorrentes, reincidentes. É preciso fazer um movimento de recriar, todos os dias, o que se fez até então; fazer, desfazer, refazer. A tradição perdeu seu império, como afirma Giddens (1995), e hoje os indivíduos veem-se forçados a escolher estilos de vida entre diversas opções. As rotinas têm importantes elementos da tradição, mas também é possível procurar o outro lado da rotina, seu lado encantador, de aprender a fazer todos os dias, de maneiras distintas, as tarefas que nos garantem a vida e, também, a conviver diariamente com nossos pares, alunos e educadores, recriando esses atos e essas relações.

É possível pensar a rotina sob a forma de um cotidiano, prestando atenção às práticas, os motivos pelos quais se fazem as coisas de um jeito ou de outro, criar contrapoderes, mudar a vida. Para isso é preciso sair da visão adultocêntrica, que "sabe o que é melhor para as crianças", e estabelecer novas relações entre adultos e crianças, não pautadas por visões essencialistas, mas, sim, pela ideia de que se está permanentemente reconstruindo com as práticas de vida.

Mesmo mantendo o espaço de regulação social, de segurança, de estabilidade, que são centrais nas rotinas e necessários à construção dos seres humanos como sujeitos, é preciso abrir espaço para o não padronizado, para o diferente, procurando não torná-lo igual ao conhecido, ao esperado. Saber suportar o novo, o conflituoso, inserir na rotina a arte, a literatura, a música, a dança, o esporte, o humor, a filosofia, a ciência, a fantasia, a imaginação, isto é, transformar a rotina em vida cotidiana.

Conforme afirmei anteriormente, a expressão tomada de empréstimo a Pinóquio – por amor ou por força – foi transformada em por amor e por força e usada como título da minha tese e deste livro. Tal substituição procura demonstrar que, diferentemente do que pensava o boneco de madeira, inserir-se no mundo complexo em que vivemos e poder manter essa existência dentro daquilo que considerarmos um padrão ético sustentável é um ato conflituoso, de coexistência de pensamentos e forças sociais e pessoais divergentes, que convivem em profunda tensão, mas que podem ser pensados juntos. Para Giddens (1997), é preciso forjar um eu reflexivo, que leve em conta as escolhas feitas a partir da diversidade de opções e das diferentes possibilidades que se têm. Isso exige do indivíduo uma reflexão sistemática sobre o curso do desenvolvimento de sua vida, uma aguda consciência dos pensamentos, sentimentos, sensações corporais e outros, mesmo que se saiba que esta é apenas uma narrativa, uma redescrição de nosso próprio eu, e não a realidade.

Sei que por amor e por força as crianças continuarão a ir para as instituições de educação e cuidados coletivas; que por amor e por força suas mães e pais continuarão trabalhando; que por amor e por força elas aprenderão muitas coisas interessantes; que por amor e por força estabelecerão novos vínculos sociais; que por amor e por força tornar-se-ão os novos homens e mulheres. E que, por amor e por força, o mundo segue uma trajetória, mesmo que desejemos e idealizemos que isso seja feito apenas por amor.

Referências

ABBAGNANO, Nicola. *Diccionario de filosofía*. México: Fondo de Cultura Económico, 1986.

ABI-SÁBER, Nazira. *O que é o Jardim-de-Infância*. Belo Horizonte: Programa de Assistência Brasileiro-Americano/ INEP, 1963.

ABRAMOVICZ, Anete; WAJSKOP, Gisela. *Creches:* atividades para crianças de 0 a 6 anos. São Paulo: Moderna, 1995.

ADORNO, Sergio. (Org.) *A sociologia entre a modernidade e a contemporaneidade*. Porto Alegre: UFRGS/SBS, 1995.

ALLEN, Ann Taylor. "Let us live with our children": kindergarten movements in Germany and in United States, 1840-1914. *History of Education Quarterly*, v.28, n.1, p.23-48, 1988.

ALLEN, Ann Taylor. Jardines de niños, Jardín de Dios: Kindergartens y Guarderías en Alemania em el siglo XIX. *Revista de Educación*, n. 281, p.125-154, 1986.

ALMEIDA, João A G. *Amamentação um híbrido natureza e cultura*. Rio de Janeiro: Fiocruz, 1999.

ALVES-MAZOTTI, Alda J. A "revisão da bibliografia" em teses e dissertações: meus tipos inesquecíveis. *Cadernos de Pesquisa*. São Paulo, n.81, p.53-60, maio, 1992.

AMORIN, Kátia. S.; Kazlle, C.; Rossetti-Ferreira, Maria Clotilde. *Saúde e Doença em ambientes coletivos de educação da criança de 0 a 6 anos*. Caxambu: Anped, 1999. Trabalho encomendado apresentado na Reunião XXII da Anped,

ANDERSON, Perry. *As origens da pós-modernidade*. Rio de Janeiro: Jorge Zahar Editor, 1999.

APPLE, Michael. *Ideologia e currículo*. São Paulo: Brasiliense, 1982.

ARANHA, Maria Lúcia A. *Desenvolvimento infantil na creche*. São Paulo: Loyola, 1993.

ARIÈS, Philippe. *História social da criança e da família*. Rio de Janeiro: Zahar Editora, 1978.

ARIÈS, Philippe. Infanzia. In: *Enciclopedia Einaudi,* Torino: Einaudi, 1979, t. VII

ARNOLD, W. (Org.). *Dicionário de psicologia*. São Paulo: Loyola, 1982.

AZANHA, José M. P. *Uma ideia de pesquisa educacional*. São Paulo: Edusp, 1992.

BAJO, Fe & BETRÁN, José Luis. *Breve historia de la infancia*. Madrid: Temas de Hoy, 1998.

Baldus é um artigo do livro do Dante Moreira Leite chamado o Desenvolvimento da criança, da Editora Companhia Nacional de 1978. São Paulo. O artigo se chama A vida dos Tatuapés, do Herbert Baldus.

BARBOSA, Maria Carmen S. *Avalhando as avaliações infantis*. Caxambu: Anped, 1992. Trabalho apresentado na XV Reunião da Anped.

BARBOSA, Maria Carmen S. A; HORN, Maria da Graça. A organização do espaço e do tempo na escola infantil. In: Craidy, Carmen M.; Kaercher, Gládis E. P. S. *Educação Infantil p'ra que te quero?* Porto Alegre: SE/SSMA, 1997.

BARBOSA, Maria Carmen S. Dorneles; LENI. V. As instituições de atendimento de educação infantil e a comunidade. In: Craidy, Carmen M. *O educador de todos os dias: Convivendo com crianças de 0 a 6 anos*. Porto Alegre: Editora Mediação, 1997.

BARDET, Jean Pierre; FARON, Olivier. Bambini senza infanzia. Sull'infanzia abbandonata in età moderna. In: BECCHI, E.; JULIA, D. *Storia dell'infanzia*. Dal settecento a oggi. Roma: Laterza, 1996.

BARRETO, Angela M. Educação Infantil no Brasil: desafios colocados. *Cadernos do CEDES*. Campinas, n. 37, p.7-21, 1995.

BARTOLOMEIS, Francesco de. *A nova escola infantil: as crianças dos 3 aos 6 anos*. Lisboa: Horizonte, s.d.

BASSEDAS, Eulália; HUGUET, Teresa; SOLÉ, Isabel. *Aprender e ensinar na educação infantil*. Porto Alegre: Artmed, 1999.

BATISTA, Rosa. *A rotina no dia a dia da creche*: entre o proposto e o vivido. Florianópolis: FE/UFSC, 1998. Dissertação de Mestrado

BAUMAN, Zygmunt. *Ética pós-moderna*. São Paulo: Paulus, 1997.

BECCHI, Egle. *I Bambini nella storia*. Roma: Laterza, 1994.

BECCHI, Egle. Retórica de infância. *Revista Perspectiva,* NUP/CED, Editora da UFSC, Florianópolis, n. 22, ago-dez, p.63-95. 1994.

BECCHI, Egle. *Manuale della scuola del bambino dal tre ai sei anni*. Milano: Franco Angeli, 1995.

BECCHI, Egle; JULIA, Dominique. *Storia dell'infanzia*. Dall'Antichità al seicento. Roma: Laterza.1996. t.1

BECCHI, Egle; JULIA, Dominique. *Storia dell'infanzia*. Dall'settecento a oggi. Roma: Laterza.1996. t.2

BECKER, Howard S. *Métodos de pesquisa em ciências sociais*. São Paulo: Hucitec, 1994.

BENIGNI, L. et alii. *Un nido eductivo*. Castelfiorentino. Grupo Editoriale Fabbri, 1982.

BERNSTEIN, Basil. Classes e pedagogia: visível e invisível. *Cadernos de Pesquisa*. São Paulo, n. 49, p.26-42, mai., 1984.

BERNSTEIN, Basil. *A estruturação do discurso pedagógico*. Classe, Código e Controle. Petrópolis: Vozes, 1996.

BERTOLINI, Piero. *Dizionario di pedagogia e scienze del'educazione*. Bologna: Zanichelli, 1996.

BERTOLINI, Piero. (org.) *Nido e Dintorni*. Verso orientamenti educativi per le istituzioni della prima infanzia. Firenze: La Nova Italia, 1997.

BLAKISTON. *Dicionário médico*. São Paulo: Organização Anderi, s.d.

BLOCH, Marc. *Introduccion a la historia*. 14. imp. Mexico: Fondo de Cultura Económica, 1992.

BOBBIO, N.; MATTEUCCI, N.; PASQUINO, G. *Dicionário de política*. Brasília: UnB, 1986.

BOBBIO, Norberto. *O tempo da memória*. De Senectute. Rio de Janeiro: Campus, 1997.

BONDIOLI, A FERRARI, M; GARIBOLDI, A. La giornata educativa: elementi di analisi. In: BECCHI, Egle. *Manuale della scuola del bambino dai tre ai sei anni*. Milano: FrancoAngeli, 1995.

BONDIOLI, Anna et alii. *Uno strumento per l'analise della giornata alla scuola materna*. Pavia: s.d.

BOTO, Carlota. *A escola do homem novo*. Entre o Iluminismo e a Revolução Francesa. São Paulo: Unesp, 1996.

BOUDON, R.; BOURRICAUD, F. *Dicionário crítico de sociologia*. São Paulo: Ática, 1993.

BRASIL.CONSELHO NACIONAL DOS DIREITOS DA MULHER. *Creche urgente*. O dia a dia. São Paulo: Conselho Estadual da Condição Feminina, 1988.

BRASIL. MEC. *Bibliografia anotada*. Brasília: MEC,1995.

BRASIL/MEC/CBPE. Música para a escola elementar. *Guias do Ensino*, vol.6, Rio de Janeiro: INEP, 1962.

BRUNER, Jerome. Ce que nous avons appris des premiers apprentissages. In: RAYNA, Sylvie. LAEVERS, Ferre; DELEAU, Michel. (coord.) *L'education Pre'scolaire*: Quels objectifs pedagogiques? Paris: Nathan/INPR, 1996.

BRUNER, Jerome. *La educación puerta de la cultura*. Madrid: Visor, 1997.

BUFALO, Joseane. *Creche: lugar de criança, lugar de infância*. Um estudo sobre as práticas educativas em um Cemei de Campinas. Campinas: FE/UNICAMP, 1997. Dissertação de Mestrado.

BURMAN, Erica. *La deconstrucción de la psicología evolutiva*. Madrid: Visor, 1998.

CALCAGNI, Luca; COGLIATI, Felice. Per uno sviluppo sano ed armonico del bambino. In: *Asili Nido in Itália*. Il bambino da 0 a 3 anni. Milano: Marzorati, 1980.

CAMPAGNE, E. M. *Diccionario universal de educação e ensino*. Porto: Lugun e Genenioux, s.d.

CAMBI, Franco; CIVES, Giacomo; FORNACA, Remo. *Complessità, pedagogia critica, educazione democratica*. Firenze: Nuova Italia, 1995.

CAMBI, Franco. *Storia della pedagogia*. Roma: Laterza, 1998.

CAMPOS, Maria M.; ROSEMBERG, Fúlvia. Pré-escola: entre a educação e o assistencialismo. In: *Creche*, São Paulo: Cortez / FCC,1989.

CAMPOS, Maria Malta; HADDAD, Lenira. Educação Infantil: crescendo e aprendendo. *Cadernos de Pesquisa*, São Paulo: n.80, p.11-20, fev. 1992.

CAMPOS, Maria M.; Rosemberg, Fúlvia; FERREIRA, Isabel Morsoletto. *Creches e pré-escolas no Brasil.* São Paulo: Cortez/FCC, 1993.

CAMPOS, Maria M. Educar e cuidar: Questões sobre o perfil do profissional da educação infantil. In: *Por uma política de formação profissional de educação infantil.* MEC: Brasília, 1994.

CAMPOS, Maria Malta; ROSEMBERG, Fúlvia. *Critérios para um atendimento em creches que respeite os direitos fundamentais das crianças.* Brasília: BRASIL/MEC/SEF/COEDI, 1995.

CASTEL, Robert. *L'ordre psychiatrique.* Paris, Minuit, 1977

CATARSI, Enzo. Le radici sociali ed educative della scuola dell'infanzia. Liberalismo, cattolicesimo, socialismo di fronte al problema dell'educacione. In: Frabboni, Franco. *La scuola incompiuta.* Milano: Franco Angelo, 1983.

CATARSI, Enzo. *L'Asilo Nido e la Scuola Dell'infanzia.* Storia della scuola "materna" e dei suoi programmi dall'ottocento ai giorni nostri. Firenze: La Nuova Italia, 1994.

CATTANI, A. D. (Org). *Trabalho e teoria.* Dicionário crítico. Porto Alegre: UFRGS/Vozes, 1997.

CEARÁ. Secretaria do Trabalho e da Ação Social. *Guia Básico de Creches Comunitárias.* Fortaleza: UNICEF, s.d.

CHEMAMA, R. (Org). *Dicionário de psicanálise Larousse/ Artes Médicas.* Porto Alegre: Artes Médicas, 1995.

CHARLOT, Bernard. *A mistificação pedagógica.* Rio de Janeiro: Zahar, 1979.

CLAPARÈDE, Edouard. *A escola sob medida.* Estudos complementares de Piaget, Meylan e Bovet. Rio de Janeiro: Editora Fundo de Cultura, s.d.

COLLODI, Carlo. *Le avventure di Pinocchio.* Roma: Biblioteca Economica Newton, 1995.

COMTE-SPONVILLE, André. *Pequeno tratado das grandes virtudes.* São Paulo: Martins Fontes. 1996.

CONDORCET. *Esboço de um quadro histórico dos progressos do espírito humano.* Campinas: Unicamp, 1993.

COSTA, Jurandir Freire. *Ordem médica e norma familiar.* Rio de Janeiro: Graal, 1979.

COSTA, Jurandir Freire. *Redescrições da psicanálise*: ensaios pragmáticos. Rio de Janeiro: Relume-Dumará, 1994.

COSTA, Jurandir Freire. *Sem fraude, nem favor* – estudos sobre o amor romântico. Rio de Janeiro: Rocco, 1998.

CRAIDY, Carmen. A questão da criança na constituição. *Cadernos Anped*, Niterói,n.1, p.37-42, 1989.

CRAIDY, Carmen M. (Org) *Convivendo com crianças de 0 a 6 anos.* Porto Alegre: Mediação, 1997.

CRITELLI, Dulce M. A contemporânea inospitalidade do humano. In: MARTINEI, Maria L. et al. *O uno e o múltiplo nas relações entre as áreas do saber.* 2. ed., São Paulo: Cortez; Educ, 1998.

CUBERES, Maria Teresa. *Entre as fraldas e as letras.* Porto Alegre: Artmed, 1997

CUNHA, A.G. *Dicionário etimológico nova fronteira da língua portuguesa*. Rio de Janeiro: Nova Fronteira, 1982.

DAVID, M.; APPEL, G. *La educación del niño de 0 a 3 anos*. Experiencia del Instituto Loczy. Madrid: Narcea, 1986.

DAHLBERG, G.; ASEN, G. Evaluation and Regulacion: a question of Empowerment. MOSS, Peter.; PENCE, Alan. *Quality in Early Childhood Services: New Approaches to Defining Quality*. London: Paul Chapmann, 1994.

DARNTON, Robert. *O grande massacre dos gatos e outros episódios da história cultural francesa*. Rio de Janeiro: Graal, 1986.

DARNTON, Robert. A leitura rousseauista e um leitor "comum" do século XVIII. In: CHARTIER, Roger. *Práticas da leitura*. São Paulo: Estação Liberdade, 1996.

DE CERTAU, Michel. *A invenção do cotidiano*. Artes do fazer. Petrópolis: Vozes. 1994.

DE CERTAU, M., GIARD, L. e MAYOL, P. *A invenção do cotidiano*. Morar, cozinhar. Petrópolis: Vozes, 1997.

DELGADO, Buenaventura. *Historia de la infancia*. Barcelona: Ariel, 1998.

DE MAUSE, Lloyd. *Historia de la infancia*. Madrid: Aliança, 1994.

DEWEY, John. *Como pensamos*. Como se relaciona o pensamento reflexivo com o processo educativo: uma reexposição. 3. ed. São Paulo: Companhia Editora Nacional, 1959.

DOMINGOS, Ana Maria (Org.), *A teoria de Bernstein em sociologia da educação*. Lisboa: Fundação Calouste Gulbenkian, 1986.

DONALD, J. Faros del futuro: ensenanza, sujeción y subjetivación. In: LAROSSA, J. (Org) *Escuela, poder y subjetivación*. Madrid: La Piqueta, 1995.

DONZELOT, Jacques. *A polícia das famílias*. Rio de Janeiro: Graal, 1980.

DORSH, F. *Diccionario de psicología*. Barcelona:s.d. 1976.

DUTOIT, R. A. *A formação do educador de creches na dinâmica da construção do projeto educacional*. São Paulo: FEUSP, 1995. Dissertação de Mestrado.

EAGLETON, Terry. *As ilusões do pós-modernismo*. Rio de Janeiro: Jorge Zahar, 1998.

EDWARDS, Carolyn; GANDINI, Lella; FORMAN. *As cem linguagens da criança*. Porto Alegre: Artmed, 1999.

ELIAS, Norbert. *Introdução à Sociologia*. Lisboa: Edições 70, 1980

ELIAS, Norbert. *El proceso de la civilización*. Mexico: Fondo de Cultura Económica,1989.

ELIAS, Norbert. *Sobre el tiempo*. Mexico: Fondo de Cultura Económica, 1997.

ENGUITA, Mariano F. *A face oculta da escola*: educação e trabalho no capitalismo. Porto Alegre: Artes Médicas, 1989.

ENZENSBERGER, Hans Magnus. *Mediocridade e loucura e outros ensaios*. São Paulo: Ática,1995.

ESCOLANO, Augustín. Tiempo y educación. Notas para una genealogía del almanaque escolar. *Revista de Educación*, n.298, pg 55-79.1992.

ESCOLANO. Augustín. Tiempo y educación. La formación del cronosistema. Horário em la escuela elemental (1825-1931). *Revista de Educación,* n 301 p.127-163.1993.

FANTIN, Monica. *Jogo, brincadeira e cultura na educação infantil.* Florianópolis: FE/UFSC, 1996.

FARIA, Ana Lúcia G. de. Da escola maternal à escola da infância: A pré-escola na Itália hoje. *Cadernos do Cedes,* Campinas: n 37, p.63-67, 1995.

FARIA, Ana Lúcia G. de. *Direito à infância*: Mário de Andrade e os parques infantis para as crianças de famílias operárias na cidade de São Paulo. (1935-1938). São Paulo: FE/USP, 1994. Tese de Doutorado.

FARIA, Ana Lúcia G; CAMPOS, Maria M. Financiamento de Políticas Públicas para Crianças de 0 a 6 anos. *Cadernos ANPED.* São Paulo, n.1, 1989.

FARIA, Ana Lúcia G. Impressões sobre as creches no norte da Itália: bambini si diventa. In: Rosemberg, Fúlvia; Campos, Maria M. (Org) *Creches e Pré-escolas no hemisfério norte.* São Paulo, Cortez / FCC, 1994, p.211-232.

FARIA, Ana Lúcia G.; PALHARES, Marina. *Educação Infantil pós-LDB*: rumos e desafios. Campinas: Autores Associados FE-Unicamp; São Carlos: Editora da UFSCAR; Florianópolis:Editora da UFSC; 1999.

FAVARO, Grazziella. Tra due sogni. I bambini imigrati nelle scuole dell'infanzia. In: Becchi, Egle. *Manuale della scuola del Bambino dai ter ai sei Anni.* Milano: Franco Angelo, 1995.

FERNANDES, Heloísa R. (org) Tempo do Desejo. Sociologia e psicanálise. 2. ed. São Paulo: Brasiliense, 1991.

FERRARI, Alceu R.;GASPARY, Lucia B.V. Distribuição de oportunidades de educação pré-escolar no Brasil. *Educação e sociedade,* São Paulo, n.5, p.62-79,1980.

FERRARI, Alceu R. Pré-escola para salvar a escola? *Educação e Sociedade.* São Paulo, n.12, p.29-37,1982.

FERRATER MORA, José. *Diccionario de filosofía.* México: Atlante, 1944.

FERRATER MORA, José. *Dicionário filosófico.* Lisboa: Dom Quixote, 1977.

FERREIRA, Aurélio B.H. *Dicionário básico da língua portuguesa.* São Paulo: J.E.M.M.Editores/ Folha de São Paulo, 1988.

FERREIRA, Maria Clotilde Rosseti. A pesquisa na universidade e a educação da criança pequena. *Cadernos de Pesquisa,* São Paulo, n.67, p.59-63,1988.

FINKELSTEIN, Barbara. Incorporando as crianças à história da educação. In: *Teoria e Educação,* Porto Alegre: n.6, p.183-209,1992.

FINKIELKRAUT, Alain. *A derrota do pensamento.* 2. ed. Rio de Janeiro: Paz e Terra, 1989.

FIGUEIREDO, Luís Cláudio. *A invenção do psicológico.* Quatro séculos de subjetivação 1500-1900. 2. ed. São Paulo: Escuta/Educ. 1994

FLEURY, Afonso; VARGAS, Nilton. *Organização do trabalho.* São Paulo, Atlas, 1983.

FLEURY, Maria Tereza L.; FISCHER, Rosa Maria. *Processo e relações de trabalho no Brasil.* São Paulo: Atlas,1987.

FOGAÇA, A; SALM, C. Qualificação e competitividade. In: *Modernidade e Pobreza.* São Paulo, Livraria Nobel, 1994.

FONTINHA. *Novo dicionário etimológico da língua portuguesa.* Porto: Domingos Barreira, s.d.

FORQUIN, Jean-Claude. Saberes escolares, imperativos didáticos e dinâmicas sociais. *Teoria e Educação*. n. 5, p.28-49, 1992.

FORQUIN, Jean-Claude. *Escola e Cultura*: Bases sociais e epistemológicas do conhecimento escolar. Porto Alegre: Artes Médicas, 1993.

FOUCAULT, Michel. *Microfísica do poder*. 3.ed. Rio de Janeiro: Graal, 1982.

FOUCAULT, Michel. *Vigiar e punir*. História da violência nas prisões. Petrópolis: Vozes, 1987.

FOUCAULT, Michel. *As palavras e as coisas*. São Paulo: Martins Fontes, 1992.

FOUCAULT, Michel. La gubernamentalidad. In: Varela, Julia e Alvarez-Uria, Fernando (Org.). *Espacios de poder*. Madrid: Endymion, 1991.

FOUCAULT, Michel. *Tecnologías del yo y otros textos afines*. 2.ed. Buenos Aires: Paidós/ICE-UAB, 1996.

FOULQUIÉ, Paul. *As escolas novas*. São Paulo: Companhia Editora Nacional, 1952.

FOULQUIÉ, Paul. *Dicionário da língua pedagógica*. Lisboa: Horizonte, s.d.

FOUREZ, Gérard. *A construção das ciências*. Introdução à filosofia e à ética das ciências. São Paulo: UNESP, 1995.

FRABBONI, Franco. *Verso uma scuola dell'infanzia maggiorene*. Pedagogia dell'obligo a cinque anni. Firenze: La Nova Italia, 1998.

FRABBONI, F. *Programare al nido.* I problemi, le procedure, gli strumenti. 2.ed. Firenze: La Nuova Italia, 1990.

FRAGO, Antonio V.; ESCOLANO, Augustín. *Currículo, espaço e subjetividade*. Rio de Janeiro: DP&A Editora, 1998.

FRANGOS, Christos. Des modèles nationaux aux modèles multiculturels dans les objectifs de l'education préscolaire. In RAYNA, Sylvie. LAEVERS, Ferre, DELEAU, Michel. (coord.) *L'education Pre'scolaire*: Quels objectifs pedagogiques? Paris: Nathan/INPR, 1996.

FREINET, Célestin. *El diari escolar*. Barcelona: Laia, 1974.

FREINET, Elise. *O itinerário de Celestín Freinet*. Lisboa: Livros Horizonte, 1983.

FREIRE, Madalena. *Cadernos de Reflexão*: rotinas: construção do tempo na relação pedagógica. São Paulo: Espaço Pedagógico, 1992.

FREIRE, Madalena. *A paixão de conhecer o mundo:* relato de uma professora. Rio de Janeiro: Paz e Terra, 1983.

FREITAS, Marcos C. (Org.) *História social da infância no Brasil*. São Paulo: Cortez; USF, 1997.

FREUD, Sigmund. *Recordar, Repetir, Elaborar.* Madrid: Biblioteca Nueva. 1945. t.II.

FREUD, Sigmund. *Mas alla del principio del placer* Madrid: Biblioteca Nueva 1945. t.III. (Em português: *Além do princípio do prazer*. Imago.)

FROEBEL, Friedrich. *L'Educación de l'home i el Jardín Dínfants*. Vic: Eumo Editorial/ Diputació de Barcelona.1989.

GAGNEBIN, Jeanne M. Infância e pensamento. In: Ghiraldelli Jr., Paulo (Org.). *Infância, escola e modernidade*. São Paulo: Cortez; Curitiba: UFPR. 1996.

GÉLIS, Jacques. A individualização da criança. In: ARIÈS, P. et CHARTIER, R. *História da vida privada*, São Paulo, Companhia das Letras, 1991. p.311-329. v. II

GENOVESI, Giovanni. A historiografia da educação hoje: Tendências e problemas. *Educação e Sociedade,* Campinas, ano XVII, n.54, jan., 1996. P. 14 -33

GHEDINI, Patrizia Entre a experiência e os novos projetos: a situação da creche na Itália. In: Rosemberg, Fúlvia; CAMPOS, Maria Malta (Org.) *Creche e Pré-escolas no hemisfério norte.* São Paulo: Cortez; FCC,1994, p.189-210

GHIRALDELLI Jr., Paulo (Org.). *Infância, escola e modernidade.* São Paulo, Cortez, Curitiba: UFPR, 1996.

GIDDENS, Anthony. *As consequências da modernidade.* São Paulo: UNESP, 1991.

GIDDENS, Anthony. *Modernidad y identidad del yo.* El yo y la sociedad en la epoca contemporánea. Barcelona: Península, 1995.

GIROUX, Henry. *Placeres inquietantes.* Aprendiendo la cultura popular. Madrid: Paidós, 1996.

GIROUX, Henry. *Cruzando límites.* Trabajadores culturales y políticas educativas. Madrid: Paidós, 1997.

GLEISER, Marcelo. *A dança do universo. Dos mitos da criação ao big-bang.* São Paulo: Companhia das Letras, 1997.

GOLDSCHIMIED, Elinor. *Educar l'infant a l'escola bressol.* Barcelona: Associaciòn de Mestres Rosa Sensat. 1998.

GONZÂLES-AGÁPITO, Josep. *Ser infant abans d´ara 1989.* Barcelona: Associaciòn de Mestres Rosa Sensat, 1989.

GONZALEZ ARROYO, Miguel. *A escola plural.* Belo Horizonte: SMEC, 1994. (mimeo.)

GORE, Jeniffer. Michel Foucault e educação: fascinantes desafios. In: SILVA, T.T. *O sujeito da educação.* Petrópolis: Vozes, 1994. p.9-20

GORE, Jeniffer. *Controversias entre las pedagogías.* Madrid: Morata/Paideia, 1996.

GROUPE MATERNEL LIEGEOIS. *Professoras da pré-escola em ação.* Campinas, s.d.e.(mimeo)

GUATTARI, Félix. As creches e a iniciação. In: *Revoluções moleculares:* pulsações políticas do desejo. São Paulo: Brasiliense, 1987. p.50-55.

GUILLERMOU, Alain. *Santo Inácio de Loyola e a compainha de Jesus.* São Paulo: Agir, 1973.

GUIMPS, R. *Histoire de Pestalozzi, de sa pensée et de son ouevre.* Lausanne: Bridel; 1874.

HADDAD, Lenira. *A creche em busca da sua identidade.* São Paulo: Loyola, 1991.

HAINSTOCK, Elizabeth. *Enseñanza Montessori en el hogar.* México: Diana, 1972.

HALL, Stuart. *A questão da identidade cultural.* Campinas, DA/IFCH/UNICAMP, 1995.

HAMILTON, David. Mudança social e mudança pedagógica: A trajetória de uma pesquisa histórica. *Teoria e Educação,* n.6, p.3-32, 1992.

HARVEY, David. *Condição pós-moderna.* 5.ed. São Paulo: Loyola, 1992.

HEADLEY, Neith. *El jardín de infantes.* Buenos Aires: Troquel, 1968.

HELLER, Agnes. *O cotidiano e a história*. 4. ed. Rio de Janeiro: Paz e Terra. s.d.

HELLER, Agnes; FÉHER, Ferenc. *Biopolítica*. La modernidad y la liberación del cuerpo. Barcelona: Península, 1995.

HOLLANDA, Heloísa B. *Pós-modernismo e política*. 2.ed. Rio de Janeiro: Rocco, 1992.

HUSTI, Aniko. Del tiempo escolar uniforme a la planificación móvil del tiempo. *Revista de Educación*, n. 298, p.271-305. 1992.

INCONTRI, Dora. *Pestalozzi: Educação e Ética*. São Paulo: Scipioni, 1996.

INSTITUTO COOPERATIVO DA ESCOLA MODERNA. *Dossiê Pedagógico Celestin Freinet*. s.n.t. Tradução da Revista *L'educateur*, 1979.

JANSEN, Claus. O espaço nas escolas de educação infantil. Poços de Caldas, 1998. Apresentação Oral. I Congresso Paulista de Educação Infantil.

JAMESON, Fredric. *Espaço e imagem*. Teorias do pós-moderno e outros ensaios. Rio de Janeiro: UFRJ, 1994.

JAMESON, Fredric. *Pós-modernismo*. A lógica cultural do capitalismo tardio. São Paulo: Ática, 1997.

JIMENEZ, Nuria; MOLINA, Lurdes. *La escuela infantil*. Lugar de accíon y de cooparticipación. Barcelona: Laia/ Cuadernos de Pedagogía. 1989.

KAUFMANN, Pierre. *Elementos para uma enciclopedia del psicoanalisis*. El aporte freudiano. Buenos Aires: Paidós, 1996.

KECHIKIAN, Anita. *A filosofia e a educação*. Entrevistas. Lisboa: Edições Colibri, 1993.

KRISTEVA, Julia. *Estrangeiros para nós mesmos*. Rio de Janeiro: Rocco, 1994.

KINCHELOE, Joe L. McDonalds, poder e criança: Ronald McDonald faz tudo por você. In: Silva, L. H. *Identidade social e a construção do conhecimento*. Porto Alegre: SMED, 1997. p.69-97.

KISCHIMOTO, Tizuko Morchida. *Jogos tradicionais infantis*. Petrópolis: Vozes, 1995.

KISCHIMOTO, T. M. *A pré-escola em São Paulo (1877 a 1940)*. São Paulo, Loyola, 1988.

KRAMER, Sonia. *A política do pré-escolar no Brasil*: a Arte do disfarce. 4. ed. São Paulo: Cortez/AA, 1992.

KRAMER, Sonia. *Com a pré-escola nas mãos*. São Paulo: Ática, 1991.

KRING, H.; BAUMGARTNER. H. M.; WILD, C. *Conceptos fundamentales de filosofía*. Barcelona: Herder, 1977.

KUHLMANN Jr., Moysés. *Educação Pré-Escolar no Brasil (1899-1922)- Exposições e Congressos patrocinando a Assistência Científica*. São Paulo: PUC. 1990. Dissertação de Mestrado.

KUHLMANN Jr., Moysés. *As exposições internacionais e a difusão das creches e Jardins de Infância (1867-1922)*. Comunicação apresentada na 6ª Conferência Européia sobre Qualidade na Educação da Infância. Lisboa, Setembro, 1996.

KUHLMANN Jr., Moysés. *Infância e educação infantil*. Uma abordagem histórica. Porto Alegre: Mediação, 1998.

KUHLMANN, Moysés; BARBOSA, Maria Carmen S. Pedagogia e rotinas no "Jardim da Infância" In: *Infância e Educação Infantil*: Uma abordagem histórica. Porto Alegre: Editora Mediação, 1998. p.111-189

KUHLMANN Jr. Moysés. Educação Infantil e Currículo. In: FARIA, Ana Lúcia G.; PALHARES, Marina. *Educação Infantil pós-LDB*: rumos e desafios. Campinas: Autores Associados FE-Unicamp; São Carlos: Editora da UFSCAR; Florianópolis: Editora da UFSC; 1999. p.51-65

LAPLANCHE; PONTALIS. *Vocabulário de psicanálise*. São Paulo: Martins Fontes, 1983.

LALANDE, A. *Vocabulario tecnico y crítico de filosofía*. Buenos Aires: El Ateneu, 1966.

LATOUR, Bruno. *Jamais fomos modernos*: ensaio de antropologia simétrica. Rio de Janeiro: Editora 34, 1997.

LEFEBVRE, Henry. *La vida cotidiana en el mundo moderno*. Madrid: Alianza Editorial. 1984.

LEITE, Márcia P.; POSTHUMA. *Reestruturação produtiva e qualificação: reflexões sobre a experiência brasileira*. São Paulo: Fundação Seade, *São Paulo em perspectiva*, v.1, n.1.

LERENA, Carlos. *Reprimir o Liberar*. Crítica sociológica de la educación y de la cultura contemporaneas. Madrid: Akal, 1983.

LIMA, Mayumi S. *A cidade e a criança*. São Paulo: Nobel, 1989.

LIMA, Mayumi S. A importância da qualidade do espaço na educação das crianças. *Revista Criança*, Brasília, n.27, p.9-12, 1994.

LOCKE, John. *Pensamientos sobre la educación*. Madrid: Akal, 1986.

LOSADA. *Diccionario de pedagogía*. Buenos Aires: Losada, 1960.

LOYOLA, Andréa. A cultura pueril da puericultura. *Novos Estudos Cebrap*, São Paulo, v.2, n.1, p.40-46, abr., 1983.

LUCCHINI, Egidio; LA GUARDIA, Lina Sala. L'Asilo Nido di ieri i oggi. In: *Per Amore & Per forza*. L'Infanzia tra 800 e 900. Modena: Edizioni Panini,1987.

LUZURIAGA, L. *Antología de Pestalozzi*. Buenos Aires: Losada, 1946.

LUZURIAGA, L. *Diccionario de pedagogía*. Buenos Aires: Losada,1966.

LYON, David. *Pós-modernidade*. São Paulo: Paulus, 1998.

MACHADO, Maria Lucia A. *Pré-escola não é escola:* a busca de um caminho. Rio de Janeiro: Paz e Terra. 1991.

MACHADO, Roberto et al. *Danação da norma:* medicina social e constituição da psiquiatria no Brasil. Rio de Janeiro: Graal, 1978.

MAFFIOLETTI, Leda. Práticas musicais na educação infantil. In: Craidy, Carmen e Kaercher, Gládis P. S. *Educação infantil: p'ra que te quero?* Porto Alegre: Secretaria do Trabalho, Cidadania e Assistência Social do estado do Rio Grande do Sul, 1998.

MAGALHÃES, António; STOER, Stephen R. *Orgulhosamente filhos de Rousseau*. Porto: Profedições, 1998.

MAGALHÃES, Justino Pereira de. Um contributo para a História da Educação da Infância em Portugal. In: *As crianças contextos e identidades*. Braga: Centro de Estudos da Criança, 1997.

MARINHO, Heloísa. *Vida e educação no jardim de infância*. Rio de Janeiro: Conquista, 1967.

MARQUES, Vera R. B. *Eugenia da disciplina: o discurso médico pedagógico nos anos 20*. Campinas: Unicamp, 1981. Exame de qualificação.

MARTIN, José L. D. La organización del tiempo em la educación infantil. *Aula*, n.47, febrero, p.53-59. 1996.

MARTINS, José de Souza (Org.). *(Des)figurações*: a vida cotidiana no imaginário onírico da metrópole. São Paulo: Hucitec, 1996.

MASHALL, James. Governamentalidade e educação liberal. In: SILVA, T. T. *O sujeito da educação*. Petrópolis: Vozes, 1994.

MASSEY, Doreen. *Um sentido global de espaço*. Campinas, IFCH/UNICAMP, 1995.

MATA, Marta; ODENA, Pepa. Cronologia, bibliografia e prólogo. In: FROEBEL, Friedrich. *L'Educació de l'home i el Jardí Dínfants*. Vic: Eumo Editorial/ Diputació de Barcelona, 1989.

MAZZOLI, Franca. Adagio, Rallentando. *Bambini*, Milano, marzo, 1996. p.10-11

MELUCCI, Alberto. *Creatività: miti, discorsi, processi*. Roma: Feltrinelli, 1994.

MELUCCI, Alberto. *Il gioco dell'io. Il cambiamento di sé in una società globale*. 3.ed. Roma: Feltrinelli, 1996.

MINDLIN, Betty. Educação indígena. *Cadernos do CEDES*. Campinas, n.32, p.11-15, 1993.

MIRES, Fernando. *La revolución que nadie soño la outra posmodernidad*. Caracas: Nueva Sociedad,1996.

MOREIRA, Antônio F. (Org.) *Currículo: questões atuais*. Campinas: Papirus, 1997.

MORIN, Edgar. *Ciência com consciência*. Lisboa: Publicações Europa-America, 1990.

MOSS, Peter; PENN, Helen. Transforming nursery education. London: Paul Chapmann, 1996.

MONGAY, Maite P. & CUNILL, Núria R. *Lavorare per progetti nella scuola materna*. Firenze: La Nova Italia, 1991.

MONTESSORI, Maria. *El método de la Pedagogia Científica*. Barcelona: Casa Editorial Araluce, 1937.

MONTESSORI, Maria. *La scoperta del bambino*. Garzanti. 1970.

MONTESSORI, Maria. *La Descoberta de l'infant*. Vic: Eumo Editorial/ Diputació de Barcelona. 1994.

NARODOWSKY, Mariano. *Infancia y Poder*. La conformación de la pedagogia moderna. Buenos Aires: Aique, 1994.

NICOLAU, Marieta. *A educação pré-escolar*. Fundamentos e didática. 2. ed. São Paulo: Ática, 1986.

NOVAES, H. M. D. *A puericultura em questão*. São Paulo: USP, 1979. Dissertação de Mestrado.

OFFE, Claus. *Capitalismo desorganizado*. São Paulo: Brasiliense, 1985.

OLIVEIRA, Zilma de Moraes R. *Educação Infantil*: muitos olhares. São Paulo: Cortez, 1994.

OLIVEIRA, Zilma et al. *Creches: crianças, faz-de-conta e cia*. Petrópolis: Vozes, 1992.

OUTHWAITE,W.; BOTTOMORE, T. *Dicionário do pensamento social do século XX*. Rio de Janeiro: Zahar/Dinalivro, 1996.

PAIS, José Machado. Paradigmas sociológicos na análise da vida quotidiana: uma introdução. *Análise Social*, v. XXII (90), n.1, p.,7-57.1986.

PANCERA, Carlo. *Estudios de historia de la infancia*. Barcelona: PPU, 1993.

PANCERA, Carlo. Semânticas de infância. *Perspectiva*, Florianópolis, n.22, p.97-104, 1994a.

PANCERA, Carlo. *Robert Owen. L'armonis sociale*. Saggi sull'educazione. Firenze: La Nuova Itália, 1994b.

PENN, Helen. *Què passa a les escoles bressol?* Temes d'Infàcia. Educar de 0 a 6 anys. Barcelona: Associació Rosa Sensat, 1997.

PESTALOZZI, Johan Heinrich. *Como Gertrudis enseña a sus hijos*. Buenos Aires: Centro Editor da América Latina SA, 1967.

PESTALOZZI, Johan Heinrich. *Cartas sobre educación infantil*. Madrid: Technos, 1988.

PETITAT, André. Entre história e sociologia – uma perspectiva construtivista aplicada à emergência dos colégios e da burguesia. *Teoria e Educação*, Porto Alegre, n.6, p.135-150. 1992.

PETTIT ROBERT. *Dictionnaire – alphabétique & analogique de la langue française*. Paris: Le Robert, 1987.

PIAGET, Jean. *A noção de tempo na criança*. Rio de Janeiro: Record, 1946.

PIATON, G. *Pestalozzi*. Mexico, Trillas,1989.

PIÉRON, H. *Dicionário de psicologia*. Porto Alegre: Globo, 1972.

PIKLER, Emii. *Moverse em libertad*. Desarrollo de la motricidad global. Madrid: Narcea, 1985.

PINAZZA, Mônica A. *A pré-escola paulista à luz das ideias de Pestalozzi e Froebel*: memórias reconstituída a partir de periódicos oficiais. São Paulo: FE/USP,1997. Tese de Doutorado

PINTO, Manuel. A infância como construção social. In: PINTO, Manuel e BRAGA, Manuel Jacinto Sarmento *As crianças contextos e identidades*. Braga: Centro de Estudos da Criança. 1997.

POLLARD, Michael. *Maria Montessori*. Rio de Janeiro: Globo, 1993.

POPKEWITZ, Thomas S. *Reforma Educacional uma política sociológica*. Poder e conhecimento em educação. Porto Alegre: Artmed, 1997.

PRADO, Patrícia D. *Educação e cultura infantil em creche: um estudo sobre as brincadeiras de crianças pequenininhas em CEMEI de Campinas/ SP.* Campinas: FEUNICAMP, 1998.

PRIGOGINE, Ilya; STENGERS, Isabelle. *A nova Aliança*. 3. ed. Brasília: UNB. 1997.

RABITTI, Giordana. *Alla scoperta della dimensione perduta*. Bologna: Editrice CLUEB, 1994.

RAMOS, Kátia Regina Agra da Silva. *Um estudo sobre a interferência da rotina da educação infantil no processo de construção da noção operatória de tempo subjetivo pela criança*. Porto Alegre: FACED/ UFRGS, 1998. Dissertação de Mestrado.

REVAH, Daniel. As pré-escolas "alternativas". *Cadernos de Pesquisa*. São Paulo, n. 95, p.51-62, nov. 1995.

REVEL, Jacques. Os usos da civilidade. In: *História da vida privada*, São Paulo, Companhia das Letras, 1991. v. II.

RIZZO, Gilda. *Creche:* organização, montagem e funcionamento. Rio de Janeiro, Francisco Alves, 1984.

RIZZO, Gilda. *Educação pré-escolar*. Rio de Janeiro: Francisco Alves. 1982.

ROCHA, Eloísa Acires Candal. *A Pesquisa em Educação Infantil no Brasil: trajetória recente e perspectiva de consolidação de uma pedagogia.*Campinas: FE/UNICAMP, 1999. Tese de Doutorado

ROCHA, Eloísa Acires Candal. *Pedagogia e a Educação Infantil*. Caxambu: Anped, 1999. Artigo apresentado na Reunião XXII da Anped (mimeo)

RODARI, Gianni. *A gramática da fantasia*. São Paulo: Summus, 1982.

ROSEMBERG, Fúlvia.; CAMPOS, Maria M. *Creches e pré-escolas no hemisfério norte*. São Paulo: Cortez; FCC, 1994.

ROSEMBERG, Fúlvia. Educação Infantil nos Estados Unidos. In: ROSEMBERG, Fúlvia.; CAMPOS, Maria M. *Creches e pré-escolas no hemisfério norte*. São Paulo: Cortez; Fundação Carlos Chagas, 1994. p.15- 101

ROSSETI-FERREIRA, Maria Clotilde. A pesquisa na universidade e a educação da criança pequena. *Cadernos de Pesquisa*. São Paulo, n.67, p.59-63. Nov. 1988.

ROUDINESCO, E.; PLON, M. *Dicionário de psicanálise*. Rio de Janeiro: Zahar, 1998.

ROUSSEAU, Jean-Jacques. *Emílio ou Da Educação*. Rio de Janeiro: Bertrand. 1992.

ROUSSEAU, Jean-Jacques. *Projeto para a educação do senhor de Saint-Marie*. Porto Alegre: Paraula. 1994.

SALOTTI, Martha. A. *El jardin de infantes*. Buenos Aires: Kapeluz. 1969.

SANTOMÉ, Jurjo Torres. *A educação infantil*. Ourense: Cadernos de Inovação Didática MRP; Associação Sociopedagógica GalaicoPortuguesa. 1991.

SANTOMÉ, Jurjo Torres. A instituição escolar e a compreensão da realidade: o currículo integrado. In: SILVA, Luiz Heron (Org.) *Novos mapas culturais:* Novas perspectivas educacionais. Porto Alegre: Sulina, 1996. p.58-74

SANTOS, Boaventura de Souza. *Pela mão de Alice*: o social e o político na pós-modernidade. São Paulo: Cortez, 1995.

SANTOS, Boaventura de Souza. *Um discurso sobre as ciências*. 8.ed. Porto: Afrontamento. 1996a.

SANTOS, Boaventura de Souza. Para uma pedagogia do conflito. In: Silva, Luiz H. et alii. *Novos mapas culturais, Novas perspectivas educacionais*. Porto Alegre: Sulina. 1996b

SÃO PAULO. SECRETARIA DA EDUCAÇÃO. *Proposta pedagógica para a pré-escola*. São Paulo: FDE, 1994.

SARDAR, Zia et al. Bárbaros são os outros: manifesto sobre o racismo ocidental. Lisboa: Ed. Dinissauro, 1996.

SARMENTO, Manuel Jacinto; PINTO, Manuel. As crianças e a infância: definindo conceitos, delimitando o campo. In: *As crianças contextos e identidades*. Pinto, Manuel e Sarmento, Manuel Jacinto. Braga, Centro de Estudos da Criança/ Universidade do Minho, 1997.

SARTI, Cintia. *A família como espelho*. Um estudo sobre a moral dos pobres. Campinas: Editores Associado; Fapesp, 1996.

SARTO, L. S. (Org). *Dicionario de pedagogia labor*. s.n.t.

SCHAMA, Simon. *Paisagem e memória*. São Paulo: Companhia das Letras, 1996.

SILVA, Antônio Augusto Moura da. *Amamentação: fardo ou desejo. Estudo histórico-social dos saberes e práticas sobre aleitamento na sociedade brasileira*. Faculdade de Medicina da USP/RP, Ribeirão Preto, 1990, Dissertação de Mestrado

SILVA, Benedito (Org). *Dicionário de ciências sociais*. São Paulo: Fundação Getúlio Vargas, 1986.

SINGER, Helena. *República das crianças*. Sobre experiências escolares de resistência. São Paulo: Hucitec; Fapesp, 1997.

SPODEK, Bernard; SARACHO, Olivia N. *Ensinando crianças de três a oito anos*. Porto Alegre: Artmed, 1998.

STEIMBERG, Shirley. Kindercultura: a construção da infância pelas grandes corporações. In: SILVA, Luis H. et al. *Identidades social e a construção do conhecimento*. Porto Alegre, SMED, 1997. P. 98-145.

STORK, H., LY, O, MOTA, G. Os bebês falam. Como você os compreende? Uma comparação Intercultural. In: BUSNEL, Marie-Claire. *A linguagem dos bebês. Sabemos escutá-los?* São Paulo: Escuta, 1997.

STRATTON; HAYES. *Dicionário de psicologia*. São Paulo: Pioneira,1994.

SZAMOSI, Géza. *Tempo e Espaço*. As dimensões gêmeas. Rio de janeiro: Zahar, 1988.

TAYLOR, Frederik. *Princípios de administração científica*. São Paulo: Atlas, 1966.

TERIGI, Flávia. Notas para uma genealogia do currículo escolar. *Educação e Realidade* v.21 n.1 p.159-186

THOMPSON, E. O tempo, a disciplina do trabalho e o capitalismo industrial. In: SILVA, Tomas Tadeu (Org.) *Trabalho, educação e prática social*. Porto Alegre: Artes Médicas, 1991.

TONUCCI, F. *A los tres anos se investiga*. Barcelona: Hogar del Libro, 1986.

TORRINHA, F. *Dicionário português-latim*. Porto: Domingos Barreto, s.d.

TRAGTENBERG, Maurício. A escola como organização complexa In: *Sobre educação, política e sindicalismo*. São Paulo: AA/Cortez, 1982.

TRISCIUZI, Leonardo; CAMBI, Franco. *L'infanzia nella società moderna*. Dalla scoperta alla scomparza. Roma: Riuniti, 1989.

TUAN,Yu-Fu. *Espaço e lugar*: a perspectiva da experiência. São Paulo: Difel, 1983.

TURNER, Bryan S. *EL cuerpo y la sociedad: exploraciones en teoría social*. Buenos Aires: Fondo de Cultura Económica.1989.

ULIVIERI, Simoneta. Historiadores e sociólogos descobrindo a infância. *Revista de Educación*. Madrid, n.281, 1986.

VARELA, Julia. Categorías espacio-temporales y socialización escolar. Del individualismo al narcisismo. In: Larrosa, Jorge. (Ed.) *Escuela, poder y subjetivación*. Madrid: La Piqueta,1995.

VARELA, Julia; ALVAREZ-URIA, Fernando. A maquinaria escolar. In: *Teoria e Educação*, Porto Alegre, n. 6,p.68-96, 1992.

VARELA, Julia; ALVAREZ-URIA, Fernando. *Arqueologia de la escuela.* Madrid: La Piqueta, 1991.

VIEIRA, Pe. Antônio. Sermões. *Problemas sociais e políticos do Brasil.* São Paulo: Cultrix, 1995.

VIGARELLO, Georges. *O limpo e o sujo:* uma história da higiene corporal. São Paulo: Martins Fontes, 1996.

WAJSKOP, Gisela. *Brincar na pré-escola.* São Paulo: Cortez,1995.

WALKERDINE, Valerie. Psicología del desarrollo y pedagogía centrada en el niño. La inserción de Piaget en la educación temprana In: Larrosa, Jorge. (Ed.) *Escuela, poder y subjetivación.* Madrid: La Piqueta,1995.

WALLON, Henri. *Psicologia y educación.* Las aportaciones de la psicología a la renovación educativa. Madrid: Pablo del Rio Editor. 1981.

WARSCHAUER, Cecília. *A roda e o registro:* uma parceria entre professores, alunos e conhecimento. Rio de Janeiro: Paz e Terra, 1993.

WEBER, Evelyn. *The Kindergarten.* Its encouter with educational thought in America. New York: Teachers College Press, 1969.

WEBER, Max. *Economía y sociedad.* Esbozo de sociología comprensiva. Buenos Aires: Fondo de Cultura Económica, 1992.

WEBER, Max. *A ética protestante e o espírito do capitalismo.* 5. ed., São Paulo: Pioneira, 1987.

WILLIS, Paul. *Aprendendo a ser trabalhador.* Escola, resistência e reprodução social. Porto Alegre: Artes Médicas, 1991.

Anexo

MODELOS DE CONCRETIZAÇÃO DAS ROTINAS NA EDUCAÇÃO INFANTIL

Os modelos apresentados a seguir foram encontrados em livros ou em outras publicações da área de educação infantil. Eles serão apresentados em dois grandes grupos: o das rotinas dirigidas às creches e o das rotinas para jardins de infância ou pré-escolas. Esta divisão poderá facilitar a leitura e a posterior análise dos modelos.

CRECHE

A turma dos 3 anos

Chegada e saudação. Conversa livre: 15 minutos.
Jogo livre, atividades informativas – materiais, blocos, casa das bonecas: 20 minutos.
Atividade ao ar livre – cuidado das plantas e animais: 15 minutos.
Musica e expressão corporal: 30 minutos.
Descanso: 10 minutos.
Atividades de conjunto em grande grupo – histórias, pintura e marionetes: 20 minutos.
Despedida: 15 minutos.
Total: 170 minutos.

Fonte: Bosch, L., Menegazzo, L., Galli, P.(1963)

Exemplo de rotina para crianças de 0 a 3 anos

Manhã

Chegada das funcionárias e preparo das salas.
Chegada e recepção das crianças, com arrumação do material individual em local apropriado.
Troca de fraldas dos bebês, se necessário.
Mamadeiras e/ou café da manhã.
Atividades ao ar livre, com banhos de sol; brincar com objetos ou brinquedos.
Banho.
Almoço.

Tarde

Sesta – as crianças podem dormir ou descansar, outras podem brincar em seus berços ou colchonetes.
Lanche: mamadeira ou suco.
Atividades orientadas.

Final da tarde

Jantar.
Leitura de histórias.
Troca de roupas das crianças e preparo para a saída.
Conversa com os pais e entrega das crianças.

Fonte: Abramowicz e Wajskop (1995)

Organização do dia – berçário e minigrupo

Período da manhã

Primeira refeição diária.
Primeira higiene, troca de roupa, organização da sacola.
Banho de sol e hidratação.
Estimulação individual e grupal.
Suco de fruta natural.
Higiene para o almoço e banho.
Almoço.
Higiene, quando necessária.

Período da tarde

Repouso.
Lanche.
Banho.
Estimulação individual e grupal.
Higiene.
Sopa.
Saída.
Fonte: Aranha (1993)

Organização do dia – maternal 1 e maternal 2

Período da manhã

Recepção das crianças, verificação das necessidades de agasalho, organização das sacolas, uso dos sanitários, se necessário.
Primeira refeição.
Atividades pedagógicas.
Recreio.
Suco natural.
Atividades pedagógicas.
Atividades orientadas ou pequeno recreio.
Higiene para o almoço.
Almoço.
Higiene.

Período da tarde

Repouso.
Lanche/ recreio.
Atividades orientadas.
Higiene.
Refeição da tarde.
Saída.
Fonte: Aranha (1993)

Rotina de berçário

7h – Entrada/espera em berço.
8h – Trocas e suco.

9h – Sono.
9h30min – Almoço.
10h30min – Atividades no berço.
13h – Banho.
14h – Mamadeira, lanche e sono.
15h15min – Jantar.
16h30min – Saída.
17h30min – Limpeza.

Fonte: Oliveira et al. (1994)

Jornada padrão

7h30min/9h – Acolhida.
9h/9h15min – Sono (para pequeninos).
9h/10h – Atividade formal e informal.
10h/10h30min – Mudança.
10h30min/10h45min – Organização da sala de aula.
10h45min/11h30min – Comida.
13h30min/12h – Atividades informais.
12h20min/12h45min – Troca de fraldas.
12h45min/15h – Sono.
15h/15h40min – Troca de fraldas e merenda.
15h40/16h – Saída dos pequeninos.
16h/16h30min – Saída das crianças.
16h30min/18h – Jogos informais com os que têm horário prolongado.

Fonte: Frabboni (1990)

JARDIM DE INFÂNCIA

Turma dos 4 aos 5 anos

Entrada: saudação e conversa espontânea: 15 minutos.
Planejamento das atividades: período de jogo ou trabalho nos cantos: 60 minutos.
Atividades ao ar livre e dirigidas: rodas, ginástica ou música: 40 minutos.
Asseio e merenda: 25 minutos.
Atividades dirigidas: narração de contos e marionetes: 30 minutos.
Despedida: 10 minutos.
Total: 18 minutos.

Fonte: Bosh, L., Menegazzo, L., Galli, P. (1963)

O horário

8h/9h
- Chegada, canção de boas vindas.
- Breve conversa sobre as atividades a serem realizadas (máximo 10 min).
- Atividade de livre escolha dentro da sala.
- Arrumação e limpeza.

9h/9h45min – Atividades espontâneas, de livre escolha, ao ar livre.
9h45/10h30min – Higiene das mãos, merendas, higiene dentária.
10h30min/11h – Pode ser realizada uma destas atividades, fazendo rodízio ao longo dos dias: música, história, estudos da natureza, jogos.
11h/11h20min – Repouso.
11h20min/11h30min – Breve comentário para avaliar e compartilhar os trabalhos do dia.
11h30min/11h40min – Canção de despedida e saída.
Fonte: Marinho (1967)

Cálculo aproximado do tempo para as tarefas

Atividades relativamente não estruturadas – jogos de interior e ao ar livre, teatro, experiências científicas, experiências com instrumentos musicais, biblioteca, quebra-cabeças: 20%.
Reuniões de grupo – discussões, informações, avaliação das tarefas, reflexões: 15%.
Afazeres domésticos e satisfação de necessidades pessoais – tirar e colocar a roupa, guardar o material, ordenar a sala, banheiro, lanche: 9%.
Artes linguísticas – relato de contos, observação de páginas impressas, poesia, televisão: 12%.
Manualidades – blocos, ferramentas, pintura, modelagem: 20%.
Música – canto, atividades rítmicas, bandas: 10%.
Período de descanso – relaxação muscular, gozo do próprio pensamento sozinho, não interrompido, audição de música suave: 8%.
Refrigério – gozo de uma restauração de energia, desenvolvimento dos modos e de condicionamentos sociais: 6%.
Fonte: Headley (1968)

Um dia no jardim de infância

Horário

12h/12h30min – Entrada (atividade livre) e independente: exame de livros no "cantinho dos livros", limpeza do aquário e alimentação dos peixinhos, cuidados com as plantas e vasos.

12h30min/12h45min – Reunião das crianças com a professora (sentados, preferencialmente, em um tapete), início do período de trabalho: pequena oração, chamada, escolha dos líderes ou ajudantes do dia, estudo do calendário, planejamento das atividades diárias.
12h45min/13h45min – Período de trabalho, com atividades coletivas ou independentes.
13h45min/14h30min – Período de limpeza ou arranjo da sala, recreio no pátio ou sala, uso das instalações sanitárias e preparação para a merenda.
14h30min/14h50min – Oração, merenda, arranjo da sala e repouso.
14h50min/15h35min – Atividades de expressão: catecismo ou histórias lidas ou contadas pela professora ou pelos meninos; dramatizações, fantoches, pantomimas, brinquedos dramatizados, poesia, coro falado ou hora das surpresas ou das novidades; conversação livre (baseada nas unidades que estejam sendo desenvolvidas) ou experimentação e trabalho de "ciências" ou canto, música, recreação, exercícios rítmicos.
15h35min/15h50min – Avaliação das atividades do dia.
15h50min/16h – Preparação da saída, com os últimos retoques na sala de aula.
Fonte: Abi-Sáber (1963)

Exemplo de atividades diárias transcritas do diário de professora de crianças de 5 anos

1. Chamada.
2. Matemática.
3. Lateralidade.
4. Lanche.
5. Recreio.
6. Estudos Sociais.
7. Artes.
8. Saída.

Fonte: Nicolau (1986)

Dinâmica de um dia no jardim

1. Entrada e arrumação.
2. Chamada.
3. Hora da novidade.
4. Janelinha do tempo.
5. Calendário.
6. Planejamento e dinâmica das atividades.
7. Arrumação e limpeza.
8. Avaliação e saída.

Fonte: Rizzo (1982)

Emprego do tempo e do horário

- Chegada, arrumação, ocupação livre, canto.
- Conversa.
- Aplicação da conversa.
- Jogos educativos.
- Cantos e rodas.
- Trabalhos manuais.
- Exercícios físicos ou jardinagem.

Fonte: Evrard-Fiquemont (1958)

Exemplo de rotina para crianças de 4 a 6 anos

Manhã

Chegada das funcionárias e preparo das salas.
Chegada e recepção das crianças.
Conversa com o grupo para planejar o dia.
Café da manhã.
Atividades dirigidas em sala com o grupo de referências por idade.
Almoço.

Tarde

Horário livre: as crianças podem descansar, ler, ouvir histórias na biblioteca, brincar ao ar livre ou em salas-ambiente, caso existam na creche.
Atividades orientadas: em sala de aula ou ao ar livre, em grupos de diversas faixas etárias, em função das salas-ambiente ou de projetos específicos.

Final da tarde

Jantar.
Conversa com o grupo para rever e avaliar o dia.
Leitura de livro ou de histórias.
Saída.
Fonte: Abramowicz e Wajkop (1995)

Horários – período integral

Exemplo 1

Conversa livre.
Quadro de presenças.
Calendário.
Organização do trabalho da manhã (planejamento).
Trabalho em ateliês.
Arrumação dos ateliês.
Recreio.
Cursos especiais (ginástica, etc.) ou atividades coletivas.
Vida prática: arrumação da mesa para o almoço.
Almoço (em classe).
Recreio.
Organização do trabalho da tarde.
Avaliação do trabalho em ateliês.
Plano de trabalho individual (preencher).
O livro da vida.
Atividade coletiva.
Recreio.
Lanche.
Jogos livres (construtivos, simbólicos, etc.) ou biblioteca.
Arrumação da classe.
Saída.
Fonte:Groupe Maternel Ligeois (s.d.) baseado em Freinet

Horários – período integral

Exemplo 2

Acolhida.
Calendário.
Plano de trabalho.
Trabalho em ateliês.
Lanche.
Recreio.
Troca de experiências e avaliação.
Arrumação da classe.
Almoço.
Repouso.
Momento comum (música, ritmo, psicomotricidade).
Arrumação da classe.
O livro da vida
Fonte: Groupe Maternel Ligeois (s.d.) baseado em Freinet

UM DIA ESCOLAR

Chegada entre 8h30min e 9h.
Até as 9h15min – Ocupações com caráter variado e ocasional.
9h15min – Distribuição do leite.
9h30min – Reunião: comentar acontecimentos, fazer acordos, conversa para combinar as atividades coletivas.
10h – Banheiro.
10h15min – Canto, dança, conversa, apresentação de livros.
10h45min – Atividades livres.
11h45min – Ocupações da vida prática: pôr a mesa, comer, tirar a louça, pegar os colchões.
13h30min/14h30min – Sesta.
14h30min/16h – Atividades individuais, grupais, coletivas: narrativas, conversas, jogos e cantos.
Fonte: Bartolomeis (s.d.)

Um dia como os outros

7h – Entrada: a professora aguarda na porta e conversa com os pais; as crianças fazem brincadeiras e conversas livres.
7h15min – Café.
8h – Brinquedo livre (carrinho, montagem, teatro, faz de conta, tecelagem).
10h30min – Atividade estruturada (roda: preparação para um passeio).
11h – Brinquedo no pátio (árvore, pegar, caixa de areia, balanço).
12h – Almoço.
13h – Brincadeira (canto de leitura, preparação escolar para as crianças mais velhas).
15h – Lanche.
17h30min – Saída.
Fonte: Gunnarsson In: Rosemberg e Campos (1994)

ROTINA DE PRÉ-ESCOLA

7h30min – Banho e leite.
9h – Suco, banho e troca de roupa.
9h30min – Sono, leitura e registro.
10h30min – Troca e almoço.
12h – Horário de visita dos pais.
13h – Banho e arranjo da sala.
13h45min – Lanche.

14h30min – Sono.
15h30min – Trocas e jantar.
16h30min – Arranjo da sala.
17h30min – Reunião de educadores: organização e registro.
Fonte: Oliveira et al. (1994)

Um jeito de viver o dia a dia poderia ser assim

Chegada.
Higiene e merenda.
Rodinha.
Atividades diversificadas.
Atividades ao ar livre.
Higiene e almoço.
Repouso.
Roda da avaliação.
Fonte: Ceará (s/d)

Possibilidade de organização do horário

8h – Atividades diversificadas.
8h30min – Roda.
9h – Tema gerador.
10h – Merenda.
10h20min – Recreio.
11h – Oficina.
11h45min – Organização da saída.
Fonte: Proposta pedagógica para a pré-escola, Estado de São Paulo (1994)

Rotina das crianças maiores

Recepção.
Café da manhã.
Atividades pedagógicas.
Almoço, lavar as mãos e escovar os dentes.
Repouso.
Atividade pedagógica.
Banho.
Jantar.
Atividades coletivas e preparação para a saída.
Saída.
Fonte: Proposta do Estado de São Paulo (1990)

Plano de trabalho

1. Entrada – Revisão do asseio. Exercícios práticos da vida diária: abotoar-se, lustrar as botinas com ajuda mútua, pentear-se, lavar as mãos, cortar as unhas, etc. Revisar a sala, arrumar o mobiliário e o material de limpeza.
2. Na sala – Entrar sem ruído, colocar seus objetos em caixas, procurar trabalho e ocupar seus lugares sem fazer ruído.
3. Cultivo da linguagem – Nomear as coisas da sala de aula e defini-las pelo uso que delas faça a criança. Nomear coisas relacionadas com as da classe por sua semelhança ou analogia. Leitura de acordo com o método global, relacionado com o trabalho manual, absolutamente voluntário e ocasional. Pequenas recitações e contos. Provocar na criança a relação de fatos notáveis que foram vistos.
4. Exercícios físicos – Ginástica rítmica, imitação de atitudes, rondas, movimentos feitos com leveza e graça.
5. Exercícios intelectuais – Nomenclatura das coisas. Contar de 1 a 10. Educação dos sentidos, com aplicação rigorosa dos materiais. Observação e atenção (emprego de lotos). Observar o tempo (calor, frio, chuva, vento, nuvens, etc.).
6. Exercícios de músculos – Exercícios de iniciação à escrita. Isso não quer dizer que se deva escrever nem copiar palavras ou frases. Como a leitura, se a escrita não é absolutamente espontânea é preferível que não se escreva. Desenho livre ou imitação. Construções variadas, recortes, costura, vestir bonecas, exercícios de abotoar e desabotoar, fazer nós, enfiar, dobrar, modelar, jogos de areia, ordenar coisas na aula (material e cores, etc.).
7. Educação estética – Arrumar a sala, desenhar, escrever, colorir, realizar danças, movimentos elegantes e cantos simples (em combinação com a ginástica).
8. Cultivo de modelos – Receber as visitas, saudar as professoras e as pessoas que visitem a sala; oferecer-lhes cadeiras, dar-lhes a mão, não correr, falar em voz baixa.
9. Educação social – Cuidar de um animal, cuidar de uma planta em colaboração; trabalhos rudimentares de ofícios e atividades domésticas. Exercícios relacionados com a cultura de modelos, toda vez que intervenham duas ou mais pessoas. Cuidar da sala em conjunto. Ajuda mútua.
10. Saída – Ordenar a aula e o material. Despedir-se da professora e dos companheiros.

Fonte: Anexo "Montessori" da Escola Normal de Santa Fé – Argentina.1922 In: López, L.M. e Homar, A.M. Educación Pre-escolar.

Horário Diário

Inverno

9h/9h30min – Entrada das crianças e recepção aos pais: as crianças jogam e conversam livremente, vão por turnos ao banheiro.
9h30min/11h – Cuidados higiênicos: as crianças mudam os sapatos, preparam os utensílios para se lavar, lavam as mãos, a face, o colo, a testa e, por turno, os pés; trocam o avental, entram na sala e, uma de cada vez, vão à latrina; a professora atende a medicação daqueles que estão enfermos.
Nota: Os cuidados higiênicos, na forma aqui lembrada, devem ser feitos dando a eles a precedência sobre qualquer outra ocupação, enquanto os costumes e os hábitos da população se façam necessários. Se depois disso restar tempo, passa-se para as ocupações propriamente intelectuais.
11h/11h30min – Ocupações intelectuais: as crianças passam na sala de exercícios intelectuais, que, pela manhã, serão contar histórias com estampas ilustradas, exercícios de canto, língua falada, breves lições objetivas alternadas com ocupações manuais fáceis e conversas ocasionais.
11h30min/12h – Preparação para as refeições. Ir à latrina, ajuda recíproca no colocar-se o guardanapo, etc. Os grandes se ocupam de modo especial dos pequenos, para que esses se preparem para a refeição em perfeito estado de limpeza.
12h/12h30min – Refeição.
12h30min/13h30min – Jogo livre e um pouco de jogo ordenado.
13h30min/14h30min – Na sala, ocupações diversas e trabalhos manuais fáceis, seguidos de jogos e ginástica no ambiente externo.
14h30/15h – Preparação para a saída.

Verão

8h/8h30min – Entrada, recepção e ocupação como no inverno, saída para o jardim livre: toda criança cuida do seu próprio canteiro, mantendo-o limpo dos insetos, das ervas parasitárias, das pedras, buracos, folhas.
8h30min/10h – Cuidados higiênicos como no inverno, com a limpeza mais frequente dos pés; passagem à latrina.
10h/11h – Ocupações intelectuais alternadas com ginástica.
11h/11h30min – Preparativos para as refeições.
11h30min/12h – Refeições.
12h/15h – Jogo livre e jardinagem; beber água e repouso.
15h/16h – Lavar-se, depois realizar ocupações rápidas.
16h/17h – Mudança de roupas e preparação para a saída.

Advertência: Durante o verão estará a critério da diretora estabelecer um turno livre à tarde, tal que um dia na semana todas as professoras sejam liberadas depois das 15h. A professora poderá, todo o ano, propor à autoridade escolar, por especiais condições locais, modificações para serem introduzidas no horário, restando os limites destes das 9h às 15h no inverno e das 8h às 17h no verão.
Visto, de ordem de sua Majestade.
Fonte: Ministro Credaro (1914)

Sugestão de sequência temporal

Entrada, saudação e organização de objetos pessoais.
Rodinha ou assembleia.
Asseio e desjejum.
Recreio.
Jogo livre.
Projetos grupais.
Oficinas e cantinhos.
Recolher e organizar os materiais e limpeza.
Vestuário, despedida e saída.
Fonte: Martín (1996)

Síntese das atividades gerais de rotina

Entrada: saudação, revisão e canto.
Conversação ou linguagem.
Atividade física: marcha, marcha cantada ou ginástica.
Repouso.
Atividade dirigida: dons.
Refeição na classe.
Recreio: recreio ou recreio no jardim
Trabalhos manuais: entrelaçamento, dobraduras, modelagem, mosaico, tecelagem, ervilhas, discos, alinhavo e picado.
Atividades dirigidas: cores, formação de palavras, cálculo com cubos.
Musica: cantos de entrada, cantos de saída, canto geral e música.
Brinquedos e jogos organizados.
Desenho.
Pensamentos, méritos e cantos de despedida.
Saída.
Jardim Caetano de Campos
Fonte: Kuhlmann Jr. (1997)

Sugestão de sequência temporal

Entrada, saudação e organização de objetos pessoais.
Rodinha ou assembleia.
Asseio e desjejum.
Recreio.
Jogo livre.
Projetos grupais.
Oficinas e cantinhos.
Recolher e organizar os materiais e fazer a limpeza.
Vestuário, despedida e saída.
Fonte: Martín (1996)

Ordem das atividades de rotina de uma escola infantil (padrão)

Manhã

Hora do brinquedo livre.
Hora do lanche.
Hora da rodinha.
Hora do trabalhinho.
Hora do pátio.
Hora da atividade dirigida.
Hora da higiene.
Hora do almoço.
Hora da escovação.
Hora do sono.

Tarde

Hora do lanche.
Hora da rodinha.
Hora da atividade de recreação.
Hora do pátio.
Hora da higiene.
Hora do jantar.
Hora do brinquedo.
Fonte: Ramos (1998)